(2024年9月30日現在)

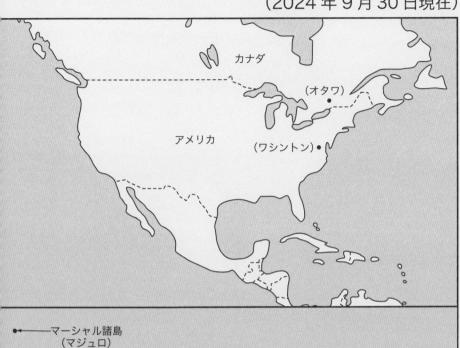

ASIAN SECURITY 2024-2025　Research Institute for Peace and Security

年報［アジアの安全保障2024-2025］

インド太平洋における対立と協力の様相

日本	秋元悠・大野知之
米国	村上政俊
中国	浅野亮ほか
ロシア	袴田茂樹ほか
朝鮮半島	伊豆見元ほか
東南アジア	木場紗綾
南アジア	長尾賢ほか
中央アジア	宮田律
南西太平洋	竹田いさみ・永野隆行

定評ある情勢認識と正確な情報分析

アジアの安全保障と日本の安全保障協力について……… 徳地秀士
防衛外交の現状と課題………………………………………… 西田一平太
東アジアにおける海洋安全保障と法の支配………………… 河野真理子
南西諸島の防衛―日米による取り組みの経緯……………… 宮岡勲
緊迫する中東情勢―「10月7日」の衝撃と日本への影響… 小林周

徳地秀士 監修
平和・安全保障研究所 編

朝雲新聞社

PHOTO TOPICS

日米韓3カ国の首脳会談後、共同記者会見に臨む（右から）岸田首相、米国のバイデン大統領、韓国の尹錫悦大統領（2023年8月18日、米ワシントン郊外のキャンプデービッド）＝官邸HPから

イスラエルから退避する邦人ら計46人を乗せ、東京・羽田空港に到着した空自のKC767空中給油・輸送機（2023年11月3日）＝統幕提供

初の対面による日米防衛相会談を前に米軍の儀仗隊から栄誉礼を受ける木原防衛相(左)とオースティン国防長官(2023年10月4日、米ワシントン郊外の国防総省)=防衛省提供

避難支援で孤立集落から住民を背負って救出する陸自35普連の隊員(2024年1月7日、石川県輪島市)=防衛省Xから

「日米が国際秩序を先頭に立ってリードする」──。米国連邦議会上下両院合同会議で演説を行う岸田総理（2024年4月11日＝現地時間、米・ワシントンDC）＝官邸HPより

日韓防衛相会談で記念撮影する（左から）木原防衛大臣、海幕防衛部長の竹中信行将補、韓国海軍本部のキム・ジフン情報作戦参謀部長、申源湜国防部長官（2024年6月1日、シンガポール）＝防衛省提供

目　次

Photo Topics

第1部　展望と焦点

展望　　アジアの安全保障と日本の安全保障協力について（徳地秀士）10

焦点1　防衛外交の現状と課題（西田一平太）………………………17

焦点2　東アジアにおける海洋安全保障と法の支配（河野真理子）……27

焦点3　南西諸島の防衛─日米による取り組みの経緯（宮岡勲）………39

焦点4　緊迫する中東情勢─「10月7日」の衝撃と日本への影響（小林周）49

第2部　アジアの安全保障環境（2023年4月〜2024年3月）

第1章　日　本　……………………………………………………60
　　　　外交・安全保障：安全保障アーキテクチャの中の二国間・多国間関係 61
　　　　　対米国関係：日米同盟の深化／対韓国関係／対中国関係：安定した緊
　　　　　張関係／少数国間・多国間枠組みと二国間関係の整備／対 ASEAN ／
　　　　　インド太平洋に関与を深める欧州との協力強化
　　　　安全保障をめぐる日本国内の動向　………………………… 71
　　　　　反撃能力の保有と統合作戦司令部設置への動き／急速に進展する装備
　　　　　品調達と難航する国内調整／その他防衛省・自衛隊動向全般／海上保
　　　　　安庁の体制整備／新領域安全保障における国内の動き
　　　　グローバルな課題：法の支配に基づく国際秩序にむけた課題 …… 81
　　　　　G7 議長国と国連安保理非常任理事国としての日本／自由で開かれたイ
　　　　　ンド太平洋と法の支配

第2章　米　国　……………………………………………………84
　　　　外交・安全保障　……………………………………………… 85
　　　　　米中関係／インド太平洋／日米豪印、日米豪、日米豪比、AUKUS ／オー
　　　　　ストラリア、ニュージーランド、インド、南アジアなど／朝鮮半島／
　　　　　東南アジア、南シナ海／太平洋島嶼国
　　　　内政　……………………………………………………… 103
　　　　　バイデン大統領の政権運営と野党共和党／2024 年大統領選挙に向けて

第3章　中　国　…………………………………………………… 106
　　　　内政　……………………………………………………… 107
　　　　　国家安全の強化／外交部長と国防部長の解任／李克強の死去と「白紙
　　　　　革命」の共通点／地方・部門の政策不履行への党籍はく奪処分
　　　　経済　……………………………………………………… 110

—5—

「一体化した国家戦略システムと能力」の構築／三中全会の開催延期と悲観主義の取り締まり／マクロ経済の政策的余地と／経済の安全と発展の難しい局面にある中国

外交 ……………………………………………………… 113
外交人事／米中関係／中露関係／日中関係／中朝関係／東南アジア、オーストラリア、南太平洋島嶼国／多国間枠組み／中央外事工作会議と駐外使節工作会議、外交の「法治」／各種理念と白書による外交活動

軍事 ……………………………………………………… 120
対米核抑止に自信をつけつつある中国／戦略爆撃機および戦略原潜の増強／台湾武力侵攻能力の増強／中国人民解放軍の動向

香港 ……………………………………………………… 125

台湾 ……………………………………………………… 128
台湾選挙と中国の「選挙介入」／米国の「台湾独立反対」表明と台湾支援の継続／金門島周辺の海警パトロール常態化

第4章　ロシア ……………………………………………… 132

内政：愛国統制下で政権5期目がスタート …………… 133
茶番の「官製選挙」／「プリゴジンの乱」の衝撃／カリスマのナワリヌイが死去

経済：「戦争もバターも」の二兎は追えず ……………… 137
マクロ経済／西側の制裁を克服？／大統領選の宴は終わるか／外交・軍事上の意味

対外政策 ………………………………………………… 141
ウクライナとの関係／他の「近い外国」との関係／欧米その他の地域との関係

極東政策 ………………………………………………… 146
日露関係／中露関係／北朝鮮

軍事 ……………………………………………………… 151
軍事態勢全般／軍事・安全保障政策／人員充足および主要人事／軍事支出／装備調達／軍事活動

第5章　朝鮮半島 …………………………………………… 157

韓国（大韓民国） ………………………………………… 158
総選挙で与党が敗北／日韓・日米韓の協力および交流の進展／日本との協力を国民に訴える尹大統領／米韓による核協議の進展／米戦略アセットの朝鮮半島展開／朝鮮国連軍司令部との連携強化／訓練を拡大させる米韓連合軍／3軸体系にて北朝鮮核・ミサイルに対応／独自の偵察能力の構築／向上する韓国軍のミサイル能力／ミサイル防衛体制の構築／2024年国防予算

北朝鮮（朝鮮民主主義人民共和国） …………………… 168
憲法を改正し、「核保有国の地位」「核兵器高度化」を明記／金正恩総書記の「娘」を引き続き公開、「後継者候補」との見方も／人的往来の再

開／偵察衛星の打ち上げ／固体燃料式への転換進めるミサイル開発／米国の拡大抑止強化に反発を強める北朝鮮／砲弾・ミサイルの供給でロシアを支援／15年ぶりに「中朝親善年」を設定し中国との往来を活発化／日朝首脳会談をめぐる北朝鮮の駆け引き

南北朝鮮関係 ……………………………………………………… 178
尹錫悦政権が自由主義に立脚した統一構想の策定に取り組み／北朝鮮は統一政策を転換、「韓国は統一の相手にあらず」／「武力統一」否定も局地紛争のエスカレーションを否定せず

第6章　東南アジア …………………………………………… 183

南シナ海問題 …………………………………………………… 184
南シナ海における中国とフィリピンとの間の緊張の高まり／中ASEANによる「南シナ海における行動規範（COC）」策定見通し

フィリピンをめぐる二国間、少数国間（ミニラテラル）安全保障協力 188
米比防衛協力の進展／豪比協力／日比協力／日米比協力／日米豪比4カ国協力

インドネシア新政権の見通し ………………………………… 191

ASEANを中心とした地域協力枠組み ……………………… 192
米中対立の中でのASEANの基本的な立場／ASEAN首脳会議／拡大ASEAN国防相会議（ADMMプラス）／東アジア首脳会議（EAS）／ASEAN地域フォーラム（ARF）／アジア太平洋経済協力会議（APEC）／東アジア地域包括的経済連携（RCEP）／豪ASEAN協力

ミャンマー問題とASEAN ……………………………………… 198

ロシアによるウクライナ侵攻と東南アジア ………………… 200

日本と東南アジア諸国との安全保障協力 …………………… 202
日ASEAN友好協力50周年／自由で開かれたインド太平洋（FOIP）のための新たなプラン／日ASEAN防衛協力の指針：ビエンチャン・ビジョン2.0からジャスミンへ／ハイレベルの安全保障対話／防衛装備品・技術移転／政府安全保障能力強化支援（OSA）

第7章　南アジア ……………………………………………… 209

インド ……………………………………………………………… 210
インドの選挙と外交への影響／蜜月に見える米印関係の裏でくすぶる不満／明確なイスラエル支持とその背景／二つの特徴を持つグローバルサウス重視路線の推進／緊張続く印中国境とインド洋の情勢／軍事情勢

パキスタン ……………………………………………………… 223

アフガニスタン ………………………………………………… 226
アフガニスタンに残された米国製兵器がパレスチナの武装集団に／西部大地震の発生／アフガニスタンの人道危機／消えぬテロの脅威—アフガニスタン国内テロ／アフガニスタンを中心に増幅する世界的テロの脅威／パキスタン軍、アフガニスタンを空爆／再開されない女子教育

第8章	中央アジア 232

ロシアとベラルーシの核共有に反発するカザフスタン／カザフスタン
を重視するプーチン大統領／独自の安全保障を考える中央アジア諸国
／ガザ戦争に反発する中央アジアの人々／キルギス大統領の初来日／
ロシア―コンサート会場テロの背景にある中央アジアの過激化／縮小
続くアラル海からの砂塵の放出量が倍増

第9章	南西太平洋 239

オーストラリア 240

『国家防衛戦略』の発表―中長期的な視点からの国防戦略／アルバニー
ジー首相、米中両首脳と相次いで会談／原潜配備に向けた環境整備進
む／豪米、武器生産協力を推進／豪英安保協力強化―新協定（DSCA）
締結／豪日関係―豪日円滑化協定を初適用／豪日防衛科学技術関係の
強化に向けて／豪韓関係―防衛産業協力が進展／豪比安全保障協力関
係拡大へ／「新たなクアッドの誕生」?―日米豪比4カ国が連携強化／
豪海軍力再編を発表―豪史上最大の海軍力を目指して

ニュージーランド 253

初の国家安全保障戦略／ニュージーランドの AUKUS 参加可能性

南太平洋 255

ナウル、台湾と断交／ツバルで総選挙／ソロモン諸島で総選挙

略語表	 260
執筆者一覧	 266
編集後記	 267

第1部

展望と焦点

◀ 展 望 ▶

アジアの安全保障と
日本の安全保障協力について

徳地秀士

平和・安全保障研究所理事長

はじめに－日本の安全保障政策の「ねじれ」について

　2024年7月1日は、自衛隊が発足してから70周年に当たる。また、日本政府が憲法解釈を変更して集団的自衛権の行使を認める閣議決定を行ってから10周年に当たる。日本の防衛に関する節目は他にもあるが、自衛隊の発足と集団的自衛権の行使容認の2つは特に重要である。それは、識者の言う、戦後日本の安全保障政策の「ねじれ」、すなわち、日本国憲法の文言と日本の再軍備の実態の不整合を象徴しているからである。

　70年前はもとより10年前と比較しても、日本を取り巻く国際環境は大きく変化している。だからこそ日本政府は、13年の「国家安全保障戦略」を22年に全面的に見直したのだろうが、24年の時点に立ってみると国際環境は更に変化を続けている。日本国憲法の文言は、比喩的に言えば、戸締まりをしないと宣言すれば泥棒が入ってこないと言っているに等しいが、憲法が制定されたのは朝鮮戦争勃発前の世界であり、冷戦がアジアに及んでくるよりも前の時代であった。今の国際環境とは全く異なる。そのような宣言は現実的なものではない。むしろ、おかしな宣言だと笑われるだけで、誰からも信用されないだろう。

　さすがに、1954年以降、日本は自国の戸締まりには乗り出すが、それは今に至っても十分ではない。自国の玄関の戸締まりをするだけでなく、友人同士で一緒に平穏な秩序をつくることによって泥棒が活動しにくい世の中をつくろうという方向に動いているにもかかわらず、そういう協力はしないのが家訓であると言い続けてきた。憲法上の制約とされるものは徐々に取り払われてきたが、それで

も、制約の大きさは歴然としている。今や日本国内においても国際社会において
も価値観はより多様化しているから、「日本の常識は世界の非常識」というほど
単純化することは適切でないとしても、安全保障政策の「ねじれ」が大きな課題
として残っているという現実に変わりはない。

　憲法上の制約を乗り越える試みは今後も続くのかもしれないが、現行憲法そ
のものが維持される限りは、こうした試みはそろそろ限界だろう。さらに言えば、
憲法上の制約に抵触するか否かということを第一に考えざるを得ず、その結果、
戦略的思考がおろそかになってしまうことの方が、今日のような複雑な国際社会
を生き抜く上でより大きな問題なのかもしれない。国際社会の現実は、日本の国
内政治上の対立に基づく制約に好意的な考慮を払ってくれるはずもないからで
ある。

国際安全保障環境の更なる変化と国際安全保障協力

　ロシアのウクライナ侵攻を目の当たりにして、さすがの日本も目覚めたのだとい
う人もいる。しかし、ロシアのウクライナ侵攻が露骨な侵略行為であることは誰の
目にも明らかであり、これで目が覚めない方がおかしいのである。これだけあか
らさまな侵略ではないグレーゾーン事態が進行した際にも「ゆでがえる」状態に
ならないで目が覚めるのかは明らかではない。また、問題は目覚めたか否かでは
ない。これからも起きていられるか否かというだけでもない。目が覚めたあと何
をするかが真の問題なのである。

　2013年の「国家安全保障戦略」では、ロシアは「日本を取り巻く安全保障環
境」に関する認識の中に直接には出てこない。つまり、脅威と認識されていな
かったのである。むしろ、「東アジア地域の安全保障環境が一層厳しさを増す
中、安全保障及びエネルギー分野を始めあらゆる分野でロシアとの協力を進め、
日露関係を全体として高めていくことは、我が国の安全保障を確保する上で極
めて重要である」との認識に基づいて、「アジア太平洋地域の平和と安定に向け
て連携していく」とまで述べていたのである。クリミア併合よりも前の時点とはい
え、ロシアに対する認識の甘さを表すものであった。さすがに22年の「国家安全

保障戦略」では、「我が国を取り巻く安全保障環境」の中で、「ロシアの対外的な活動、軍事動向等は、今回のウクライナ侵略等によって、国際秩序の根幹を揺るがし、欧州方面においては安全保障上の最も重大かつ直接の脅威と受け止められている。また、我が国を含むインド太平洋地域におけるロシアの対外的な活動、軍事動向等は、中国との戦略的な連携と相まって、安全保障上の強い懸念である」と認識されるに至っている。

　ここで言及されている「ロシアと中国の戦略的な連携」については、日本の周辺や南シナ海における中露両軍の共同行動や演習という形でも示されているが、特に、中国がロシアによるウクライナ侵攻を支援していることについて国際社会は懸念を強めている。それは、24年6月のG7プーリア首脳コミュニケや7月のNATOのワシントンサミット宣言においても明らかである。特に後者では、「ロシアと中国の深化しつつある戦略的パートナーシップと、ルールに基づく国際秩序を弱体化し変更しようとする両国の相互に強化された試みは、深い懸念のもととなっている」、また、「中国は、いわゆる『無限界の』パートナーシップとロシアの防衛産業基盤に対する大規模な支援を通じて、ロシアのウクライナに対する戦争の決定的な支援者となっている。これは、ロシアがその隣国と欧州・大西洋地域の安全保障に及ぼす脅威を増大させている」との認識が示されている。

　NATOのワシントンサミット宣言はまた、豪州、日本、ニュージーランド及び韓国のいわゆるIP4との連携に関連して「インド太平洋地域における発展が欧州・大西洋地域の安全保障に直接に影響を与えていることを考えれば、同地域はNATOにとって重要である」との認識に基づき、「アジア太平洋地域のパートナーの欧州・大西洋地域の安全保障への継続的な貢献を歓迎する」としている。IP4の側から見れば、欧州の情勢がインド太平洋地域の安全保障に直接的な影響を与えるようになっているので、欧州はインド太平洋地域にとって重要であるという状況になっている。日米同盟がインド太平洋地域における米国の同盟ネットワークの中核になっていることからすれば、NATOとIP4の連携において日本の果す役割は大きいと考えざるを得ない。

　吉田茂は、自衛隊発足の直後の1954年秋に欧州を訪問するが、その際、当時

の共産圏諸国の「駐留米軍を撤退させよ」という主張について「警官がいると、泥棒は仕事がしにくいので、泥棒が警官にあっちに行ってしまえといっているようなものだ」というコメントをしたという。「日本としてはそういう日米離間策に乗ることはできない」と吉田は述べている。1954年といえば朝鮮戦争終結の翌年であり、日ソの国交は回復しておらず、日本は未だ国連にすら加盟していないし、日米安保条約は旧条約の時代であった。そもそも戦後の復興期であり、国力もなかった。

　このような状況下における日米同盟関係は、今日大きく姿を変えた。依然として戦勝国と戦敗国の関係を引き摺っている面がなくはないが、それでも、両国はより対等の関係になり、かつ、同盟関係のスコープは大きく拡大した。日米同盟は、4月の日米首脳共同声明や岸田文雄首相の米国連邦議会演説を引用するまでもなく、グローバルなパートナーシップとなっている。それはまた、日本の安全保障政策において、日米同盟と同志国との安全保障協力という2つの柱の境目が徐々に低くなりつつあるということでもある。変わらないのは、日米同盟が日本の外交と安全保障政策の基軸であるという位置付けと、中露が日米をはじめとする西側諸国を離間しようとしているということである。

　そうした中露の動きに乗る勢力も存在するが、それに対しては有効に対応していかなければならない。自助努力と国際協力が車の両輪として必須であるということは、ロシア・ウクライナ戦争が教えた最大の教訓ではないだろうか。

日本の国際安全保障協力のスコープの拡大

　冷戦が終わる頃までは、日本国憲法との関係で、国防のために軍事力を保有することの可否と是非が政治的議論の焦点となっていた時代であり、日本の安全保障政策、特に防衛政策が、日本の領域の防衛という狭い枠を越えることはなかった。日米安保条約に基づく米軍の駐留目的との関係で「極東」という言葉に注目が集まることはあったが、「極東」の安全に対する日本の直接的な貢献はきわめて限定的であったと言えるだろう。また、日米防衛協力以外に国際安全保障協力として挙げることのできるものはほぼ皆無であった。

−13−

しかしその後、日本の防衛政策や日米同盟関係が、「アジア太平洋」という文脈の中でしばしば語られるようになる。それは、1989年のAPEC閣僚会議の発足、93年のAPEC首脳会議の発足と軌を一にする。「アジア太平洋」は、アジアの一員とは言い難い米国及びオーストラリアを概念的にアジアに結びつけるという意味でも大きな役割を果したと考えれる。時に「極東」との関係が議論されるようなこともあったが、日本の安全保障・防衛政策、日米同盟関係等を論ずる上でも「アジア太平洋」概念は十分に人口に膾炙し、自然に使われるようになった。

ところが今日では、APECは存続しているし、2024年7月の第10回太平洋・島サミット日本・ＰＩＦ首脳宣言でも「平和で安定し繁栄したアジア太平洋地域」へのコミットメントは見られるものの、「アジア太平洋」は、急速に、かつ、ほぼ全て「インド太平洋」によって置き換えられた。地理的概念としては、「アジア太平洋」と「インド太平洋」との間にはほとんど差がないと考えられるが、「インド太平洋」がしばしば「自由で開かれた」或いはこれに類似の限定句を付けて語られることもあり、限定句がない場合でも、「インド太平洋」は、地理的概念としてではなく戦略的概念として用いられることも多い。

「インド太平洋」が本当に戦略的概念であるとすれば、日米同盟の意義を述べるときに「アジア太平洋」が「インド太平洋」に置き換えられたことは、日米同盟の新たな再定義と言うべきものであった。こうした変更が、単なる用語の変更であるかの如くきわめて静かに行われたということは何を意味するのだろうか。今日では、同盟関係の定義付けとはその程度の軽いものになってしまったのかもしれない。或いは、議論を要しないほど自然なものとして受け入れられたと考えるべきなのだろうか。本当にそうであれば、それはある意味で好ましいことなのかもしれないが、現実はそう単純ではないだろう。

インドやインド洋はアジアに入らないという人はいないだろうが、今日における「インド太平洋」の意味合いは「アジア太平洋」とは大きく異なる。インドの台頭、中国のインド洋方面への進出、そしてアフリカの台頭が、「インド太平洋」概念の急速な普及と「アジア太平洋」概念の駆逐の背景にあるのだろう。ジェイムズ・スタブリディスは、インド洋の地政学的な歴史は浅いと論ずるが、それも太平

—14—

洋や大西洋との比較においてであり、インド洋が最近まで地政学的対立関係から免れていたわけではない。科学技術の発達、特に蒸気機関の発明とスエズ運河の開通は、インド洋及びその周辺地域の地政学的重要性を増大させた。

インド洋では、かつてのアヘンや奴隷の貿易は、麻薬密売や人身売買の形をとって引き続き大きな課題となっている。また、海賊はより重武装となり、ソマリア沖では一時ほぼ完全に鎮圧されたが、国際社会の関心がソマリアから逸れているうちに再びその脅威が復活している。中国漁船等によるIUU漁業や海底ケーブルの安全も大きな課題となっている。さらに、気候変動は、漁業資源だけでなく、インド洋地域の海洋環境全般に大きな影響を及ぼしており、それもまた深刻な国際安全保障上の課題としてとらえられるようになっている。

インド太平洋地域は、その名が示すとおり、大きな海域である。その中にあって、日本は、単なる島国ではなく、「国家安全保障戦略」の中で定義されているとおり「海洋国家」である。したがって、広範な国際安全保障協力の中でも、海洋安全保障のための協力は大変重要である。

インド洋でも太平洋でも、他の海域と同様、伝統的な安全保障課題と非伝統的な課題とが複雑に絡み合って、国際社会に暗い影を投げかけている。日本は、09年以降、国際的な海賊対処活動に参加するため継続的に自衛隊の護衛艦と哨戒機をインド洋地域（ソマリア沖）に派遣している。国会審議で海賊対処法案に反対した民主党も、政権をとるとこれに反対しなくなったことにもあらわれているとおり、この活動は広く国民の支持を得たものとなっている。上記のとおり再び海賊の脅威が増大しつつある今、この活動はさらに続くはずである。また、22年、日米豪印のクアッドの枠組みで、「海洋状況把握のためのインド太平洋パートナーシップ（IPMDA）」を開始した。これは、地域のパートナーと協働し、人道及び自然災害に対応し、違法漁業と戦うために設計された新しい海洋状況把握イニシアティブであるが、課題は人道、自然災害、違法漁業だけではない。また、こうした非伝統的課題、特に違法漁業の問題は、伝統的安全保障課題と密接に結びついている。中国の海上民兵との関係が疑われるからである。まずはこの4か国の緊密な連携が必要であり、その中でも、「自由で

開かれたインド太平洋」をいち早く構想として掲げた日本の役割は大きいと言わざるを得ない。

おわりに

「自由で開かれたインド太平洋」は、日米同盟協力を含め、日本の国際安全保障協力の基本的方針となっている。日本は引き続き、クアッドのパートナーのみならずより多くの諸国との間でこの概念を共有して、ルールに基づく国際秩序を維持・強化するための協力を進めていくこととなるだろう。日本にとって安全保障上最も重要なパートナーである米国が今やリスク要因になっている今日、日本がより主体的・積極的に国際秩序の維持に貢献していくことの意味は大きい。

日本も早晩、選挙の季節を迎えることとなるが、国際社会における日本のとるべき方向性と具体的な対応について、真のコンセンサスを形成することが望まれる。

◀焦点：1▶
防衛外交の現状と課題

西田 一平太
笹川平和財団上席研究員

　日本の安全保障協力が進化している。2023年には新たな安全保障協力の手段として、外務省に無償資金協力枠組み「安全保障能力強化支援（OSA）」が設けられた。防衛装備品の移転においては、日本がイギリスおよびイタリアと共同開発する次世代戦闘機について、24年3月の閣議で日本からの輸出を認める方針を決定した。これらに先立って22年末に策定された国家安全保障戦略は、日本は戦後「最も厳しく複雑な安全保障環境のただ中」にあるとの認識に基づき、日本の国益を確実にするために「望ましい安全保障環境を能動的に創出」する旨を述べている。OSAの設立や防衛装備品の移転を促進することは、今後、その実現に向けて重要な役割を果たし得る。

　本稿では、安全保障協力の外交的な作用に着目し、これを「防衛外交（defence diplomacy）」として位置づけ、その概要を整理し、日本の行う防衛外交について主に20年以降を対象としてその進展を概観する。また、新たな政策手段として注目されるOSAや防衛装備品移転について防衛外交の視点から評価し、これらを含む今後の課題について指摘する。

1. 「防衛外交」の概念

　軍事力は国家の対外政策目標の追求手段として、古くから重要な役割を果たしてきた。その最たるものは戦争や軍事介入などの対外軍事行動であり、それ未満の行動としては威嚇を通じて相手の行動変容を促す強制がある[1]。防衛外交は、そのような軍事力の用い方とは異なり、対外的な協力関係の構築を通じて望ましい安全保障環境の維持や形成を図るアプローチである。同盟や軍事協定の

—17—

締結、軍事支援や軍事使節団の派遣など、現代にいたる諸活動の原型は幅広く行われてきたが、包括的な対外政策として防衛外交という概念が用いられたのは、1998年のイギリス政府による「戦略防衛レビュー（SDR）」が最初である。その後、防衛外交の概念は各国で広く取り入れられ、それぞれの対外政策目標や国際関係の展開に伴い、幅広く実践されている[2]。

防衛外交についての多面的な考察を通じて日本への示唆の導出を試みた渡部・西田は、防衛外交を「主に平時において、自国の外交・安全保障目的の達成に向けて、国防当局ならびに軍の有する資産を他国との協力に用い、自らに望ましい影響を及ぼすこと」と定義する。両名によると、その目的は「理解と関係構築」、「民主化および民主化支援」、「紛争予防と危機管理」、「地域安定化に向けた能力向上」、「アクセスおよびプレゼンスの確保」、「経済利益の確保」の6項目に分類され、政策合意、要員派遣、相互訪問、多国間安全保障対話、能力向上支援、装備協力、訓練・演習といった政策実務や、部隊の海外派遣や公海などでの長期活動を通じた任務を通じて実践されるものとしている[3]。

日本においては、これらの活動は一般に「安全保障協力」あるいはその一環としての「防衛協力・交流」として呼称されている。後者については防衛省が目的や活動内容の整理を試みているが、防衛省・自衛隊の活動を整理したのみに留まる。目的と手段の関係性など明瞭さに欠けることも否めず、全貌は明らかではない。日本の防衛外交が今後より広範囲かつ戦略的に展開されるにあたり、それらを統合した政府全体での戦略文書の策定の必要性はさらに増すだろう[4]。

なお、概念や用語を明確にすること、それを関係者の間で共有し定着させること、それに基づく行動を言語化し発信と同期させることは、防衛外交のような多義的な目的を含有する活動を多方面において各層の関係者が展開するにあたり、極めて重要である。防衛外交を最初に政策概念化したイギリスでは、その考え方や実践は政府内で定着しており、個別の活動における意味づけも明瞭だ。例えば、2021年の英国による空母打撃軍のインド太平洋派遣（CSG21）では、ウォーレス国防大臣（当時）はその目的を「英国の影響力を発揮し、英国のパワーを体現し、友好国への関与を深め、これからの安全保障の諸課題への対処

に対する英国のコミットメントを改めて明確にする」と簡潔に評し、CSG21の展開に伴って同様のメッセージが各層および各方面で展開された。自らの活動についての共通理解の一貫した姿勢は、「プレゼンスを示す」あるいは「防衛協力・交流を深める」といった曖昧な表現が散発的に用いられる状況とは異なるものであり、戦略的コミュニケーションの一環としても意識されるべきであろう[5]。

2. 近年の日本の防衛外交

　国家安全保障戦略と時期を同じくして策定された「国家防衛戦略」では、防衛目標として力による一方的な現状変更を許容しない安全保障環境の創出、その試みの阻止・対処・早期の事態収拾、日本への侵攻の阻止・排除を掲げている。それらの実現を可能とする取組として挙げられるのが、「我が国の防衛力強化」、「日米同盟による共同抑止・対処」、「同志国等との連携」である。この3部構成は前身となる防衛大綱（30大綱）と同じであるが、国家防衛戦略では「同盟国・同志国等」との協力および連携が本文中の各所で強調されており、これは上位文書となる国家安全保障戦略でも同様である。すなわち、日本の安全保障を担保するにあたっては、同盟国である米国のみならず個々に利害を共有する国々との連携強化を各方面および各層において複合的に実行する必要があるとの共通認識が政府内に存在する。

　実際、北朝鮮の核・弾道ミサイル開発の継続と挑発行動、習近平体制における中国の軍事力拡張と米中大国間競争の顕在化、米国の相対的な国力低下と内向化、ロシアによるウクライナ侵攻と中露連携の進展、発言力を増すグローバルサウスの台頭などを背景に、近年の日本の防衛外交は質量ともに飛躍的に進化し拡大しつつある。

　ハイレベルでは、日米豪印（クアッド）の首脳・外相会合が定例化し、従来からの日米豪だけでなく、日米韓や日米比といった新たな枠組みの立ち上げが続いている。日本の安全保障協力は、通常、日米同盟という制度に基づく米国との関係と、それら以外の先進国や途上国および北大西洋条約機構（NATO）のような国際機関などとの関係に分けて扱われる。しかしながら、近年では日米の同

−19−

盟関係は地域の平和と安定の維持と深くかかわりを持つようになってきている。これについて、防衛省の対外関係業務等を総括整理する防衛審議官（初代）の立場にあった德地が指摘するように両者を防衛外交の観点から横断的に考える重要性も高まってきている[6]。実際、2024年4月10日に行われた日米首脳会談の共同声明では、日米関係がグローバルなパートナーシップの構築に向けて協働する間柄であることが表明され、その中核となる防衛・安全保障協力においてはオーストラリア、英国、韓国といった同志国との連携強化が強調されている。また、翌11日には、フィリピンのマルコス大統領を交えて初となる日米比首脳会合が開催され、三カ国の経済および安全保障の両面での幅広い連携強化を図る共通の意思が宣言された。日米は22年6月に発足したマルコス政権との間で日比・米比の二カ国間関係と日米比の三カ国間の安全保障協力を急速に強化させてきた。台湾の北と南に位置する日本とフィリピンが連携を強化することは対中抑止の観点から重要であり、今回の首脳会合で米国も交えた三カ国連携が制度化されたことは防衛外交の観点からも大きな意味を持つ。

　二国間では、日本は20年代に入ってから各種の防衛協定の締結を急速に進めている。オーストラリアおよび英国とは、22-23年にかけて部隊間の相互訪問や派遣受入を容易にする円滑化協定（RAA）を相次いで締結した。インドとは20年に物品役務相互提供協定（ACSA）を、東南アジアでは防衛装備品・技術移転にかかわる協定をインドネシア（21年）、ベトナム（21年）、タイ（22年）とそれぞれ交わしている。また、部隊間での交流や共同訓練も幅広く行われており、たとえば23年中の自衛隊と他国軍との訓練・演習数は計226件に上る（うち、約半数には米軍が含まれる）[7]。12年度に細々と発足した途上国軍などに対する能力構築支援は、21年度時点で15カ国・1機関に対して47の事業を実施しており、今や日本の防衛外交に欠かせない手段となっている。手段の整備という観点では、2022年には日本の完成装備品として初の輸出案件としてフィリピンへの警戒管制レーダーの移転が実現した。さらに、後述のとおり23年にはOSAが発足し、より本格的な装備品移転に向けた取組も進んでいる[8]。

　これらを俯瞰すると、全般として、欧米先進国とはより強固な実務連携を可能

とする法的・政策的な土台形成が行われてきたことが窺われる。共同訓練でも相互の運用性を高め柔軟な連携を可能とする経験の蓄積が志向されている。加えて、22年2月に勃発したロシアによるウクライナ侵攻に際しては、日本が行った一連の対露制裁措置や北大西洋条約機構（NATO）の対ウクライナ支援信託基金に対する3,000万ドル（約32.4億円）の拠出を含む対ウクライナ・対欧州支援は、「ウクライナは明日の東アジアかもしれない」という岸田首相の政策メッセージの発信と相まって、日米欧の先進国間の結束と日欧間における安全保障協力の推進を促した。また、この過程においては、防衛装備品移転三原則・運用指針の見直しが行われ「国際法に違反する侵略や武力の行使又は武力による威嚇を受けている国」に対する自衛隊の非殺傷性装備品（防弾チョッキや高機動車など）の供与が可能となっている。

　それ以外の国とは、これまで対話や交流に位置付けてきた対外関係を改め、より実質的な連携が図れるように取組みが行われているように見受けられる。特に、日本が最重視する東南アジアの国々との間では、防衛省では16年に東南アジア諸国連合（ASEAN）との防衛協力の指針となる「ビエンチャン・ビジョン」（19年に改訂、23年には日ASEAN間の防衛協力を具体化させるイニシアティブJASMINEを提示）を策定しており、同地域での二国間協力および海上自衛隊が行うインド太平洋方面派遣（IDP）の際に行われる乗艦協力プログラムなど多国間の取組に活かされてきた。さらに、地域を対象とした関与政策としては、24年3月に都内で開催された第2回「日・太平洋島嶼国国防大臣会合（JPIDD）」において、木原防衛大臣が「太平洋島嶼国地域における一体となった安全保障の取組のための協力コンセプト」を打ち出している。

　米国および日本が同志国とする国々との防衛外交を積極的に展開しつつあるなか、中国との関係も改善の兆しが出てきている。23年2月には外務・防衛当局の幹部による日中安保対話が約4年ぶりに開催され、3月には日中防衛当局間ホットラインが開設された。今後は対話や交流の復調を通じて意思疎通の経路を確保していくことが期待される。他方、国交のない北朝鮮との間では防衛チャネルを通じた意思疎通そのものが行われる状況にはなく、核・ミサイル開発と挑

発行為を継続する同国との関係はより対立的な様相を深めている。

また、日本が国際の平和と安定に直接関与することのできる国際平和活動の領域においては、17年に南スーダンでの国連平和維持活動（UNMISS）から自衛隊部隊を撤収した後、部隊レベルでの派遣はアフリカ北東部における海賊対処行動のみに留まる。自衛隊の海外派遣は日本が各国との防衛交流を行うにあたり重要な役割を担ってきた[9]。しかしながら、国家安全保障戦略において国連PKOは「戦略的アプローチ」の最後に触れられているのみであり、国際安全保障面における日本の政策的関心の低さが顕著に表れている。

3. 新たなツールの整備

既述のとおり、防衛省・自衛隊では2012年末から途上国の防衛当局および軍に対して現地でのセミナーや招へいの形式を通じて能力構築支援を行っている。その内容は、人道支援・災害救援、捜索救難、施設・車両整備、航空および潜水医学、PKO、衛生、サイバーセキュリティ、飛行安全など多岐にわたる。しかしながら、訓練を行う傍ら、相手国軍側においては必要となる資機材の数が圧倒的に不足している場合、あるいは状態が著しく悪い場合も多く、このことが支援の効果的な定着の妨げとなっていた。また相手国軍の側からの物品供与の要請も多数あった模様である。民生向上を主たる目的とする政府開発援助（ODA）では安全保障を目的とした軍への支援は行いにくく、これまでの日本の政策枠組みでは訓練に必要となる資機材供与が行えず課題となっていた[10]。

そこで、今次の国家安全保障戦略では同志国の安全保障上の能力および抑止力の向上を目的とした新たな支援枠組みの設立が示され、23年4月の国家安全保障会議でOSAの実施方針が決定した。OSAは外務省に設置される、同志国の軍等を対象とした無償資金協力である。前述した資機材供与に加え、ODAでは行えなかった軍事インフラ整備も行うことを想定している。初年度となる23年度は20億円の予算をもって、フィリピン（沿岸監視レーダーシステム供与）、バングラデシュ（警備艇供与）、マレーシア（警戒監視用機材供与）、フィジー（警備艇等供与）の4件が行われた。また、24年度は約50億円の予算をもってジブチや

－22－

ベトナムなどにも広げていく見込みである。防衛外交の観点からは、これらを通じて、二国間関係の強化、非伝統的安全保障脅威からの地域の安定確保、能力向上を通じた対中けん制、自衛隊による地域へのアクセス向上と将来的な装備品移転などの狙いがあることが窺える。

　もう一つの柱であるインフラ整備については、OSA単独あるいはODAとの組合せにて軍民共用（デュアルユース）の空港や港湾の整備に活用することや、東南アジアや太平洋島嶼国での大規模自然災害を念頭にした基盤整備に充てることが考えらえる。なお、14の太平洋島嶼国のうち11カ国は軍を持たないが、「軍等」を対象とするOSAはこれらの国の警察や海上治安機構など治安当局に対する小規模インフラ支援としても活用できるものと理解できよう[11]。また上述の日米比首脳会談でもOSAにも触れられており、今後は米軍が米比防衛能力強化協定（EDCA）の下で行う拠点整備と連携したインフラ整備支援を行うことや、それに伴った自衛隊のアクセス向上と来援基盤の確保も図られる可能性もある[12]。

　OSAと併せて話題に上ることの多い装備品移転においても、進展があった。22年12月には日英伊による「グローバル戦闘航空プログラム（GCAP）」を立ち上げたのち、23年12月にはその管理母体となる「GCAP政府間機関（GIGO）」の設立条約を締結し、冒頭で触れたように24年3月の閣議で日本からの輸出を認める方針を決定した。日本にとって米国以外との装備品の共同開発は初めてであるだけでなく、完成装備品の本格輸出の糸口となり得る取組であり今後の展開が注目される。これとは別に、23年中には国内防衛産業基盤の強化を目的とした防衛生産基盤強化法が成立している。これには海外への装備移転を行う際の仕様・性能等を変更する際の費用助成などが含まれるが、海外展開の販促体制の整備は含まれていない。実際、装備品の海外展開については各企業の取組に委ねられている部分が大きく、組織的にマーケティングを行うような体制にはなっていない。防衛装備庁や各国に派遣されている防衛駐在官が連携して行う場合もあるが、企業努力や関係者個人の熱量だけでは相手国の国防当局への訴求力は限定されるものであり、このことは今後も装備品移転の課題となるだろう。なお、装備品移転の目的について、国（各省庁）は二国間軍事関係の進展や

地域抑止力の向上、技術・産業基盤の維持発展など外交・安全保障全般にかかわる目的を掲げている。他方、運用を行う自衛隊では、これらを理解しつつも、相手国軍との相互運用性の向上や情報収集など実務的な便益などを意識し、装備品を提供する企業は自社の生き残りや経済利益の獲得が最大の関心事である。三者間においては目的や問題意識の所在や程度が相当に異なるものであり、これら関係者間の利害調整を含め、装備品移転は政治が主導していく必要がある。

4. おわりに：今後の課題

　冒頭で指摘したとおり、拡大しつつある日本の防衛外交の全体像を示す戦略文書の策定は必要不可欠である。各ツールの政策目標は多義的であり多様な活用の方法があるが、各案件の政策目標およびそれらのプライオリティが関係者間で明確に共有されていない場合、そのツールを活用した効果は最大限に活かされない可能性もある。したがって、戦略文書の策定と併せて、あらかじめ対象国あるいは地域への関与方針を定め、政策立案から実施までの部署間および関係者間で共有されていることが望ましい。

　また、陸海空の各軍種における体制整備と適切な予算配分など運用面での手当も必要となる。2023年3月には、岸田首相が「FOIPのための新しいプラン（FOIP2.0）」を表明し、「『海』から『空』へ広がる安全保障・安全利用の取組」を掲げている。発足後まもなくして開始した遠洋練習航海をはじめ冷戦後から各種の対外任務や各国海軍との交流を重ねてきた海上自衛隊や国連PKOなどの国際任務を数多く経験してきた陸上自衛隊と比較すると、日本の防空・対領空侵犯措置を主任務として整備されてきた航空自衛隊は限られた航空アセットの配分などの課題もあり対外的な政策ニーズを正面に据えてこなかった[13]。しかしながら、今後の防衛外交には輸送・共同訓練・装備協力・能力構築支援などにおける同志国との連携など、空軍種の役割はこれまでよりも大きくなることが窺われる[14]。いずれの軍種においても、自国防衛という中核任務を損なうことなく戦略的に防衛外交を展開できるような体制整備を進める必要がある。

焦点1　防衛外交の現状と課題

　さらには、政府内の各所で展開される防衛外交の活動について、たとえば、OSAと能力構築支援といった各ツールの相互補完性や、OSAを通じた資機材の供与と装備品移転といった連続性、あるいは米豪との連携など他の政策目標との関係性をどのように組み立てて相手国等へアプローチするのかといった検討も求められる。ODAの戦略的活用、能力構築支援、用途廃止した装備品の移転・貸与といった関連ツールとの調整をするための横断的な体制も整っておらず、総合的な「司令塔」の役割は今まで以上に重要になる。

　上述した政策面・運用面・調整面の課題は、今後、同盟国・同志国等との連携をさらに強化し、望ましい安全保障環境を整備するにあたり根本的な宿題である。さもないと、質量ともに増加する防衛外交のニーズに対して現場の対応が追い付かない状況が発生しかねず、場当たり的な対応が常態化してしまう恐れがある。

　前述の英国によるインド太平洋への空母打撃軍の派遣について、英政府は25年中には第2回目となる空母打撃軍をインド太平洋方面に派遣（CSG25）することを明らかにしている。既に日本に寄港させることも公表しており、シャップス国防大臣は「日本はアジアにおける最も緊密な安全保障上のパートナーであり、タスクグループの訪日は、両国の軍事的・外交的結びつきを強化するものでしかない」と述べている。このタイミングまでにはGCAPも一定の進展が見込まれることに加え、CSG25の来航に合わせて、相互の部隊間交流や人的往来も拡大することは必至。検討の俎上にある自衛隊によるアセット防護措置の適用などについても進展が期待される。いずれにしても、日本はこのような主要な機会を最大限活かせるように政策土壌や防衛外交のツールを整備しておくことが肝要となろう。

---

(1) 大西健「強要・強制外交−その概念と特徴」防衛研究所『ブリーフィング・メモ（2019年3月号）』2019年3月。https://www.nids.mod.go.jp/publication/briefing/pdf/2019/201903.pdf.

(2) これらの取組みに国際的な基準はなく、各国において多様な概念・呼称にて用いられる。笹川平和財団では、防衛外交の先進事例として6カ国（英国、フランス、オーストラリア、米国、中国、韓国）を対象とした国別事例調査報告書シリーズを公開している。 https://www.spf.org/security/programs/V20190143.html.

(3) 渡部恒雄・西田一平太「『防衛外交』とは何か」渡部恒雄・西田一平太編『防衛外交とは何か－平時
における軍事力の役割』（勁草書房、2021年）。

(4) 「政策提言 日本の防衛外交強化に向けて」笹川平和財団、2021年10月15日。
https://www.spf.org/global-data/user29/SPF_PolicyRec_DefenceDiplomacy_JP_20211015.pdf.

(5) 戦略的コミュニケーションと防衛外交の関係については、次に詳しい。青井千由紀「戦略的コミュニ
ケーションと防衛外交」渡部恒雄・西田一平太編、前掲書。

(6) 徳地秀士「防衛省の行う防衛外交－政策的枠組みの発展と今後の課題」渡部恒雄・西田一平太編
前掲書。

(7) 河上康博「国家防衛戦略を踏まえた日本の戦略的コミュニケーションの現状と課題－インド太平洋
方面派遣（Indo-Pacific Deployment 23）と自由で開かれたインド太平洋」笹川平和財団「国際情報
ネットワーク分析/IINA」2024年2月5日。https://www.spf.org/iina/articles/kawakami_07.html.

(8) 防衛省による各取組の詳細は各年の「防衛白書」資料編を参照。

(9) 西田一平太「自衛隊の中東派遣の歴史と意義」SSDP安全保障・外交政策研究会、2020年5月。
http://ssdpaki.la.coocan.jp/proposals/52.html.

(10) 西田一平太「『開発協力大綱』の改定が示す日本の課題—ODAと安全保障」笹川平和財団「国際
情報ネットワーク分析/IINA」2022年6月27日。https://www.spf.org/iina/articles/nishida_05.
html.

(11) 西田一平太「OSAで安全保障協力はどう変わるか」外交vol.84 Mar/Apr.2024。

(12) 西田一平太「「政府安全保障協力能力強化支援（OSA）」の積み残した課題と戦略的活用」笹川平
和財団「国際情報ネットワーク分析/IINA」2023年9月28日。https://www.spf.org/iina/articles/
nishida_06.html.

(13) 荒木淳一「航空自衛隊の防衛外交－航空輸送を中核とした段階的発展と可能性」渡部恒雄・西田
一平太編、前掲書。

(14) 永田伸吾「大戦略としての『インド太平洋』概念を支える防衛外交－主体としての日・豪・欧の空軍
種の役割－」永田伸吾・伊藤隆太編『インド太平洋をめぐる国際関係：理論研究から地域・事例研
究まで』（芙蓉書房出版、2024年）。

◀焦点：2▶
東アジアにおける海洋安全保障と法の支配

河野真理子

早稲田大学法学学術院教授／平和・安全保障研究所研究委員

はじめに：海洋安全保障の多様化・多義化

　今日、海洋における国家への脅威は、軍艦からの武力攻撃のような国家の領土保全への直接の脅威から国家を守るという伝統的なものに加え、海賊、船舶に対する武装強盗、及びテロ行為のような犯罪行為の取締りをも含むものと考えることが一般化している。さらに、違法な海洋投棄、船舶からの汚染物質の排出を含む、意図的かつ違法に海洋環境に損害を与えること、及びIUU漁業を含む天然資源の枯渇も国家への脅威と位置づけられるようになっている。このような状況下、従来個別の分野として発展してきた海洋安全保障（maritime security）と海洋の安全（maritime safety）が、共通で相互に補強し合う目的を持つようになっている[1]。本稿ではこのような海洋安全保障の多義化・多様化を考慮し、この言葉を、「海洋で生じている多様な脅威に対応して国家が自国の利益を守ること」との意味で用いる。東アジアでは、中国の積極的な海洋進出政策が沿岸国にとっての大きな脅威となっており、沿岸国たる日本は国際法を遵守した措置によってこれに対処していかなければならない。本稿ではそうした対処に関わる国際法上の問題を検討することとする。

1. 日本の周辺海域の海洋秩序の現状

　日本の領海では、浮上せずに航行する原子力潜水艦の通過の問題が発生した。尖閣諸島の周辺では中国海軍の軍艦や海警局所属の船舶、及び漁船による活動も日本の海洋安全保障に対する重要な脅威となっている。この海域では中国海警局所属の船舶等による日本の領海侵入や接続水域内航行も常態化して

−27−

いる。こうした活動は日本政府による尖閣諸島購入（2012年）から始まり、特に13年の中国海警局の発足と、18年の中国海警局の人民武装警察への編入の翌年を境に、その件数が著しく増加している。『海上保安庁レポート2024』によると、中国海警局所属の船舶が日本の漁船に接近する事例が20年以降発生するようになっており、23年には17件の事案が確認された。中国船籍の漁船の活動も続いている。これらの活動は、中国の尖閣諸島に対する領有権の主張を強化しようとするものと考えられる。さらに、23年には中国が設置したとされる浮体のブイが発見されことが報じられ、日本は中国に対してその撤去を要請したものの、中国はこの要請に対応していない[2]。

　また、海上保安庁レポートによれば、日本の排他的経済水域（EEZ）内での活動に関して、中国船籍だけでなく他の外国船籍の漁船の違法操業や、日本の同意を得ていない、又は日本が同意した内容と異なる調査活動を行う外国海洋調査船の活動も多数みられるようになっている。さらに、覚醒剤の運搬や不法出入国等に関与している可能性がある不審船や工作船の事例もみられる。

2. 国際法規則に従った沿岸国の権限の行使

　前節で述べたような問題に対して、日本は、沿岸国として国際法を遵守した措置によって対応することが必要になる。海洋において沿岸国がとりうる措置を考える際、出発点となるのは国連海洋法条約である。この条約では、海域毎に沿岸国の管轄権の行使のあり方が異なっている。

（1）外国船舶の活動に関する沿岸国の措置

　沿岸国は自国の管轄権の下にある海域での外国船舶の活動について、自国法を制定しそれに基づいて一定の措置をとる権限を有するが、旗国主義による船籍国の権限に配慮する必要があり、海域毎に異なる国際法規則を遵守する必要がある。

　沿岸国は領海に対して主権を有するが、外国船舶の無害通航権の尊重義務を負っている(第2、17-19条)。第20条では、潜水艦等が無害通航権を行使する場合は、水面に浮上し、国旗を掲揚する義務が規定されている。なお、日本を含め

先進国の多くが外国の軍艦の無害通航権を認めているものの、事前の通告や事前の許可を求める国もあり、諸国の実行は一致していない。

　第21条第1項によれば、沿岸国は、国連海洋法条約及び国際法の他の規則に従うことを条件として、一定の事項について、無害通航に係る法令の制定権を有し、無害通航権を行使する外国船舶の側は沿岸国の法令及び海上における衝突の予防に関する一般的に受け入れられているすべての国際的な規則の遵守義務を負っている。沿岸国の国内法令の違反によって直ちに沿岸国が無害通航を停止させる権限を得ることにはならないと解されている。

　第25条第1項の下で外国船舶の「無害でない通航の防止のために」沿岸国がとることができる「必要な措置」の内容については明文の規定が置かれておらず、その判断は、沿岸国の裁量に委ねられている。沿岸国が無害でない通航又は通航にあたらない航行に対応する場合、まず、該当船舶に旗国、経路及び目的に関する情報の提供を要請し、警告、威嚇射撃、停止命令、乗船、及び検査を行うことができ、その結果により、通航を否定し、領海外への退去や入港を要求しうる。また、これらの措置の代わりに対象の船舶を領海からの退去させることも可能である。なお、軍艦及び公船は、第32条により、沿岸国の管轄権の行使が免除されるが、沿岸国の関係法令の遵守義務を負っており、この義務に違反する場合、旗国が国家責任を負うことになる。また、沿岸国は、自国の関係法令に違反している軍艦に対して、法令の遵守の要請ができ、その要請が無視される場合、領海からの退去を要求でき、これに従わない場合、武器の使用（use of force）が可能であるとされる。この原則は、公船についても適用されうる。

　日本の領海に侵入する外国船舶が純粋な民間の商船や漁船か、あるいは軍艦や公船なのかが不明な事案や、民間の商船や漁船の集団に公船が紛れている事案が多いことも、対応を難しくしている。また、外国船舶が領海に侵入する前の段階ではどのような態様の航行をするかが予測できないため、領海に侵入する前の段階でこれを阻止することができない。

　日本は、無害通航ではない通航や通航にあたらない航行をする外国船舶に対応するため、2008年に外国船舶航行法を制定した。この法律は、「領海等にお

ける外国船舶の航行の秩序を維持するとともにその不審な行動を抑止し、もって領海等の安全を確保することを目的」（第1条）としている。12年にはこの法律と海上保安庁法の一部が改正され、警察官が速やかに犯罪に対処することが困難な一定の遠方離島において、海上保安官等が犯罪に対処することや、無害通航にあたらない活動を行う外国船舶に対し、勧告の後、立入検査を省略して、罰則付きの退去命令を出すこと等が可能となった。ただし、日本のこの法令には外国の軍艦及び公船には適用されない（第2条3号）との規定が置かれている。

接続水域では、国連海洋法条約第33条により、領海に接続する基線から24海里までの海域である接続水域において、沿岸国は、(a)自国の領土又は領海内における通関上、財政上、出入国管理上又は衛生上の法令の違反の防止、及び(b)自国の領土又は領海内で行われた(a)の法令の違反の処罰のために必要な規制を行うことができるとされている。この規定を厳格に解釈すれば、沿岸国の措置は自国の領域及び領海における特定の事項に関する法令違反の防止と処罰のために必要なものに限定され、接続水域における活動に関する立法管轄権を有するわけではない。しかし、こうした厳格な解釈によらない立法管轄権を行使している国も存在する[3]。

EEZでは、国連海洋法条約第58条により、公海と同様に航行の自由が認められ、沿岸国の管轄権の行使は、第56条に規定される事項に関する国内法令の違反の取締りに限定される。特に海洋環境の保護及び保全に関しては、旗国の管轄権の優先性に配慮しつつも、海洋投棄に関して沿岸国（第216条）、及び船舶起源の汚染に関して、寄港国（第218条）と沿岸国（第220条）に執行管轄権の行使を認めている。ただし、第236条により、軍艦と公船はこれらの規定の適用を免除される。

以上のような沿岸国の管轄権の下にある海域における管轄権と船舶の旗国による管轄権を前提とした国連海洋法条約の制度は、船舶の自由かつ円滑な通航及び航行を担保することが重要な価値であるとの立場から構築されてきた。また、漁船を含む民間の船舶と軍艦及び公船を明確に区別する法制度となっている。さらに、条約交渉において多くの国の合意を得られるような規定ぶりもみら

−30−

れる。このため、現在の海洋をめぐる国家間関係の複雑さの中で、海洋安全保障を確保するために沿岸国が実効的な措置をとるための明確な法的根拠を示すものには必ずしもなっていない。

（2）ブイ等の浮体物の設置

尖閣諸島周辺の海域に中国が敷設したブイに対する措置についても、国連海洋法条約からは明確な国際法規則を規定しているわけではない。国連海洋法条約では浮体施設についての明確な規定が置かれていない。浮体施設については、錨を外せばいつでも移動が可能である点に着目すれば、船舶と位置付けられるだろうし、一か所に長時間係留されている点に着目すれば、第「施設及び構築物」ともいえる。国連海洋法条約では、「船舶」と「施設及び構築物」のいずれについても明確な定義が示されておらず、両者の区別は必ずしも明確ではない[4]。浮体施設の定義の曖昧さを考慮すれば、中国が敷設したブイが「船舶」と「施設又は構築物」のいずれにあたるのかは国連海洋法条約上、必ずしも明確ではない。また、ブイの所有者が国家かどうかも重要な論点となりうるだろう。日本として、尖閣諸島周辺海域に対する権原を主張することが大事ではあるものの、中国が自主的にこれらを撤去しない場合、沿岸国たる日本が、中国の同意なく一方的に撤去することは必ずしも明確な国際法上の根拠に基づくものと言えない可能性がある。

本節で検討した検討した問題の共通の背景として、主権の主張を強めようとする意思を指摘することができる。北海大陸棚事件以降、国際裁判所の判決や判断では、陸が海洋への権原の根拠となることが確認されてきている[5]。海洋における権限の行使は領土主権を根拠とするものであり、海洋における活動は領土に対する主権の根拠とはならない。

3. 軍事活動と法執行活動の境界に関する国際裁判の先例

東アジアの海域に限らず、全ての海域において国際法に基づく措置の判断を難しくしている現象が、軍事活動と法執行活動の境界の不明確化である。ここでは、この両者の区別に関する国際裁判の先例の議論を示すこととする。

軍事活動と法執行活動の境界の不明確さが国際裁判所の事例の中で明確に論じられた最初の事例は、海洋境界画定事件（ガイアナ対スリナム）である。本件では、係争海域において石油資源の地震探査に従事していた民間の船舶に対し、スリナム海軍の巡視艇が探査活動を中止し、海域から退去するよう警告し、退去するまで追尾したことが、法執行活動か軍事活動かが論じられた。仲裁裁判所は、国際法上、法執行活動においても力の行使が不可避、合理的かつ必要であれば、これが可能であることを認めるとともに、本件の事情から見れば、スリナム海軍の巡視艇は実際には武器を使用せず、警告を行ったにとどまるものの、法執行活動というよりは軍事活動にあたるものと判断されるとし、国連憲章第2条4項によって禁止されている武力による威嚇の禁止に違反する行為であると判断した[6]。

　その後の国際裁判の先例では、国連海洋法条約第298条第1項(b)の軍事活動の選択的除外の適用の可否が論じられている。国連海洋法条約では、軍事活動と法執行活動の定義が示されていないため、この規定に基づいて宣言を行っている中国とロシアが被告となった事案で、付託された紛争が軍事活動に関するものかが論点となった。

　南シナ海仲裁事件（フィリピン対中国）では、フィリピンの第14申立（両当事国間の紛争を悪化又は拡大させない義務の違反）に関する仲裁裁判所の管轄権に関する判断で、第二トーマス礁周辺の中国の海警局の船舶の活動が軍事活動にあたるかが検討された。裁判所は、問題になっている活動について、一方の軍事力（フィリピン側）と他方の軍事力と準軍事力を組み合わせた活動（中国側）が対峙しているとし、この状況は典型的な軍事に関する状況（quintessentially military situation）であると判断し、第14申立のうち、第二トーマス礁周辺の活動に関連する申立については管轄権を有さないと判断した[7]。

　2018年11月に、黒海からケルチ海峡を通航してアゾフ海岸のマリウポリに向かおうとした、ウクライナ海軍所属の3隻の船舶がロシアの沿岸警備隊によって拿捕されたことに関する紛争が付託された、ウクライナ海軍艦船抑留事件（ウクライナ対ロシア）でも、問題になっている活動が軍事活動か否かが管轄権の行

−32−

使に関する論点の一つとなった。国際海洋法裁判所（ITLOS）は、暫定措置命令において、一応の管轄権に関する判断で、今日、法執行活動と軍事活動の境界が曖昧になっており、多様な海洋における任務を果たすために両者が協力して用いられることも一般的でないわけではないと指摘している[8]。また、各紛争当事国による問題の活動の性格付けのみに基づいて、両者の区別を検討することもできないとも述べている。そして、ITLOSは、軍事活動と法執行活動の区別においては、問題になっている活動の性質の客観的な評価に基づくべきであるとし、本件で問題になっている拿捕と抑留がどのような経緯で行われたかを検討する必要があるとした。ITLOSは、（1）本件では、両国間の継続的な緊張状態の下で問題となっている通航が行われた等の事情から、ウクライナ海軍の艦船の活動はロシアの主張のような「無許可の『秘密の侵入』」とは言えない、（2）本件紛争においてケルチ海峡の通航制度の解釈に関する両当事国の立場の違いに関する紛争は軍事的な性質ではないこと、及び、（3）ウクライナ海軍の艦船の拿捕の際のロシアの沿岸警備隊の武器の使用の経緯から見てその活動が軍事活動というよりは法執行活動の文脈で行われたことを指摘し事情からみて、本件で問題になっている活動を法執行活動と判断した。

　先決的抗弁に関する判断では、仲裁裁判所は、第298条第1項(b)による管轄権の除外の検討の際、ITLOSの「問題になっている活動の性質の客観的評価が第一に必要」との立場を支持したが[9]、その評価の対象や方法はITLOSとは異なっている。仲裁裁判所は、問題になる活動が当初は法執行活動であってもその後軍事的性格のものに変化する場合やその逆の場合もあることを指摘し、本件紛争を生じさせた出来事を以下の3つの段階に分けて検討した。第一に、問題になっている拿捕と抑留の背景にある両国間の軍艦の対峙等の事情とウクライナ海軍の艦船が錨泊地を出発するまで、第二に、問題のウクライナ海軍の艦船が錨泊地を出発し、ロシアの沿岸警備隊に乗船され、艦船が拿捕され、乗組員が逮捕されるまでの間、第三に、ウクライナ海軍の艦船の拿捕及び乗組員の逮捕とその後の軍人の訴追である。仲裁裁判所は、第一の段階は、軍事活動であるのに対し、第三の段階は軍事活動に関係がないと判断した。ただし、第二の

段階に関する判断は本案に併合された。ITLOSの命令と仲裁裁判所の判断の結論の違いは、事実を客観的に評価する際の着目点の違いによるものである。ITLOSの暫定措置命令で、ジーザス裁判官は、多数意見に賛成しつつも、多数意見がロシアの活動に着目する判断をしている点について、ウクライナの活動も考慮に入れるべきだったのではないかと指摘している[10]。また、彼は、意見の最後に、特に、ウクライナ海軍の艦船が軍事活動に従事していたと判断されうる可能性があることを認めつつ、ITLOSの判断が暫定措置命令に関する一応の管轄権に関するものであることと、ロシアの不出廷という事情があったことも重要であると指摘している。ウクライナ海軍艦船抑留事件では、一応の管轄権の判断と、管轄権に関する議論を十分に検討した上での判断では、両裁判所が着目する側面が異なったとも考えられる。

本節で検討した3件の事案における国際裁判所の判断に共通するのは、軍事活動と法執行活動の区別では現実的な事情や問題となる活動の性質が重要な意味を持つということである。今日の南シナ海では中国の海警に所属する船舶とフィリピンの沿岸警備隊の船舶が対峙する状況であるが、このような事態の悪化を防ぐためには、両国、及び実務当事者に、自らの活動を法執行活動の範囲にとどめるための自制が強く求めらる。

4．国際協力と法の支配の実現

国連海洋法条約では、原則として沿岸国、旗国、及び寄港国に着目し、いずれかの国家の権限の行使に主として着目する規定が置かれている。それらの規定には曖昧な点が残されており、具体的な権限の行使のあり方について国家実行が一致しているとは言えない点も多くみられ、多様化・多義化する海洋安全保障に関わる新たな問題に十分に対応できないことも指摘される。このため、海洋航行の安全に対する不法行為防止条約（SUA条約）とその2005年議定書や個別のテロリズム関係の条約等のような個別の条約によって、適用対象となる行為や関係国の管轄権の行使のあり方についての規則が明確化されるようになっている[11]。

02年の同時多発テロ以降は、船舶の貨物についての制度も強化されるように

なっている。海上航行安全条約（SOLAS条約）XI-2 章に設けられた「船舶と港湾施設の保安のための国際コード（ISPSコード）」（04年発効）は、締約国政府機関（地方行政機関を含む）、海運会社及び港湾関係会社の協力により、船舶と港湾施設の保安のための包括的な措置を規定している[12]。

　さらに、米国のイニシアティブによる制度として、海上コンテナ安全対策（CSI）と、拡散に対する安全保障構想（PSI）も注目される。CSIは、コンテナ船によって輸送される貨物の安全の確保のために02年に立ち上げられた。米国と対象となる港湾の所在する国や地域の間の協定によって実施され、現在58の港湾が対象となっている。東京、横浜、名古屋、及び神戸港は、税関当局間の相互支援に関する日本国政府とアメリカ合衆国政府との間の協定（CMAA）に基づいて、この制度の対象となっている。PSIは、02年の米国の提唱を受けて、03年に発足したもので、国際社会の平和と安全に対する脅威である大量破壊兵器・ミサイル及びそれらの関連節の拡散を阻止するために、国際法・各国国内法の範囲内で、参加国が共同して劣りうる移転及び輸送の阻止のための措置を検討・実践する取組である。東アジア地域では、日本、中国及び韓国の港湾がCSIの対象となっている。PSIについては、日本と韓国がオペレーション専門家会合に参加するなど、実施的な活動に参加・協力している。

　東アジア地域では、地域内での国際協力の枠組を進展させることは困難な状況であり、実務者間の直接の対話による信頼醸成のための努力がまずは必要であろう。より安定的な海洋安全保障の体制の構築の一つの手段として、地域外の国の関与を含めた国際協力の枠組の役割が注目される。そうした取組として、日米豪印の4か国の協力枠組みや、米英豪のAUKUSのような取組が近年見られる。さらに、日米豪比の協力関係の重要性に鑑み、SQUADというこれらの4か国の協力関係の提案に関する報道もみられる[13]。

　EUは21年にインド太平洋地域との協力関係に関する戦略を発表し、それ以降、関係国との協力を強化している。この協力関係には軍事的な協力だけでなく、本稿で扱った多様かつ多義的な安全保障に関する問題が包含されている。EUの加盟国の中でも特に仏独蘭が、EUの戦略に呼応する政策を個別に発表

し、具体的な活動を開始している[14]。英国もインド太平洋地域の海洋安全保障
への関与を強化している。これらの政策は、あくまで個別の地域や国家の政策
判断に基づくものであるが、地理的に遠く離れた国がアジア太平洋地域の海洋
安全保障への関心を強め、具体的な行動を行っていることは、東アジアの海洋
安全保障を考える上で重要な潮流である。東アジア地域の問題の国際社会での
共有という効果が期待され、一ヶ国の一方的判断による力による現状変更の試
みに対する抑止力となりうるだろう。

　南シナ海問題に関する16年の仲裁判断に関する各国の対応にも一定の国際
的な協調がみられる。中国は仲裁判断後、これを拒否する旨の声明を出し、今日
までその立場を変えていない[15]。各国はこうした中国の対応を、仲裁判断直後
から非難してきた。19年のマレーシアによる大陸棚限界委員会（CLCS）への延
長大陸棚に関する情報の提出について、中国は九段線を根拠とする歴史的な権
利に基づく主権の侵害であるとする口上書を提出した。これに対し、比、越、米
国、インドネシア、豪、仏、独、英、日本、及びニュージーランドが、16年の仲裁判
断に言及しつつ、中国の主張する歴史的権利は認められないと述べ、他の中国
の主張についても国際法上認められないとの立場を明示していることはその重
要な例である[16]。このような対応は、16年の仲裁判断の正当性を確認するとと
もに、国際法規則に従った措置を中国に求めるものであり、国際裁判のの尊重
の重要性を確認し、法の支配を実現するために、大きな意味を持つ。

おわりに

　東アジア地域の海洋安全保障に関する問題について、国際法を遵守した沿岸
国としての措置の内容の判断は簡単ではないが、海洋における法の支配の実現
という視点から、正当な措置を真摯に検討する姿勢を維持していくことは、政策
をとる国だけでなくこの地域全体にとって重要であり、そのために、関係国間の良
好な信頼関係を醸成する努力を継続すべきである。しかし、今日では、多様化・
多義化した海洋安全保障がそれぞれの沿岸国の問題にとどまらず、地域全体や
国際社会全体に共通する重要な関心事項となっている。海洋安全保障への脅威
への取組には、個別の沿岸国の政策だけでなく、地域や国際社会全体が関与し

焦点2　東アジアにおける海洋安全保障と法の支配

協調した政策をとるための努力が必要である。

(1) *Oceans and the Law of the Sea, Report of the Secretary General*, 10 March 2008, A/63/63, paras. 35-42. 海洋安全保障の多義化・多様化に関する学術的な議論として、下記を参照：N. Klein, "Maritime Security," in D.R. Rothwell et al. (eds.), *The Oxford Handbook of the Law of the Sea* (OUP, 2015), pp. 582-587; D. Guilfoyle, "Maritime Security," in R. Geiß and N. Meizer (eds.), *The Oxford Handbook of the International Law of Global Security*, (OUP, 2021), pp. 291-293; N. Klein, *Maritime Security and the Law of the Sea* (OUP, 2012), pp. 4-11; and 石井由梨佳「海洋安全保障・海上犯罪の規制・人権」『海と国際法』（信山社、2024年）、125頁。

(2) 「中国ブイ10カ月経つも放置：尖閣周辺『法的グレー』に苦慮する日本」『朝日新聞デジタル』2024年5月8日https://digital.asahi.com/articles/ASS572QBTS57UTFK00LM.html　（2024年6月5日最終閲覧）。

(3) D.-E. Khan, "Article 33," in Commentary, pp. 264-268.

(4) 施設、構築物については以下を参照、UN DOALOS, *The Law of the Sea: Baselines, An Examination of the Relevant Provisions of the United Nations on the Law of the Sea (1989)*, pp. 50, 71, and 85., https://www.un.org/depts/los/doalos_publications/publicationstexts/The%20Law%20of%20the%20Sea_Baselines.pdf, (last visited 9 June 2024), A. Proelss, "Article 60," in *Commentary*, pp. 470-472, and A. G. Oude Elferink, "Artificial Islands, Installations and Structures," in A. Peters, *Max Planck Encyclopedia of International Law* (OUP)。

(5) 北海大陸棚事件で国際司法裁判所が示した、「陸が海を支配する ("the land dominates the sea") 」 (*North Sea Continental Shelf, Judgment, I.C.J. Reports 1969*, p. 51, para. 96) という原則は、その後の海洋境界画定に関する判決で繰り返されてきている。

(6) Arbitration between Guyana and Surinam, Award of the Arbitral Tribunal, 17 September 2007, para. 445.

(7) South China Sea Arbitration, Award12 July 2016, paras. 1158-1162.

(8) *Case Concerning the Detention of Three Ukrainian Naval Vessels, Request for the Prescription of Provisional Measures, Order of 25 May 2019*, pp. 299-302, paras. 64-75.

(9) *Dispute Concerning the Detention of Ukrainian Naval Vessels and Servicemen, Award on the Preliminary Objections of the Russian Federation, 27 June 2022, PCA Case No. 2019-28*, para.109.

(10) Separate Opinion of Judge Jesus in the Case Concerning the Detention of Three Ukrainian Naval Vessels, Request for the Prescription of Provisional Measures, Order of 25 May 2019, paras. 3-19.

(11) Klein, *Maritime Security and the Law of the Sea, supra note 3*, pp. 147-162, pp. 184-192, and pp. 241-255; 石井、前掲注3、146−158頁。

(12) Klein, *Maritime Security and the Law of the Sea, supra note 3*, pp. 157-162、石井、前掲注3、154-155頁。

−37−

(13) A. Dwivedi, "From QUAD to Squad: Informal Alliances in the Indo-Pacific, *Geopolitical Monitor*, Opinion, 14 May 2024, https://www.geopoliticalmonitor.com/from-quad-to-squad-informal-alliances-in-the-indo-pacific/ (last visited 9 June 2024).

(14) 各国の政策を比較して論じたものとして、G. Wacker, "The Indo-Pacific Concepts of France, Germany and the Netherlands in Comparison: Implications and Challenges for the EU, Issue 2021/19, May 2021, https://op.europa.eu/en/publication-detail/-/publication/421c1045-8896-11ec-8c40-01aa75ed71a1/language-en (last visited 9 June 2024)。

(15) 仲裁判断直後の中国の声明については、Statement of the Ministry of Foreign Affairs of the People's Republic of China on the Award of 12 July 2016 of the Arbitral Tribunal in the South China Sea Arbitration Established at the Request of the Republic of the Philippines, 12 July 2016, Ministry of the Foreign Affairs, The People's Republic of China, https://www.fmprc.gov.cn/eng/wjdt_665385/2649_665393/201607/t20160712_679470.html。また、最近の中国の声明として、Spokesperson: China neither accepts nor recognizes so-called award on South China Sea arbitration, The State Council Information Office, People's Republic of China, 13 July 2023, Spokesperson: China neither accepts nor recognizes so-called award on South China Sea arbitration | english.scio.gov.cn。

(16) 各国が提出した口上書や書簡については、https://www.un.org/depts/los/clcs_new/submissions_files/submission_mys_12_12_2019.html (2024年7月3日最終閲覧) を参照。

◀焦点:3▶
南西諸島の防衛―日米による取り組みの経緯

宮岡勲

慶應義塾大学教授／平和・安全保障研究所研究委員

2000年代終わりごろ、日本の周辺海空域における中国軍の活動が活発化し始めた。中国艦艇が沖縄本島・宮古島間を初めて通過し太平洋へ進出したのは、2008年11月2日のことであった。それから15年以上が経過し、今や、九州南方から台湾北東にかけて約1,200キロメートルにわたり点在する南西諸島が日米同盟の焦点となりつつある。本稿では、南西諸島防衛に関する日米両国による取り組みの経緯について、日本の防衛体制の観点および米軍の作戦構想と日米同盟の観点に分けて解説する。

1. 南西諸島における日本の防衛体制

(1) 初期の防衛体制強化

2008年11月2日に中国艦艇4隻が沖縄本島・宮古島間を初めて通過し太平洋へ進出したあたりから、日本政府は、南西諸島において防衛体制の強化を始めた。09年1月に航空自衛隊(空自)は、茨城県の百里基地に配備されていた20機のF-15戦闘機を沖縄県の那覇基地に配備した。また、10年3月に陸自は、沖縄県の那覇駐屯地に駐屯する第1混成団(約1,800人規模)を廃止して、第15旅団(当初約2,100人規模)を新編している。

10年12月に閣議決定された防衛計画の大綱(2010防衛大綱)において、島嶼部における対応能力の強化が取り上げられた[1]。2010防衛大綱は、「自衛隊配備の空白地域となっている島嶼部について、必要最小限の部隊を新たに配置する」とした。当時、南西諸島における陸自の部隊配置は沖縄本島に限られていた。また、島嶼部に対する攻撃への対応としては「島嶼部への攻撃に対しては、

-39-

機動運用可能な部隊を迅速に展開し、平素から配置している部隊と協力して侵略を阻止・排除する」ことを挙げた。

（2）　3段階の抑止対処構想

　日本政府は、既定の「平素からの部隊配置」と「機動展開」に新たに「奪回」を加えて、3段階の抑止対処構想を2013年になって打ち出した[2]。同構想は、同年12月に閣議決定された防衛計画の大綱（2013防衛大綱）において「島嶼部に対する攻撃に対しては、安全保障環境に即して配置された部隊に加え、侵攻阻止に必要な部隊を速やかに機動展開し、海上優勢及び航空優勢を確保しつつ、侵略を阻止・排除し、島嶼への侵攻があった場合には、これを奪回する」と記述されている。以下、この3段階構想について少し詳しく述べておく。

　第一の段階は、平素からの部隊配置である。2013防衛大綱は、「島嶼部への攻撃に対して実効的に対応するための前提となる海上優勢及び航空優勢を確実に維持するため、航空機や艦艇、ミサイル等による攻撃への対処能力を強化する」とした。陸自の体制については、地上から艦艇に向けて発射する地対艦誘導弾（ミサイル）の部隊や地上から航空機やミサイルに向けて発射する地対空誘導弾の部隊の保持を明記した[3]。

　第二の段階は、日本各地から南西諸島への部隊の機動展開である。そして、「統合機動防衛力」を構築するとした2013防衛大綱は、陸自の体制として「島嶼部に対する攻撃を始めとする各種事態に即応し、実効的かつ機動的に対処し得るよう、高い機動力や警戒監視能力を備え、機動運用を基本とする作戦基本部隊（機動師団、機動旅団及び機甲師団）を保持する」とし、別表において地域配備部隊の8個師団と6個旅団のうち3個師団と4個旅団をそれぞれ機動師団と機動旅団に改編するとした。

　また、輸送能力の強化についても言及している。「迅速かつ大規模な輸送・展開能力を確保し、所要の部隊を機動的に展開・移動させるため、平素から民間輸送力との連携を図りつつ、海上輸送力及び航空輸送力を含め、統合輸送能力を強化する」という方針も固めた。13年12月に閣議決定された、14年度から5年

−40−

間の計画となる「中期防衛力整備計画」(2014中期防)は、機動展開のための新たな装備として、巡航速度が速く航続距離の長いティルト・ローター機(V-22オスプレイ)や航空機で輸送可能な機動戦闘車(16式)を導入するとしている。

　第三の段階は、島嶼が侵攻されてしまった場合の島嶼の奪回である。2013防衛大綱には、「島嶼への侵攻があった場合に速やかに上陸・奪回・確保するための本格的な水陸両用作戦能力を新たに整備する」という文が書き込まれた。2014中期防は、新たな装備として、海上から島嶼に部隊を上陸させるための水陸両用車(AAV7)を導入するとした。

　以上の構想は、18年12月に閣議決定された防衛計画の大綱(2018防衛大綱)にも引き継がれ、着実な防衛体制の強化がされてきている。平素からの部隊配置については、与那国島(16年3月)、奄美大島と宮古島(19年3月)、および石垣島(23年3月)において、陸自の駐屯地の新設が続いた。例えば、宮古島駐屯地では、離島警備を任務とする警備隊、地対空誘導弾を扱う高射特科群、地対艦ミサイル中隊などが所在している。また、普通科連隊を1個有する第15旅団(那覇駐屯地)は、27年度までに同連隊を2個有する第15師団に格上げされる予定である。機動展開については、18年3月に、陸自は初の機動師団・旅団への改編とともに、「統合運用の下、作戦基本部隊(機動師団・機動旅団・機甲師団及び師団・旅団)や各種部隊等の迅速・柔軟な全国的運用を可能とするため」(2014中期防)、陸自初の統一司令部となる陸上総隊の新編を行った。また、24年度末には、陸自を中心とする共同の部隊である海上輸送群が広島県の海上自衛隊呉基地で発足する予定である。奪回については、18年3月に、陸自は水陸両用作戦を担う水陸機動団の新編を行っている。

(3) スタンド・オフ防衛能力の導入 [4]

　中国軍の能力向上につれて、すぐに三段階の抑止対処構想だけでは不十分になった。2013防衛大綱は「南西地域の防衛態勢の強化を始め、各種事態における実効的な抑止及び対処を実現するための前提となる海上優勢及び航空優勢の確実な維持に向けた防衛力整備を優先する」としていた。しかし、その前提の

確実な維持が困難であることが明らかになってきた。

　2018防衛大綱は、島嶼部を含む日本に対する攻撃への対応に関する文章の中に「海上優勢・航空優勢の確保が困難な状況になった場合でも、侵攻部隊の脅威圏の外から、その接近・上陸を阻止する」という一文を入れた。また、防衛力強化に当たっての優先事項の一つとしてスタンド・オフ防衛能力を挙げ、「島嶼部を含む我が国への侵攻を試みる艦艇や上陸部隊等に対して、脅威圏の外からの対処を行うためのスタンド・オフ火力等の必要な能力を獲得する」とした。装備としては、脅威圏外（スタンド・オフ）から発射できる長射程のステルス性を備えた巡航ミサイルの整備が計画された。

　22年12月に閣議設定された国家安全保障戦略（2022安保戦略）と国家防衛戦略（2022防衛戦略）は、長年論争の的であった反撃能力（いわゆる敵基地攻撃能力）の導入に踏み切った。これらの戦略文書は、「我が国への侵攻を抑止する上で鍵となるのは、スタンド・オフ防衛能力等を活用した反撃能力である」としている。周辺国のミサイル能力が格段に向上する中で「相手からミサイルによる攻撃がなされた場合、ミサイル防衛網により、飛来するミサイルを防ぎつつ、相手からの更なる武力攻撃を防ぐために、我が国から有効な反撃を相手に加える能力、すなわち反撃能力を保有する必要がある」との判断に基づくものである。相手の領域内におけるミサイル発射機などへの反撃を行う能力の保有により、自衛隊による防衛作戦の選択肢が増え、相手の武力行使による目的達成を困難にすることから、日本の拒否的抑止力が高まると考えられている。

　反撃能力の保有は、特に南西諸島の防衛にとって極めて重要である。台湾有事や尖閣有事が生起する場合、米軍の接近を阻止するため、まずは中国が多数の地上発射型弾道・巡航ミサイルを使って南西諸島の飛行場や港湾に対し攻撃してくることが考えられる。ちなみに、22年8月にペロシ米下院議長（当時）が台湾を訪問した2日後に、中国が軍事演習において発射した9発の弾道ミサイルのうち、5発は日本の排他的経済水域（EEZ）内に着弾し、さらにもう1発は与那国島から約80キロメートルの地点に着弾したと発表されている。これら9発のミサイルは、浙江省沿岸、福建省沿岸、および中国内陸部といずれも中国の領域から

－42－

発射されたものと推定されている[5]。このようなミサイル攻撃を少しでも阻止する手段として反撃能力は有効なのである。

最後に、南西諸島防衛における大きな課題の一つとして、機動展開（輸送）能力と国民保護を挙げておきたい。これらはセットとして、2022防衛戦略において、7つある「防衛力の抜本的強化に当たって重視する能力」の一つとして挙げられている。そこに記述された「特に島嶼部が集中する南西地域における空港・港湾施設等の利用可能範囲の拡大」を受けて、政府は4月に、防衛力強化に向けて整備する施設として7道県の計16空港・港湾を指定した。ただし、南西諸島防衛の最前線となる沖縄県内で指定されたのは、国が管理する那覇空港と沖縄県石垣市が管理する石垣港の2カ所のみにとどまった。沖縄県にある他の施設については、管理者の同県や地元自治体の理解が得られず、指定は見送られたのでる。南西諸島の防衛体制を強化していく上で、政府と同県の信頼関係の欠如が重大な障害となっている。

2. 米軍の作戦構想と日米同盟

(1) 中国の「接近阻止・領域拒否」戦略

米国の覇権は、「グローバル・コモンズ」と呼ばれる、公海とその上空や宇宙といった単独の国家に支配されていない領域を軍事的に支配することによって支えられてきた[6]。21世紀に入ると、中国は、軍事的な台湾統一までを視野に入れて、米国によるグローバル・コモンズの軍事的支配を西太平洋方面において打破できるように、米軍の接近を阻止し領域内での自由な行動を拒否する能力の開発に力を入れるようになった。米国防省は、2009年の年次報告書『中華人民共和国の軍事力』において、そうした行動を「接近阻止・領域拒否（A2/AD）」と呼び、中国のA2/AD能力の発展について以下のとおり説明している。

台湾有事への計画の一環として、中国は将来の台湾海峡危機に対する第三者の介入を抑止または対抗するための措置の開発を優先している。この挑戦に対処する中国のアプローチは、西太平洋内に展開（接近阻止）または作

戦（領域拒否）を行う可能性のある軍隊を長距離で攻撃する能力を開発するための持続的な努力に反映されているように窺われる。これに関連して、中国の接近阻止・領域拒否戦力はますます重なり合い、海、空、宇宙、サイバー空間を利用した多層の攻撃システムを提供している[7]。

　接近阻止（A2）とは、通常は長射程の火力により敵軍が作戦領域に侵入（接近）するのを阻止することを指し、領域拒否（AD）とは、通常は短射程の火力により作戦領域内において敵軍の行動の自由を制限（拒否）することを意味している[8]。九州から南西諸島、台湾、フィリピン、ボルネオ島に至る第1列島線内における領域拒否、それに伊豆諸島から小笠原諸島、サイパン、グアム、パプアニューギニアまでの第2列島線と第1列島線の間における接近阻止を中国が試みているというのが米国防省の見立てである。

(2) 日米の領域横断的な作戦

　米国防省が中国のA2/AD能力に対抗するための作戦構想として最初に打ち出したのは、統合エアーシーバトル（ASB）構想であった[9]。10年2月に公表された「4年ごとの国防計画の見直し（QDR）」は、政府文書として初めてASB構想に言及している。

　　空軍と海軍は共同で、高度な接近阻止および領域拒否能力を備えた敵を含む、幅広い軍事作戦において敵を倒すための新しい統合エアーシーバトル構想を開発している。この構想は、米国の行動の自由に対する増大する挑戦に対抗するために、空軍と海軍が空、海、陸、宇宙、およびサイバー空間といった、全ての作戦領域にわたる能力をどのように統合するかについて取り組むものである。この構想が成熟するにつれて、それは効果的な戦力投射作戦に必要な将来能力の開発を導く指針にもなるであろう[10]。

　同構想の開発を進めるため、米国防省は、11年8月に海軍と空軍の人員を中心

－44－

とするASB室を創設した（翌年9月に陸軍の人員も参加した）。

　12年1月には、A2/ADという課題に具体的に向き合うASB構想や沿岸作戦の上位構想として、統合参謀本部議長が策定した「統合作戦アクセス構想（JOAC）」が公表された。この構想は、将来の作戦環境における三つの傾向として、①A2/AD能力の劇的な改善と拡散、②海外における米国の防衛態勢の変化（世界中の米軍基地ネットワークの衰退など）、③宇宙およびサイバー空間の重要性の増大と係争化を指摘した。その上で、異なる作戦領域の能力の組み合わせにより優勢を狙う「領域横断的な相乗作用」を強化することを提唱している[11]。

　米軍全体の指針となった領域横断的な相乗作用は、その後、同盟関係においても重視されるようになり、国の作戦構想にも取り入れられていった。ASB構想を引き継いだ、機密扱いの「グローバル・コモンズにおけるアクセスと機動のための統合構想（JAM-GC）」（15年1月）は、陸海空、宇宙、サイバー、電磁波、および情報環境を含むすべての領域における統合や同盟国、パートナー国との相互運用性の向上を強調しているという。15年4月に閣僚級の日米安全保障協議委員会（いわゆる「2プラス2」）で了承された「日米防衛協力のための指針」（2015日米ガイドライン）では、作戦構想に領域横断的な作戦が追加された。

　また、日本政府は、2018防衛大綱において「多次元統合防衛力」という構想を打ち出した。これは、「宇宙・サイバー・電磁波を含む全ての領域における能力を有機的に融合し、平時から有事までのあらゆる段階における柔軟かつ戦略的な活動の常時継続的な実施を可能とする、真に実効的な防衛力」と定義されている。その構想においては「全ての領域における能力を有機的に融合し、その相乗効果により全体としての能力を増幅させる領域横断（クロス・ドメイン）作戦」やそのための統合運用が重視されている。なお、2022防衛戦略は、「これまでの多次元統合防衛力を抜本的に強化し、その努力を更に加速して進めていく」としている。

（3）日米陸上戦力間の連携

　2010年代後半以降における対A2/AD作戦構想の発展を検討する上で、戦

略・予算評価センター所長であるクレピネビッチの論文は注目に値する。彼は、『フォーリン・アフェアーズ・リポート』2015年4月号で発表した論文「中国をいかに抑止するか」において、拒否的抑止と第1列島線防衛を軸に二つの主張を行っている。一つは、中国を抑止するためには、空爆や海上封鎖などによる懲罰的抑止のみならず、軍事力の行使では領土的現状の変更といった目的を達成できないと相手を説得する拒否的抑止も必要であるという主張である。そしてもう一つは、「ワシントンは、米軍、同盟国、パートナーの地上戦力を利用して、第1列島線に沿った防衛リンケージを確立することで、列島線防衛ラインを確立しなければならない」というものである[12]。二つ目の主張は、対空・対艦ミサイルの利用、機雷戦や対潜水艦戦、通信ネットワーク防衛などにより、地上戦力が海空戦力を補完する構想でもある。

初期のASB構想は海空軍を主体とするものであったが、現在の対A2/AD作戦には陸軍や海兵隊も積極的に関わるようになっている。米陸軍は、すべての領域において敵のA2/ADの打破を目指すマルチドメイン作戦（MDO）構想のもと、ハワイにマルチドメイン任務部隊を配備した。また、米海兵隊は、自らの存在意義を伝統的な強襲上陸作戦から対中接近阻止作戦へとシフトさせ、「敵の火力圏内において迅速に分散展開し、一時的な拠点を設置することにより前線での作戦を実行する作戦構想」[13]である遠征前方基地作戦（EABO）を推進している。この作戦構想に基づき、第3海兵師団隷下の三つの海兵連隊は、洋上監視・対艦攻撃・防空を主任務とする海兵沿岸連隊（MLR）に改編されることになった[14]。

近年における日米共同訓練の焦点の一つが南西諸島防衛となっている[15]。特に陸上自衛隊（陸自）は、共同訓練などを通じて米国の陸軍と海兵隊との連携を深めている。22年度の例を挙げると、日米共同統合演習（実動演習）「キーン・ソード23」では、米軍高機動ロケット砲システム（HIMARS）の奄美大島への展開や陸自地対艦誘導弾（SSM）との連携、日米双方のオスプレイによる連携、および陸自水陸両用車（AAV）とエアクッション艇などによる鹿児島県徳之島への上陸などの訓練が実施された。また、陸自は、米陸軍との実働訓練「オリエント・シールド22」において領域横断作戦と米陸軍のマルチドメイン作戦との連携能

力の向上を図ったり、米海兵隊との実動訓練「レゾリュート・ドラゴン22」において領域横断作戦と米海兵隊の遠征前方基地作戦の連携について訓練も行ったりしている。

　23年1月にワシントンで開催された日米安全保障協議委員会において、日米の外務・防衛担当閣僚は、南西諸島防衛の強化に向けた在日米軍の二つの変更について合意した[16]。一つは、第3海兵師団司令部と第12海兵連隊（砲兵）の沖縄残留および第12海兵連隊の第12海兵沿岸連隊への改編（同年11月に実施）である。もう一つは、「日本における同盟の海上機動力を更に強化する」ことを目的とする、横浜ノース・ドックにおける小型揚陸艇部隊の新編（同年4月に実施）である。これらの変更は、南西諸島における日本側の防衛体制の強化と足並みを揃えるものである。

(1) 日本の安全保障政策の公的文書については、政策研究大学院大学と東京大学東洋文化研究所のデータベース「世界と日本」（https://worldjpn.net）を参照。

(2) 防衛省編『日本の防衛-防衛白書』日経印刷株式会社、2014年、154頁。

(3) 陸上自衛隊の改編については、鈴木滋「陸上自衛隊の改編をめぐる動向－南西諸島防衛問題との関連を中心に」『レファレンス』第72巻第10号、2022年10月、1-30頁参照。

(4) スタンド・オフ防衛能力や反撃能力の導入については、宮岡勲「日本の反撃能力保有に至る政治過程に関する考察、一九九九-二〇二二年」『法学研究』第97巻第1号、2024年1月、49-75頁参照。

(5) 防衛省編『防衛白書』2023年、75頁；防衛省「中国弾道ミサイル発射について」2022年8月4日、https://www.mod.go.jp/j/press/news/2022/08/04d.html.

(6) Barry R. Posen, "Command of the Commons: The Military Foundations of U. S. Hegemony," *International Security 28, no. 1* (Summer 2003): pp. 5-46.

(7) Office of the Secretary of Defense, *Department of Defense, Military Power of the People's Republic of China*, Annual Report to Congress, 2009, pp. 20-21.

(8) Office of the Chairman of the Joint Chiefs of Staff, *DOD Dictionary of Military and Associated Terms*, November 2021, pp. 17-18.

(9) 米軍の対A2・AD作戦構想については、次の文献を参照。浅井一男「米軍の対A2/AD作戦構想と日本への影響」『調査と情報』第1101号、2020年6月16日。

(10) Department of Defense, *Quadrennial Defense Review Report*, February 2010, p. 32.

—47—

(11) Department of Defense, *Joint Operational Access Concept (JOAC), Version 1.0*, January 17, 2012, pp. 14-17.

(12) アンドリュー・クレピネビッチ「中国をいかに抑止するか──拒否的抑止と第1列島線」『フォーリン・アフェアーズ・リポート』2015年4月号、79-86頁。

(13) 防衛省編『防衛白書』2023年、51頁。

(14) 福好昌治「強襲上陸から島嶼拠点構築へ──米海兵隊EABOは陸自構想の後追いか!?」『軍事研究』第57巻第9号、2022年9月、83-95頁。

(15) 防衛省編『防衛白書』2023年、465-466頁、資料編151-152頁。

(16) 「日米安全保障協議委員会（2＋2）共同発表」2023年1月、外務省ウェブサイト、https://www.mofa.go.jp/mofaj/files/100444893.pdf。

◀焦点:4▶

緊迫する中東情勢
―「10月7日」の衝撃と日本への影響―

小林周

日本エネルギー経済研究所中東研究センター主任研究員

はじめに:「10月7日」の衝撃

　2023年10月7日に行われたパレスチナの武装組織ハマースによるイスラエル攻撃と、それを発端としたイスラエル軍によるガザ地区への大規模侵攻は、中東情勢のみならず国際社会を大きく揺るがした。本稿では、近年の中東における政治動向を整理した上で、「10月7日」以降の地域大国および非国家主体の動向と、今後のエスカレーション・リスクを分析する。その上で、日本のエネルギー安全保障や対中東政策への影響について考察する。

　現状では、中東の地域大国や米国のいずれも紛争のエスカレーションは望んでおらず、直接介入を明確に否定し、全面戦争を回避してきた。しかし、イスラエルはガザ地区への大規模な軍事侵攻を継続するとともに、イランや親イラン勢力を攻撃して反撃を誘発し、米国を引きずり込もうとしており、この試みが暴発する危険性は無視できない。また、非国家主体という、国家間の抑止や対話・調整に必ずしも縛られない「ワイルドカード」が軍事衝突やエスカレーションの引き金になり得る。

　米国やイラン、その他地域大国が抑制的に行動する限り、全面戦争が発生する見込みは短期的には低いが、「戦争には至らずとも域内諸国が緊張状態にあり、武力衝突に邦人や日本権益が巻き込まれる」という状況は継続している。局所的な対立がエスカレーションを引き起こし、中東域内で「意図せざる戦争」を引き起こすリスクには常に注意が必要である[1]。

－49－

1.「10月7日」以前の中東情勢：緊張と緩和

2010年代から米国の中東への関与低減が進む中で、中東域内諸国は独自の外交・防衛政策を展開するようになったが、各国が国益を追求することで、地域全体の安定が脅かされてきた。域内では、イスラエルとイランおよび親イラン勢力、イランと湾岸アラブ諸国、サウジアラビア・アラブ首長国連邦（UAE）・エジプトとカタール・トルコのように、多層的な対立・協力の構造が生まれた。その結果、地域協力枠組みのアラブ連盟や湾岸協力理事会（GCC）は実質的な機能不全に陥った。

さらに、10年末からの「アラブの春」による内戦を経験したイエメン、リビア、シリアでは、政府の統治機能が弱体化しており、国境管理や治安維持が十分に行われていない。その中で、レバノンのヒズブッラー、パレスチナのハマース、イエメンのフーシー派、イラク・シリアのクルド武装勢力、シリアの反政府勢力、イラクのシーア派民兵組織など、強力な非国家主体が台頭し、地域の政治・安全保障に大きな影響を与えるようになった。

紛争や政治的混乱、米国の関与低減にともなって中東域内に生じた「力の空白」の大部分を埋めたのがイランであった。イランは陸続きのイラク、シリアを経てレバノンに至る地域における政治的・軍事的な影響力を高め、「シーア派の三日月」と呼ばれる勢力圏を構築した。また、イエメンの武装勢力フーシー派を支援し、サウジアラビアやUAEをはじめとする湾岸アラブ諸国への軍事的圧力を高めた。トランプ政権（2017-21年）は経済制裁や限定的な武力行使を通じてイランに圧力をかけたが、その中でもイランはペルシャ湾岸地域の米国の同盟国に対する軍事的な圧力を継続してきた。

他方で、20年代に入ると域内での緊張緩和の動きが進んだ。20年8月以降、米国の仲介によってUAE、バーレーン、スーダン、モロッコといったアラブ諸国が相次いでイスラエルとの国交正常化に合意した。この「アブラハム合意」以降、UAEが23年4月にイスラエルとの包括的経済パートナーシップに合意するなど、アラブ諸国とイスラエルの経済・技術協力が拡大した。

21年1月には、サウジアラビア、UAE、バーレーン、エジプトがカタールと3年半

ぶりに国交を回復した。これら4カ国は、カタールがイランと接近し、また各国が脅威とみなすイスラーム主義組織ムスリム同胞団を支援したとして、17年6月に国交を断絶していた。断交の結果、カタールはトルコに接近し、アフリカ諸国を巻き込んだ地政学的競争が展開されてきた[2]。国交回復の背景には、サウジアラビアとカタールの和解や米トランプ政権による働きかけなどが指摘される[3]。カタール断交の解消を受けて、トルコとアラブ諸国の緊張も緩和され、トルコのエルドアン大統領はアラブ諸国首脳との会談を積極的に行っている。

23年3月にはサウジアラビアとイランが7年ぶりに国交を回復した[4]が、両国の交渉が中国の仲介によって行われた点も大きく注目された。このような中東域内の緊張緩和について、サリバン米大統領補佐官は23年9月末に「今、中東は過去20年で最も平穏だ」と述べていた[5]。ただし、同補佐官のコメントから10日も経たないうちにハマースがイスラエルを攻撃し、その後のイスラエルによるガザ地区への大規模侵攻によって情勢が大きく混乱したことを踏まえれば、バイデン政権は中東地域の複雑さと不安定化リスクを軽視していたと評価せざるを得ない。

同年10月7日以降、米国の中東におけるオフショア・バランシング戦略—中東に展開する兵力を削減しつつ、サウジアラビア・イスラエルの国交正常化および両国の能力強化によって中東の戦略環境を（米国にとって望ましい形で）安定させ、イランを抑止するという試み—は頓挫した。米国はイスラエル防衛および抑止力強化のため、大型の資金援助のみならず、二つの空母打撃群など大規模な部隊を中東に展開せざるを得なくなった。

2.エスカレーション・リスク：非国家主体という「ワイルドカード」

現地報道などによれば、2024年5月中旬時点でガザ地区のパレスチナ人3万5,000人以上が死亡した。また、イスラエル側は延べ200人以上の人質に加えて1,200人以上が死亡、またガザ侵攻に参加する兵士260人以上が死亡した。ガザ地区だけでなく、東エルサレムおよびヨルダン川西岸でも、イスラエルの軍や住民によるパレスチナ住民への攻撃が激化している。

中東域内諸国はイスラエルを強く非難しつつも直接介入は避け、軍事衝突の

拡大やエスカレーションの防止に努めている。アラブ諸国はパレスチナ支持で結束力を高めるものの、イスラエルと断交する国は出ていない。イランですら、ハーメネイー最高指導者が戦闘に直接介入しない意志を明言したとされる。なお、10月7日の事件の翌日にウォール・ストリート・ジャーナルはイランの革命防衛隊がハマースに作戦の指示を下したと報じた[6]が、その明白な証拠は現在でも見つかっていない。

　他方で、エスカレーションのリスクは決して低くない。特にイスラエルは10月7日の攻撃によって破られた抑止の回復を最優先させており、大規模な人道被害を顧みずにガザへの軍事侵攻を継続するほか、北部ではヒズブッラーと交戦、またシリアなどでイラン政府・軍関係者を殺害している。この背景には、イランおよび非国家主体による反撃を誘発し、米国を軍事的に引きずり込むことで、脅威を排除すると同時に抑止力を高める狙いがあると推測される。しかし、これらのイスラエルによる軍事行動は情勢の予測不可能性を高めており、今後のエスカレーション・リスクとなり得る。

　イスラエルの行動を変えられる地域大国は存在せず、停戦に向けてイスラエルに実質的な圧力をかけられるのは米国のみだと言える。しかし、イスラエル・パレスチナ紛争はすでに24年米大統領選挙の重要イシューになっており、米国内政と深く絡んでいる以上、バイデン政権としても容易に事態の沈静化を行える状況ではない。

　10月7日以降、イスラエル北部のレバノン国境地帯では、ヒズブッラーとイスラエルの衝突が続いている。24年3月12日、イスラエルは過去5カ月間に4,300以上のヒズブッラーの標的を攻撃し、300人以上の戦闘員を殺害したと発表した。ヒズブッラーも、ロケット、対戦車砲、追撃砲などによってイスラエル側を攻撃している。

　イエメンのフーシー派は「パレスチナ支援」を掲げてイスラエル南部にミサイル攻撃を行ったほか、紅海を航行する船舶への攻撃や拿捕を続けている。23年11月19日には日本郵船の運航する貨物船が拿捕された。同組織はイスラエルに関係する船舶が標的と主張するが、実態は無差別攻撃に近い。この結果、日本の海運大手を含む各企業が紅海航路を回避しており、バーブル・マンデブ海峡や

焦点4 緊迫する中東情勢 —「10月7日」の衝撃と日本への影響—

スエズ運河を通過する船舶数が大幅に減少している。

　シリア・イラク周辺ではシーア派武装組織による米軍基地への攻撃が相次いでおり、24年1月28日にはヨルダン北東部で、イランのものと思われる無人機攻撃により米軍の拠点が攻撃され、米兵3人が死亡、40人以上が負傷した[7]。イランは関与を否定したものの、米軍は報復として、2月2日にイラクとシリアのイラン革命防衛隊および関連組織の拠点を空爆した[8]。

　また、イスラエルはシリアのイラン関連施設や親イラン民兵組織への攻撃を繰り返しており、2月2日には首都ダマスカスへのミサイル攻撃によってイラン革命防衛隊幹部を殺害した。さらに4月1日、イスラエルはダマスカスにあるイラン大使館領事部を空爆し、同月14日にはイランが報復としてミサイルおよび無人機によってイスラエルを直接攻撃した。攻撃の大部分はイスラエルや米国によって迎撃され、大規模な被害は出なかったが、これはイラン側が報復の連鎖によるエスカレーションを避けるための「自制的な措置」であったと指摘される。4月19日にはイランのイスファハーンを標的にした小規模な攻撃が発生した。イスラエルは攻撃の実施について肯定も否定もしていないが、米政府高官は、イスラエルによる攻撃であると明かした。この「再報復」について、イラン側は被害が発生していないことを強調し、事態の沈静化に努めた。

　一方で、非国家主体は国家間の抑止や対話・調整に必ずしも縛られず、各国の政府・軍の指揮下にもないため、行動が予測不可能な「ワイルドカード」としてエスカレーションのリスクを高めている。イランはハマース、ヒズブッラー、フーシー派、シーア派民兵組織など周辺国の非国家主体を支援しているが、これらの組織は高い戦略的自律性を有しており、イランの完全な指揮統制下にはない。また、各組織が相互に連携・調整して活動しているわけでもない[9]。非国家主体がイランの意図や利害と一致しない軍事行動を取り、その結果イランや米国が衝突に引きずり込まれる事態は生じ得る。

3.日本の対中東外交：関係の拡大・深化

　奇しくも1973年10月の第四次中東戦争と、それをきっかけとした第一次石油危

機から50年目となる2023年10月、ハマースなどによるイスラエル攻撃が起き、これを発端としてイスラエルとパレスチナの紛争が拡大した。中東情勢の不安定化が国際社会のエネルギー安全保障を脅かし得る状況が、改めて浮き彫りになった。

　前述の通り中東情勢は緊迫しているが、現下の情勢が直接的にエネルギー（特に石油、天然ガス）の供給途絶を引き起こす可能性は限定的であると見られる。10月7日直後には原油価格が上昇したものの、上昇の幅や期間は限定的であった。イスラエル軍によるガザ地区への地上侵攻の開始以降も、中東産油・ガス国が直接戦闘に巻き込まれていないこと、また米中をはじめ世界経済の減速に対する不安が主要因となって原油価格は下落した。

　中東の産油・ガス国も、パレスチナ支持とイスラエルへの批判を明示する一方で、第四次中東戦争の際に行われたような、イスラエルを支持する国への禁輸を行う動きは見られない。ただし、一部の国では議会や政治勢力が禁輸措置を主張するなど、各国の内政と連動した輸出制限への圧力が存在する点には注意が必要である。

　石油危機から50年が経過した現在、日本の石油輸入における中東依存度はむしろ高まり、24年3月時点では約95％となっている（UAE44％、サウジアラビア41％、クウェート1％）。中東における政治・安全保障情勢の流動化は、日本のエネルギー安全保障や邦人の安全確保にとって常に大きなリスクである。現下の情勢が直ちに中東からの石油・天然ガス供給を途絶させるものではないとしても、「不測の事態」への対応計画を整備し、強靭なエネルギー供給体制を構築することが肝要であろう[10]。

焦点4　緊迫する中東情勢 —「10月7日」の衝撃と日本への影響—

日本の中東からの原油輸入量と中東依存度

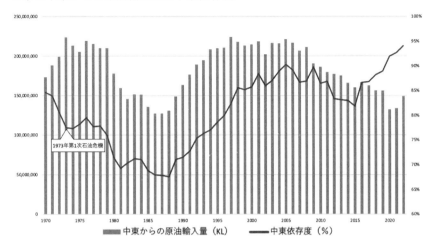

出所：資源エネルギー庁資料を基に筆者作成

　他方で、現在の日本の中東外交は、石油・天然ガスの確保のみを目的としているわけではなく、より広範な政治・経済協力の可能性を模索している。従来、日本の中東諸国との関係は経済・エネルギーや文化交流に集中しており、外交・安全保障面での協力は限定的だとされてきた。この課題を乗り越えるために、安倍政権は積極的に中東諸国を訪問し、首脳外交の強化や自衛隊の派遣、経済協力を通じたプレゼンス強化に努めた。

　23年7月に岸田首相は湾岸アラブ諸国を歴訪したが、日本の首相によるサウジアラビア、UAE訪問は3年半ぶり、カタール訪問は10年ぶりであった。同訪問においてはエネルギー調達の安定化に加え、中東地域を将来のクリーンエネルギーや重要鉱物のグローバルな供給ハブとして見据え、水素・アンモニアの製造や脱炭素技術の実用化に向けた連携が提案された。岸田首相は、「産油国と消費国という関係から脱皮し、（日本・中東関係を）新たなグローバル・パートナーシップへと進化させる」と強調した。「脱炭素化」に向けた経済・技術協力を中核に据えた中東諸国との関係強化は、日本の強みと現下の国際情勢を踏まえた

有意義な外交戦略であり、脱炭素への移行期における原油や天然ガスの安定供給にも寄与し得る。岸田首相の湾岸諸国歴訪は、中東における日本の政治的・経済的プレゼンス拡大の種を蒔いたと評価できよう。

おわりに：日本の取るべき対応

本稿では、「10月7日」前後の中東の政治情勢とエスカレーション・リスク、そして近年の日本の対中東外交の広がりについて分析した。

2024年5月19日、イランのライーシー大統領やアブドッラヒヤーン外相らが乗るヘリコプターが同国内で墜落し、死亡が確認された。高齢のハーメネイー最高指導者の最有力後継者候補と目されていたライーシー大統領の死亡により、イラン内政には大きな衝撃が広がっており、今後の展開は予断を許さない。また、同月20日からはムハンマド・サウジアラビア皇太子の訪日が予定されていたが、父親のサルマーン国王の健康状態を理由に訪問が延期となった。中東情勢は今後も激しく変動し、国際政治にも大きな影響を与えると予測される。

世界では、「パレスチナ問題の解決なしに中東の安定はあり得ない」という原則が改めて認識され、日本を含めた多くの国々が、パレスチナ国家の樹立によるイスラエルとの共存という「二国家解決案」を改めて明確に支持するようになった[11]。さらに、24年5月にはスペイン、アイルランド、ノルウェーがパレスチナの国家承認を発表し、パレスチナを国家承認する国は143カ国となった（日本は未承認）。

日本としては、中東域内の複雑な政治・安全保障ダイナミクスを理解した上で、緊張緩和やエスカレーション防止に向けて関係諸国・アクターに関与し続けることが求められる。それは自国のエネルギー安全保障のみならず、リベラル国際秩序の維持やグローバルサウスとの関係深化といった広い視点においても重要な取り組みとなるだろう。

(1) Robert Malley, "The Unwanted War: Why the Middle East is More Combustible Than Ever," Foreign Affairs, vol.98, No.6, pp.38-46, 2019.

焦点4　緊迫する中東情勢 ―「10月7日」の衝撃と日本への影響―

(2) 小林周「中東発エコノミック・ステイトクラフトの検証：変化する域内安全保障の中で」『国際政治』
205号（2022年2月）、94〜107頁。

(3) 掘抜功二「ウラーへの道程 ― 対カタール断交の解消と地域安定への課題」『国際問題』702号（2011
年8月）、14－22頁。

(4) 両国は2016年1月に国交を断絶した。直接的な契機はサウジ政府によるシーア派聖職者らの処刑と、
それに反発したイラン市民によるサウジ大使館の襲撃であったが、前述の通り地域の覇権をめぐる競
争が背景にあったとされる。

(5) Katie Rogers, "Jake Sullivan's 'Quieter' Middle East Comments Did Not Age Well," The
New York Times, October 26, 2023, https://www.nytimes.com/2023/10/26/us/politics/jake-
sullivan-foreign-affairs-israel-middle-east.html.

(6) Summer Said, Benoit Faucon, and Stephen Kalin, Follow "Iran Helped Plot Attack on Israel
Over Several Weeks," Wall Street Journal, October 8, 2023, https://www.wsj.com/world/
middle-east/iran-israel-hamas-strike-planning-bbe07b25.

(7) C. Todd Lopez, "3 U.S. Service Members Killed, Others Injured in Jordan Following Drone
Attack," DOD News, U.S. Department of Defense, January. 29, 2024, https://www.defense.
gov/News/News-Stories/Article/Article/3659809/3-us-service-members-killed-others-
injured-in-jordan-following-drone-attack/.

(8) Joseph Clark, "U.S. Strikes Targets in Iraq and Syria in Response to Deadly Drone Attack,"
DOD News, U.S. Department of Defense, Feb. 2, 2024, https://www.defense.gov/News/News-
Stories/Article/Article/3665734/us-strikes-targets-in-iraq-and-syria-in-response-to-deadly-
drone-attack/.

(9) 溝渕正季「ハマス・ヒズボラ『抵抗の枢軸』とは何か―中東における親イラン勢力の成り立ちと動向」
『シノドス』2024年2月12日、https://synodos.jp/opinion/international/29044/.

(10) 「資源国との関係強化、供給源の多角化、調達リスク評価の強化等の手法に加え、再生可能エネル
ギーや原子力といったエネルギー自給率向上に資するエネルギー源の最大限の活用、そのための戦
略的な開発を強化する。同盟国・同志国や国際機関等とも連携しながら、我が国のエネルギー自給
率向上に向けた方策を強化し、有事にも耐え得る強靭なエネルギー供給体制を構築する」内閣官房
「国家安全保障戦略」2022年12月16日、26頁。

(11) 外務省「上川外務大臣とムスタファ・パレスチナ首相兼外務・移民庁長官との電話会談」2024年4月
2日、https://www.mofa.go.jp/mofaj/press/release/pressit_000001_00571.html.

第2部

アジアの安全保障環境

（2023年4月～2024年3月）

第1章　日　本

概　観

　2023年を通じて日本は、「同志国」との間で「自由で開かれたインド太平洋(FOIP)」の推進のため地歩を固め、インド太平洋において目指すべき安全保障協力の姿を内外に示し続けた。

　まず着目するべきは、これまでも進められてきた「インド太平洋」における「同志国」との協力枠組みの整備・強化が次々と具体的な形として制度化されたことである。日米同盟を基軸としつつ、日米豪印の四カ国枠組み(クアッド)や日米豪、日米韓といったミニラテラル(少数国間)関係を築くことで抑止力を強化し、併せてそれらを支える二国間関係(日米、日印、日韓、日豪など)も整備し安全保障協力の基礎が固められた。また、ASEAN、ASEAN諸国とも包括的な関係強化が試みられた。とりわけ中国の海洋進出の脅威に晒されているフィリピンとは部隊間協力円滑化協定(RAA)の交渉が始まるなど関係強化が著しい。日米豪比、日米比といった、二国間関係を超えた枠組みでの協力も進められた。日本は、「インド太平洋」における安全保障アーキテクチャにおいて、日米同盟を基軸としつつ、多国間関係、少数国間関係、二国間関係によって張り巡らされた同盟・協力関係のネットワークを築こうとしている。

　安保三文書が安全保障政策の画期と言えるのは、国際秩序維持のために主導的役割を担う意思を国内外に示すにとどまらず、それを支える自国の防衛能力強化を伴っていたからでもある。反撃能力の保有は国内的課題を抱えながらも予算化にこぎつけ、自衛隊統合作戦司令部の新設も決まった。こうした防衛力整備は、日本の安全保障を強化することはもとより、その根幹を支える日米同盟の強化にもつながる。東アジア地域における米国のミサイル防衛体制を補うとともに、自衛隊で統一された指揮系統を備えることにより、米軍とのより一体的・統合的な運用を可能とする制度的基盤が整えられたからである。また次世代戦闘機については日英伊の共同開発が進められることとなり、先端技術分野での研究開発協力も対米、対豪などとの間で進められている。

　他方、23年10月以降のイスラエル・ガザ情勢の展開は、「法の支配」といった普遍的価値を掲げる意味について再考を迫っている。23年は、G7議長国、国連安保理議長国として国際社会で主導的な役割を担うことが期待された年であり、実際、G7広島サミットでは、議長国としてウクライナ支援を明確に打ち出すなど、「法の支配に基づく国際秩序」を堅持するG7という姿を印象付けたように見える。しかしながら、イスラエル・ガザ情勢への米国をはじめとした欧米諸国の外交対応は、二重基準の批判にさらされている。日本が「インド太平洋」において追求すべき戦略目標を明確にもち、着実に政策的実績が積まれている中、なおも国家戦略として普遍的価値を掲げ続けることには、相応の意思と能力、アイデアが求められる状況にある。

（平和・安全保障研究所研究員　秋元悠）

外交・安全保障：
安全保障アーキテクチャの中の二国間・多国間関係

　2022年の国家安全保障戦略では、法の支配といった普遍的価値に基づく国際秩序を維持・擁護するという理念を伴って、日本の安全保障戦略が示されたが、それは23年、価値を共有するとされる「同志国」との間での安全保障協力強化という現実の形となって表れた。日本が戦略的に最重要視する「インド太平洋」において、「法の支配に基づく国際秩序」を維持・形成することに関心を持つ国々との協力枠組みが整備されたのである。

　日本の「インド太平洋」における外交・安全保障関係は、対米同盟を基軸としつつ、日米豪印の四カ国枠組み（クアッド）や日米豪、日米韓といったミニラテラル（少数国間）関係の枠組みを中心に強化され、それらを支える二国間関係（日米、日印、日韓、日豪など）の拡充も進めるといった重層的な構えとなっている。日米同盟関係では、日本の防衛力強化を伴う同盟深化が進んだが、とりわけ韓国、フィリピンといった他の米同盟国同士との関係強化が顕著であった。米国の同地域への関与は必ずしも戦力投射だけではなく、同盟国の能力向上や同盟国同士のネットワークの強化を通じた同盟関係の再編成を伴うものである。米国を中心とした従来型の「ハブアンドスポークス」の関係が変容し、日韓、日比、日豪、日・欧州など、米国の同盟国同士の連携が強化され、ネットワーク化が進められている。

　各国・地域との関係性自体もより複合的になっており、軍事・防衛を中核とした伝統的安全保障分野に加え、外交、安全保障協力、経済、技術などを複合的に組み合わせる分野横断的な関係強化・制度化が進んでいる。ASEANとの「包括的戦略的パートナーシップ」の締結に象徴されるように、ASEAN諸国との関係は、中国の力による一方的な現状変更への脅威認識を一定程度共有しつつ、経済分野のみならず防衛・軍事を組み合わせた安全保障協力を進める傾向を強めている。

　日本のインド太平洋における安全保障政策は、同地域を「ルールに基づいて」

維持することに関心を持つ同志国によって形成されつつある「安全保障アーキテクチャ」の中で重層化・多角化したものとなっている。

対米国関係：日米同盟の深化

　24年4月に発表された日米首脳共同声明は、「過去の3年間を経て、日米同盟は前例のない高みに到達した」と評した。この評価が象徴する通り、日米同盟は、さらなる連携・統合を目指し、米国の対日防衛義務を強調するのみならず日本の防衛力強化を伴うことで、非対称性を緩和している。国家安全保障戦略にもあるように日本は「核を含むあらゆる能力によって裏打ちされた」米国と、拡大抑止を含む抑止力を向上させるとともに、シームレスな対処力を強化しようとしている。抑止力については「反撃能力の保有」と「統合作戦司令部の設置」に注目が集まるが（「軍事」にて詳述）、シームレスな対処力の整備を欠かすことはできない。特に南・東シナ海で海洋進出を強める中国を念頭に、情報収集、警戒監視及び偵察（ISR）活動における情報共有、協力関係が強化されるなど、平時の日常的活動に組み込まれた連携が、日米同盟の深化を支えている。あわせて、中長期的な視点から、防衛装備品の共同開発・生産を促進する枠組みである、日米防衛産業協力・取得・維持整備定期協議（DICAS）が開催されるなど、民間を巻き込んだ制度整備も進んでいる。

　「反撃能力の保有」は、22年に国家安全保障戦略に明記され23年に予算化された。理念的には、日米のミサイル防衛体制、抑止体制の間隙を埋める役割を期待されたものである。米ソ冷戦期より核抑止体制の中核をなしていた米ソ（露）間の中距離核戦力（INF）全廃条約は19年に失効したが、中国は制度的空白を突きその間も中距離弾道ミサイルの整備・配備を進めていた。こうして生まれた米国と中国の間の中距離戦力をめぐる「ミサイルギャップ」を埋めることを期待されるのが日本の「反撃能力」である。実際、23年6月の日米拡大抑止協議では、米国の「地域における米国の戦略アセットの可視性を増大させるとのコミットメント」が表明されるにとどまっていたが、同年12月に開催された同協議では、日本からも「日本の能力によって強化される米国の拡大抑止を継続的に向上させていきたい旨」述べたとされる。加えて、24年5月には自衛隊統合作戦司

第1章　日　本

令部の新設を盛り込んだ防衛省設置法改正が国会で可決され、単一の作戦統
制権の定めのない日米同盟において、指揮・統制権の調整をよりスムーズに行う
制度的素地が整えられた（24年6月には在日米軍司令官の格上げが検討されて
いることがオースティン国防長官より明らかにされた）。日本は、反撃能力を保有
し、日米の指揮連携へ向けた整備を進めることで、同盟国としての米国と一体と
なった統合的な即応態勢を整えつつある。

　日米同盟の深化については、むしろ平時における連携・協力が進められた点
が肝要である。特にISR活動に関して、22年に横田基地で運用が開始された日
米共同情報分析組織（BIAC）は、鹿屋基地に展開している米空軍の無人偵察
機MQ-9が収集した情報を共同で分析しており、23年6月の日米防衛相会談で
は、その重要性が改めて確認された。その後、同年11月には、ISR活動の強化の
ため、MQ-9の嘉手納基地への配備が完了し、より効率的な活動が可能となっ
ている。抑止力や即応態勢は、平時からの協力・連携と「シームレス」に接続さ
れることによって最大限効果を発揮することができる。

対韓国関係

　韓国とは安全保障協力が大きく進展した。日韓の間には2プラス2などの枠組
みが存在していないものの、23年4月には約5年ぶりに日韓安全保障対話が開催
され、日韓首脳会談に至っては23年4月-24年3月の一年間で6回を数えるなど、
安全保障協力をはじめとした関係強化が継続的に試みられた。

　日韓の安全保障協力強化は、尹大統領への政権交代と日米韓の関係拡充に
牽引された側面があるが、核・ミサイル能力を著しく向上させた北朝鮮が、日
本、韓国、米国にとっての差し迫った脅威になったという構造的・長期的問題が
背景にある。北朝鮮は、22年に過去最多73発のミサイル発射実験を行い、ミサ
イルの移動式化・長射程化を試みており、日本、韓国、米国を同時に射程に入れ
ることが現実的となった。対韓国関係をめぐって、日本と米国からの支援をミサ
イル発射の脅しで牽制できるし、台湾海峡をめぐる日米対中国のパワーバランス
においても、日米に対北朝鮮ミサイル防衛への戦力分散を強いることができる。
すなわち、韓国にとっての北朝鮮、日本にとっての台湾海峡をめぐる中国という、

-63-

日韓の間である程度切り分けられていた脅威が、北朝鮮の核・ミサイル能力向上を媒介に結びつく。日韓の安全保障関係の強化は、北朝鮮がインド太平洋の安全保障情勢の帰趨に深刻な影響を与える脅威となったという構造的変化にも促されている。

　従来、日韓安全保障協力の制度的脆弱性を補ってきたのは、米国を挟んでの日米韓協力であった。23年8月にキャンプデービッドで開催された日米韓首脳会談では「日米韓パートナーシップの新時代」が宣言され、「インド太平洋国家として、国際法の尊重、共有された規範及び共通の価値に基づく自由で開かれたインド太平洋を引き続き推し進める」とされた。日米韓の枠組みは、その射程を1990年代以来の北朝鮮問題から、北朝鮮問題を含むインド太平洋へと広げたと言える。その後、併せて発出された共同声明「キャンプデービッドの精神」に基づき、12月には、北朝鮮のミサイル警戒データのリアルタイムでの共有が運用開始された。その他にも、10月には日米韓の開発・人道支援政策対話が、翌24年1月にはインド太平洋対話が開催されるなど、協力のための枠組みが拡充されている。

対中国関係：安定した緊張関係

　23年は日中平和友好条約45周年であったが、対中国関係は、国家安全保障戦略で示された「最大の戦略的な挑戦」との言葉が示す通り、緊張関係を前提にしつつ、危機管理に努めようとするものであった。中国の国防費は年々増加しており、力による一方的な現状変更ともとれる海洋進出もやむ気配はない。海上保安庁の報告によると、中国による海洋進出は、中国海警局に所属する船舶等による尖閣諸島周辺の接続領域入域がほぼ毎日、文字通り日常化し、領海侵入も毎月3-5日程度と頻発している。日本と中国は、18年よりすでに突発的な衝突が大きな紛争に発展することを防ぐため、「日中海空連絡メカニズム」を運用しており、23年5月16日にはその一環として設けられたホットラインで、日中防衛相間の初回の通話が実施された。しかしながら23年を通じて中国の尖閣諸島接近の頻度が変わることはない。（なお、「日中海空連絡メカニズム」は自衛隊と人民解放軍との間の危機管理メカニズムであり、これに海上保安庁と海警局は加わっていない。）

－64－

第1章　日本

　23年11月にはAPEC首脳会議にあわせ日中首脳会談が開催され、岸田首相より「尖閣諸島を巡る情勢を含む東シナ海情勢について深刻な懸念」が表明されたが、他方、「戦略的互恵関係」を包括的に推進することが再確認されるなど、最大の貿易相手国としての中国と経済的分野から協力を進めようとする姿勢も見られる。『令和6年版外交青書』では、「戦略的互恵関係」を推進することが5年ぶりに明記された。また、日中韓3カ国外相は11月の会談でサミットの早期開催に合意し、24年5月に日中韓サミットが開催された。

少数国間・多国間枠組みと二国間関係の整備

　日本は、中国の海洋進出の激化・常態化を抑止するためにも、インド太平洋において、日米豪印の4か国枠組み（クアッド）をはじめ、日米豪比、日米比等、様々な少数国間の枠組みでの安全保障協力を進めている。少数国間の枠組みは、従来の二国関係を組み込みながら発展する傾向にある。

（1）日米豪印、日米豪

　日米豪印の4か国枠組みでは、23年5月20日の首脳会合、同年9月の外相会合などを通して、「自由で開かれたインド太平洋」へのコミットメントや、南・東シナ海を含めた「ルールに基づく海洋秩序」への挑戦に対する国際法の遵守の重要性、力による一方的な現状変更の試みへの反対が繰り返し確認されている。首脳会合共同声明では、日米豪印を「善を推進する力」と自己規定し、「自由で開かれたインド太平洋を支持するため、日米豪印を通じて取り組むという確固たる決意」が再確認された。実践的協力は安全保障のみならず、気候変動、インフラ投資、新興技術、サイバーセキュリティなど多岐にわたり、「海洋状況把握のためのインド太平洋パートナーシップ（IPMDA）」が開始されたことを歓迎した。

　同年8月には、日米豪印共同訓練（マラバール2023）が、シドニーおよびオーストラリア近海で開催された。マラバールは1992年に米印の2国間訓練として始まったもので、07年に日本が招待を受けて以降、継続的に参加している。20年よりオーストラリアが参加することで、日米豪印が参加する共同訓練となり、23年はオーストラリアの初主催であった。

－65－

また日米豪の3カ国に限れば、22年より継続して連携した武器等防護を複数回実施し、南シナ海での航行を実施している。23年11月には、日本周辺の海空域において、日米豪共同で「情報収集・警戒監視・偵察（ISR）」が実施された。

　また、科学技術分野でも24年5月に開催された防衛相会談では、協力を合理化・強化する枠組みとして「研究、開発、試験及び評価（RDT&E）プロジェクト」に関する日米豪取決めが署名された。すでに日米韓では中露が開発を進める極超音速兵器に対抗する技術の共同分析、日豪では水中での自律型無人機に関する共同研究などを通じて二国間協力が進められており、先端技術分野での協力を日米豪の枠組みに広げる狙いがあるとされる。先端技術分野での協力については、24年4月8日のAUKUS国防共同声明で、日本が協力相手候補として唯一具体的に言及され、日米豪防衛相会談でも「AUKUS諸国がAUKUS第二の柱における先進能力プロジェクトに関する日本との協力を検討していることを認識した」とされるなど、日本への期待値は高い。ただし、オーストラリアなどはAUKUS自体の制度的拡大には慎重であり、こうした日米豪の動きは、できるところから、実のあるところから進める実践的な動きであると言える。

（2）フィリピンの日米、日米豪への参加

　日米、日米豪といった関係と結びつきながら、フィリピンとの安全保障協力関係も強化されている。23年8月には中国海警がフィリピン沿岸警備隊（PCG）の巡視船に対して放水銃を使用する事件が発生、10月には、フィリピン海軍がチャーターした補給船と中国海警船が衝突し、続けて中国民兵船がPCGの巡視船に衝突する事件が発生するなど、中国とフィリピンの間の緊張は高まっている。このように南・東シナ海への海洋進出を強める中国を念頭に、その脅威に直接さらされているフィリピンを加えた形で、「日米比」、「日米豪比」という少数国間の枠組みの整備が進められている（＊フィリピンからの見方については「第6章：東南アジア」の「フィリピンをめぐる二国間、少数国間安全保障協力」を参照のこと）。

　23年6月には日米豪の3か国防衛相会談に引き続く形で日米豪比防衛相会談が初めて開催された。同時期には6月1-7日の日程でフィリピンの沿岸警備隊、日

-66-

第1章　日本

本の海上保安庁、米国の沿岸警備隊とで合同訓練が行わるなど名実ともに協力関係が強化されている。翌24年5月には、第二回の日米豪比防衛相会談がハワイで実施され、同年4月に実施された日米豪比共同訓練（海上協同活動）を継続して行っていくなどの連携強化が確認された。

24年4月には、日米比首脳会談が初開催となり、インフラ、サプライチェーン強靭化、情報通信などの経済分野に加え、安全保障、防衛、海上保安分野での協力を強化していくことなどで一致した。発表された共同ビジョン声明では、G7が表明した途上国インフラ投資協力の枠組みであるグローバル・インフラ投資パートナーシップ（PGII）の下で、「ルソン経済回廊」の立上げが発表され、フィリピンの首都マニラを含む地域の鉄道や港湾など重要インフラへの投資の加速へ向けて連携することも示された。

（3）二国間関係の整備

少数国間の枠組みが拡充される一方で、その基礎となる二国間関係の整備も同時並行的に進められた。特に少数国間枠組みの中で日本にとって中軸的な相手国であるオーストラリア、インドに加え、上述のフィリピンとの間で顕著であった。

対豪関係では、23年8月、22年1月に署名された「日・豪部隊間協力円滑化協定」が発効し、以降、日豪両国のF-35A戦闘機が相互に展開した訓練に適用されたことをはじめ、「武士道ガーディアン2023」など各種運用協力・共同訓練が進展している。23年10月には3年連続となる日豪2プラス2開催の調整がされていたものの、イスラエル・パレスチナ情勢を受け延期となり、日豪防衛相会談の開催となった。オーストラリアはAUKUS国防相共同声明において先端防衛技術・開発での日本との協力可能性に言及があったことについて慎重な姿勢を崩していないものの、二国間関係に目を向けると、三菱電機オーストラリア現地法人とレーザー技術に関する共同開発の事業契約締結が公表されるなど、技術優位性を維持するための科学技術協力が進んでいる（＊オーストラリアからの評価等、詳細については「第9章：南西太平洋」の「豪日関係―豪日円滑化協定」および「豪日防衛科学技術関係の強化に向けて」を参照のこと）。

インドは従来、日本の最大規模の円借款受取国であった。24年2月には、400

－67－

億円と最大規模の「貨物専用鉄道建設計画」の第5期円借款供与をはじめ、9件、総額2,322億円を超える円借款の事業計画に関する署名が行われた。他方、まもなくインドはGDPで日本を上回る見込みであり、「特別戦略的グローバル・パートナーシップ」を結んだ14年以降は「新時代の幕開け」とされる。「自由で開かれたインド太平洋」の旗印のもと、日米豪印の4か国枠組みなどを通じて安全保障関係も強化されている。23年は、5月にモディ首相がG7広島サミット出席のため訪日したのにあわせ、日印首脳会談が実施された。9月にはインドが議長国を務めるG20ニューデリーサミットには岸田首相が出席し、あわせて日印首脳会談も実施された。

　フィリピンとの間では特に安全保障協力の強化が顕著であった。23年11月、岸田首相のフィリピン訪問では、政府安全保障能力強化支援（OSA）による沿岸監視レーダー供与が発表された。OSAで防衛装備品を無償供与する最初の相手にフィリピンを選ぶことで、両国が安全保障協力で「歩調を合わせる姿勢を内外に示す好機」との見方もある。加えて日比部隊間協力円滑化協定（RAA）の交渉が開始され、ODAによる巡視船の追加供与等も行われている。RAAは24年7月8日に両国間で署名が行われた。これが発効すれば、オーストラリア、英国に引き続き3カ国目となる。

対ASEAN

　日本と東南アジア諸国との関係は、長らく政府開発援助（ODA）をはじめ経済関係を主とするものであった。しかし自国の経済発展や海洋進出を強める中国の影響などにより、その関係は経済安全保障も含め、安全保障協力の度合いを強めている。

　23年は日ASEAN友好協力50周年にあたり、より包括的な協力の方向性が明示された一年であった。9月のASEANインド太平洋フォーラムでは、「日ASEAN包括的連結性イニシアティブ」が発表され、交通インフラ整備、デジタル・コネクティビティ、海洋協力、サプライチェーン強靱化、電力、人・知の連絡性の六つの分野での協力を進めることが宣言された。引き続いて実施された日・ASEAN首脳会談では、両者の関係を「包括的戦略的パートナーシップ」に格上

げすることが発表された。「包括的戦略的パートナーシップ」は、ASEAN諸国とも、例えばタイとはいち早く22年11月に、カンボジアとは23年1月に、インドネシアとは23年9月に、ベトナムとは23年11月、マレーシアとは23年12月にそれぞれ表明されている。これらの具体的意味内容については各国との関係性によって異なるため、同一に比較できるものではなく、今後の協力の一層の強化・深化についての政治的な意思表明をしたものだと言える。ただし、いずれの国も海に面した国であり、足並みを揃えていることは、中国への脅威認識と無関係とはいえない。特にベトナムでは、最高位の二国間関係に位置づけられており、戦略的な重心の変化が見て取れる。

　日本はすでに東南アジア諸国への能力構築支援や防衛装備品・技術移転を実施しており、その関係性はより包括的になっている。新たに設けられた政府安全保障能力強化支援（OSA）についても、従来型のODAとは違い、フィリピンやインドネシアなどの「同志国」との安全保障協力をさらに促進することを期待されている（OSAについては「焦点1：防衛外交の現状と課題」を参照のこと）。OSAは「力による一方的な現状変更を抑止して、特にインド太平洋地域における平和と安定を確保し、我が国にとって望ましい安全保障環境を創出するためには、我が国自身の防衛力の抜本的強化に加え、同志国の抑止力を向上させることが不可欠」という明確な目的のもと、「同志国の安全保障上のニーズに応え、資機材の供与やインフラの整備等を行う、軍等が裨益者となる新たな無償による資金協力の枠組み」として導入されたものである。（＊ASEAN諸国との関係の詳細については「第6章：東南アジア」の「日本と東南アジア諸国との安全保障協力」を参照のこと）

インド太平洋に関与を深める欧州との協力強化

　EUおよび欧州主要国は軒並み「インド太平洋」への戦略的関与を強めている。フランスは早くも18年6月に「インド太平洋戦略」を発表しており、ドイツは20年9月に「インド太平洋指針」を、オランダは20年11月に「インド太平洋：アジアのパートナー諸国とのオランダ及びEU協力に向けたガイドライン」を、イタリアは22年2月に「イタリアのEUインド太平洋戦略に対する貢献」を相次いで発表

した。英国も21年3月に、「統合レビュー」で「インド太平洋」への関与拡大を改めて表明している。欧州地域としてもEUが21年4月に「インド太平洋地域における協力のためのEU戦略」を発表したことで、インド太平洋への関与拡大はより明確になった。加えて、ロシアによるウクライナ侵攻は、欧州主要国の「インド太平洋」への安全保障政策を、日欧関係の強化・制度化という方向に推し進めている。欧州各国はロシアへのエネルギー・経済依存の安全保障上のリスクを再評価せざるを得ず、ロシアひいては中国との関係において、戦略上重要な物資の依存度を下げる「デリスキング」の必要に迫られたからである。日本はEUや欧州主要国の安全保障上の重要なパートナーの一つとして位置付けられ、経済安全保障も視野に入れた分野横断的な協力が強化・模索されている。

　英国とは、23年5月に「強化された日英のグローバルな戦略的パートナーシップに関する広島アコード」を締結し、「自由で開かれたインド太平洋」のビジョンにコミットすることが示されるとともに、「領域横断的な防衛・安全保障協力」や「経済安全保障への協調的なアプローチ」等での協力が表明された。10月には、同年1月に署名された日・英部隊間協力円滑化協定が発効し、11月には、同協定を適用した陸上自衛隊と英陸軍の共同訓練が実施された。また12月には、日英にイタリアを加えた次期戦闘機共同開発協力（グローバル戦闘航空プログラム：GCAP）を実施するための国際機関として、GCAP政府間機関（GIGO）の設立のための条約が署名された（＊次世代戦闘機共同開発については、次項「急速に進展する装備品調達と難航する国内調整」にて詳述）。

　フランスとは23年12月に「『特別なパートナーシップ』の下での日仏協力のロードマップ（2023-2027）」が発表された。これは12月2日の日仏首脳会談（電話）にて採択されたもので、今後のより一層の関係強化を確認するものである。翌24年2月には、同ロードマップに基づき、第一回の日仏経済安全保障作業部会が開かれた。

　ドイツとは、23年3月に初開催された日独政府間協議以降、継続的に協力関係強化が進められている。日独両政府は24年1月、自衛隊とドイツ軍との間で食料や燃料などの物資や輸送などの役務を相互に融通する「日独物品役務相互提供協定（ACSA）」に署名した。日本がACSAを締結するのは米国、英国、オースト

ラリア、フランス、カナダ、インドに続き7カ国目である。今後、共同訓練や人道支援・災害救援（HA／DR）、国連平和維持活動（PKO）などの現場で日独部隊間の円滑な連携・協力が期待される。

欧州との連携は、各国のみならずEUとの協力強化も同時に進んでいる。24年1月には、「データの自由な流通に関する規定」を含めることに関する日・EU経済連携協定改正議定書の署名が行われた。またEPAと並行して交渉が進められていた戦略的パートナーシップ協定についても、24年4月5日にはEU加盟国の批准手続きが完了し同月22日欧州連合理事会にて、締結が採択された。

対米国のみならず、EUや欧州主要国との関係が幅広く強化されることで、欧州の安全保障において主導的役割を果たしているNATOとの連携も進められた。23年7月、NATO首脳会合にあわせて開催された岸田首相とストルテンベルグ・NATO事務総長との共同記者発表では、「国別適合パートナーシップ計画（ITTP）」が合意された。ITTPは前身の協力文書であるIPCPで示された9つの協力分野を拡充し、4つの優先課題と16の協力分野を示すものである。4つの優先課題とは、サイバー防衛などの新たな安全保障課題、海洋安全保障などの従来からの安全保障課題、危機管理などの協力活動の拡大、女性・平和・安全保障といった基本的価値の促進である。ITTPに基づき、日本がNATOの実務的な活動に参加する機会が拡充されるとされ、危機自体や緊急援助、退避オペレーションなどの共同行動に向けての準備や、情報共有能力強化を進めることが言及されている。

（秋元悠）

安全保障をめぐる日本国内の動向

2022年末の安全保障三文書の策定を受けて、23年は三文書の内容を具体化する作業が開始した1年であった。具体的には反撃能力の保有に関連した装備品の調達の予算化、自衛隊の統合司令官の設置法案の策定、次期戦闘機に関連した日英伊政府間協議と防衛装備移転三原則の改正である。

このほか経済安全保障関連では、22年の経済安全保障推進法に関連した基

本方針の策定、セキュリティー・クリアランス法案の取りまとめなどが行われた。一方で、重要インフラを標的としたサイバー攻撃が相次ぎ、従来から懸念されていた問題が顕在化した1年でもあった。

反撃能力の保有と統合作戦司令部設置への動き

　2022年の国家安全保障戦略の策定において大きな注目を集めたのが、反撃能力の保有である。詳細については焦点「南西諸島の防衛」で扱われているので、以下では統合運用体制の強化の観点から統合ミサイル防衛と反撃能力保有の関係、及びそれらが統合運用体制の強化へとつながる背景について述べる。

　反撃能力の保有と統合ミサイル防衛は日本に対するミサイル攻撃への対処の両輪である。統合防空ミサイル防衛とは、ネットワークを通じて各種レーダーやミサイルを一元的かつ最適に運用できる体制の整備により、空からの脅威への対処能力の向上を図るものである。

　しかしながら、こうした迎撃能力の向上には限界も指摘されている。たとえば、北朝鮮は弾道ミサイルの技術を向上させており、「火星16号」をはじめとした可変軌道の極超音速ミサイルの実験も行っている。また中露も同様のミサイルを保有しており、こうした極超音速で軌道を変更可能なミサイルの登場は、自衛隊によるミサイルの迎撃をより困難にさせつつある。

　日本が反撃能力の保有に踏み切った背景には、こうした防御に依存した防衛戦略が限界を迎えていることも影響している。相手からのさらなる攻撃を防ぐために反撃能力の行使により相手国の攻撃拠点を攻撃できれば、侵攻を企図する国に対して自国の防御にも資源を割くことを強要できる。結果として、反撃能力の保有は、統合防空ミサイル防衛と合わせて日本に対する攻撃のコストを上昇させ、日本への攻撃を断念させるいわゆる、拒否的抑止の向上につながる。

　反撃能力の保有と合わせて進められているのが、統合運用能力の向上である。統合防空ミサイル防衛では、発射されたミサイルの探知から迎撃まで海上自衛隊と航空自衛隊の双方のレーダーと対空ミサイルが使用される。また反撃能力の行使では、海上自衛隊のイージス艦から発射されるトマホークミサイル、陸上自衛隊の12式地対艦ミサイル、航空自衛隊の戦闘機に搭載される米国製のJoint

第1章　日　本

Air to Surface Stand-Off Missile（JASSM）やノルウェーのJoint Strike Missile（JSM）など各自衛隊の装備の使用が想定されている。実際の反撃では、こうした各自衛隊の能力をいつ、どこに、どのように使うかについて調整する必要がある。そのため、防衛力整備計画では、「反撃能力の運用は統合運用を前提とした一元的な指揮統制の下で行う」とされ、統合運用体制の強化がより一層進められることになった。

　自衛隊では2006年の統合幕僚監部の設置以降、統合運用体制の強化が進められてきたが、24年4月に常設の統合司令部として「統合作戦司令部」を新設する防衛省設置法及び自衛隊法の改正案が提出され、5月に成立した。新設される司令部の司令官は各幕僚長と同格とされ、自衛隊の運用を一元的に担うとされている。また、自衛隊の統合運用体制の改編と合わせて、米国との相互運用性の向上も進められている。24年4月の日米首脳会談後の共同声明では、米軍と自衛隊の相互運用性強化のため、「それぞれの指揮・統制枠組みを向上させる意図を表明する」という形で、米軍と自衛隊の指揮・統制での連携強化が謳われている。

　これまでの変革の流れ、すなわち反撃能力の保有から自衛隊及び米軍の指揮・統制の改編は実際の運用において相互に関連している面もある。日本政府は防衛力整備計画において、情報本部の機能強化や情報収集衛星・民間衛星の活用、情報収集・警戒監視・偵察・ターゲティング（ISRT）のための無人機の取得など自衛隊の情報能力を高める方針を示している。しかし、相手国によるミサイル発射の探知から反撃の標的となる地点の選定まで、自衛隊は米軍からの情報に依存するところが大きい。また反撃については米軍の実施する作戦と協調して実施することも考えられる。そのため、反撃能力の保有によって、平素から自衛隊と米軍との間の連絡調整を密にしておく必要がより強まることになる。このように反撃能力の保有により自衛隊の統合運用能力の強化と米軍との連携強化がさらに加速することになった。

急速に進展する装備品調達と難航する国内調整
　安全保障関連3文書の決定後、自衛隊は各種装備品の調達と開発を急速に進

めているほか、南西諸島を中心として新たな拠点整備を進めている。本節では、反撃能力の中心を担うスタンド・オフ防衛能力の整備状況、日英伊三カ国による次期戦闘機の共同開発をめぐる動き、南西諸島を中心とした自衛隊の拠点整備について概観する。防衛省・自衛隊は反撃能力を含む防衛力の強化を急速に進める一方、国内における調整には不十分な点が見られる。

　防衛省の23（令和5）年度予算で特に注目を集めたのが、スタンド・オフ防衛能力関連の予算である。予算ではスタンド・オフ防衛能力として、トマホークやJASSM、JSMの取得のほか、国産の12式地対艦誘導弾能力向上型、島嶼防衛用高速滑空弾の早期配備型の量産が盛り込まれた。加えて、極超音速誘導弾及び各種対艦誘導弾の能力向上型の開発が計上された。このうちトマホークは当初予定していた新型のブロックVから一部を現行型のブロックIVに切り替えることで25年までの配備を目指すことになった。これは12式地対艦誘導弾改良型の配備までの時間を埋めるためのものであり、すでに24年3月から導入に向けて米海軍が自衛隊に対する訓練を開始した。

　つぎに、装備品の調達に関しては、次期戦闘機の日英伊三カ国の共同開発でも動きが見られた。「防衛力整備計画」では、F2戦闘機の退役が35年に見込まれることから次期戦闘機（GCAP）の日英伊での国際共同開発推進が盛り込まれた。この方針を受けて、23年3月に史上初の日英伊防衛相会合が開催され、共同開発に向けた議論が進んだ。12月には共同開発のための政府間機関（GIGO）の設立条約が調印された。GIGOは24年中に設立される予定である。

　このようにGCAPをめぐる日英伊の政府間協議は順調に進んでいるように見える一方で、GCAPの輸出をめぐる自民党と公明党の与党内協議は難航した。GCAPについて英伊両国は調達価格の低下等のために第三国への輸出を目指しており、日本政府はこれを受けて防衛装備移転三原則及び同運用指針を改定して輸出を可能とすることを目指した。しかし、運用指針の改正をめぐっては改正を進めようとする自民党と慎重論の根強い公明党の間で紆余曲折があった。

　自民公明両党は23年4月から改正に向けた協議を進め、7月には輸出を容認する方向で一致していた。しかし、11月に入り公明党内で慎重論が強まり、12月の指針改正での輸出容認が見送られた。そのため、23年末の改正では、共同開発

－74－

のパートナー国が完成品を移転した第三国に対し日本から部品や技術の直接移転を可能とする改正にとどまった。しかし、GCAPの開発が本格化する前に指針を改定する必要があったため、両党が協議を急ぎ3月15日にようやく完成品の輸出も可能とする指針改定に合意するという経緯をたどった。ただし、3月の改正で輸出が認められたのはGCAPのみであり、また移転については個別案件ごとに閣議での決定を要件とするなどの条件を付けられた。

　GCAPと同様に国内調整の難航が懸念されるのが、沖縄での自衛隊の体制整備である。先島諸島を中心に拠点整備が進む一方で、沖縄本島では訓練場の整備を中止される事態が起こっている。

　陸上自衛隊では、南西諸島、特に先島諸島での拠点整備が進んでいる。すでに19年には宮古島に宮古島駐屯地が開設されているが、23年3月には石垣島に石垣駐屯地が開設された。両駐屯地には地対艦ミサイルが各1個中隊配備されており、24年3月には瀬戸内分屯地（奄美）と勝連分屯地（沖縄本島）に所在する各1個中隊と合わせて第7地対艦ミサイル連隊が新編された。地対艦ミサイルはスタンド・オフ防衛能力の一部を担うとされており、九州南部から南西諸島の主要島嶼をカバーする部隊配備がなされたことになる。

　一方、沖縄本島では、第15旅団の師団への改編に合わせて計画されていたうるま市での訓練場の建設が断念に追い込まれた。防衛省は改編による人員増に対応するため、うるま市に訓練場の整備を計画していたが、計画が明らかになると地元からは周辺が住宅地であるなどの理由から反対の声が相次ぎ、沖縄県やうるま市も計画の白紙撤回を求めた。地元からの反発を受けて、24年4月11日に木原防衛大臣は用地の取得を断念し、計画を白紙に戻すと表明した。このほか3月には石垣港への米軍のイージス艦寄港に反対する港湾労働組合のストライキにより荷役作業が止まり、石垣島や西表島などの物流が混乱した。

　防衛省は過去にもイージスアショアの配備先の選定に関する調査がずさんだったことで候補先の秋田県の反発を招いたことがある。南西諸島の防衛の重要性が高まり各地で防衛施設の整備が進められようとしている中で、地元との調整は依然として大きな課題となっている。

　防衛力の整備については、装備品の導入についてはある程度の進捗が見ら

－75－

れる。しかし一方で、装備品の海外への移転や国内での拠点整備などに関しては、国内協議や地元との調整には対応が不十分な面もみられる。

その他防衛省・自衛隊動向全般

ここではこれまで触れられなかった点を中心に最近の防衛省・自衛隊の動向について検討するほか、近年の海上保安庁の取り組みについても取り上げる。

（1）防衛予算の大幅な増額と正面／後方区分の撤廃

23（令和5）年度予算は安保三文書が策定されてからはじめての予算であり、その内容が大きく注目された。実際の予算は当初予算が前年度比で1兆4,000億円余り、約27％の大幅な増額となった。また予算の策定方法も、それまでの正面、後方といった区分からスタンド・オフ防衛能力、統合防空ミサイル防衛能力、無人アセット防衛能力、弾薬・誘導弾の確保、施設の強靭性強化、防衛生産基盤の強化など陸海空の枠を超えた15の区分を設けて配分額を決定する方式となっている。防衛省はこうした策定方法により、弾薬や維持整備、施設、勤務環境へのしわ寄せを防ぐことができるとしている。

（2）弱体化する人的基盤・防衛産業

これまで見てきたように安保三文書の策定以降、防衛力の強化については急速に政府の体制が整備されている。他方、防衛装備品の生産を担う防衛関連企業は長年の防衛予算の縮減などから撤退や規模縮小が進んでおり、こうした防衛産業基盤の立て直しが急務となっている。また人的基盤についても自衛隊の充足率低下やサイバー分野に代表される新領域の台頭により人材の確保が大きな課題となっている。以下では、昨年度の取り組みとしてこれらの分野での動きについて、注目される動きを取り上げる。

まず防衛産業基盤の強化については、23年6月に防衛生産基盤強化法が成立し、10月に施行された。この法律では供給基盤の強化や製造工程の効率化、サイバーセキュリティ強化などへの事業者の取り組みに対して、政府が直接的に経費を支払うことを認めたほか、製造施設等を国が保有し、管理を事

業者に委託するという生産設備の国有化も認められるようになった。

　また、防衛技術の強化についても、防衛省は23年6月に『防衛技術指針2023』を策定している。この指針では、防衛技術について2つの柱を掲げており、1つ目の柱は技術の早期の装備化であり、5年以内又はおおむね10年以内の早期の装備化を実現していくことを掲げている。また2つ目の柱は、技術的優越の確保と先進的な能力の実現である。こちらは、10年以上先も見据えて官民連携の下で日本の防衛に変革をもたらす防衛イノベーションを実現するとしている。

　このように、日本政府は、安保三文書に基づき防衛生産基盤の維持強化のための施策と技術の早期装備化と技術優位の維持のための戦略を相次いで打ち出している。

　一方、人的基盤強化については、日本社会における人手不足の影響もあり、依然として採用に苦戦している。加えて、近年はハラスメントに関する特別防衛監察が実施され、250人近くが処分を受ける事態も起こっており、こうした自衛隊内の体質も若年層の就職先としての自衛隊の魅力の低下に拍車をかけている。自衛隊内の綱紀粛正を図り、幹部自衛官を中心として指揮統率の在り方を見直す必要があるだろう。

　23年度は防衛生産基盤の強化に関して、防衛生産基盤強化法に代表されるように立法面で進展が見られた一方、人的基盤の強化に関しては、依然として課題を抱えているといえるだろう。

海上保安庁の体制整備

　最後に日本の領海警備を担う海上保安庁の動きについて述べる。近年、日本の安全保障において海上保安庁の役割が強化されている。22年の国家安全保障戦略では、有事における防衛大臣による海上保安庁の統制を含めた自衛隊と海上保安庁の連携・協力の強化が盛り込まれた。また海上保安庁は22年12月の「海上保安能力強化に関する方針」に基づき6つの分野（尖閣領海警備・広域海洋監視・事案対処能力・国内外の連携／支援・海洋調査能力・業務基盤）での能力強化に取り組んでいる。以下では、上記のうち尖閣領海警備、広域海洋監

－77－

視、自衛隊との連携について取り上げる。

尖閣領海警備能力については、中国海警船舶の増強、大型化・重武装化への対応が求められている。その一環として、24年4月に尖閣対応を担う第十一管区の石垣海上保安部に旧型を配置換えする形で2隻の新造巡視船が配備された。

つぎに、広域海洋監視について、海上保安庁は22年から無人航空機（UAV）である「シーガーディアン」の運用を開始している。23年度は2機を追加配備して計3機体制となった。シーガーディアンの運用は海上自衛隊八戸航空基地を拠点に行われているが、25年度には北九州空港にある海上保安庁北九州航空基地に移転する予定である。

最後に自衛隊との連携についてみていく。国内機関との連携では、国家安全保障戦略において自衛隊と海上保安庁の連携強化が盛り込まれた。これに関連して、23年4月に防衛大臣による海上保安庁の統制要領が策定された（概要のみ公表）。統制要領は自衛隊法第80条に基づき武力攻撃事態における防衛出動下令時に内閣総理大臣が海上保安庁の全部又は一部を防衛大臣の統制下に入れる際の具体的な手続きを定めたものである。ここで海上保安庁が実施できる事項として挙げられているのは、住民の避難及び救援、船舶への情報提供及び避難支援、捜索救難および人命救助、港湾施設等へのテロ警戒、大量避難への対応措置である。このように有事における自衛隊と海上保安庁の連携については、連携強化の取り組みが進められている。

一方で、平時とも有事とも言えないわゆる「グレーゾーン事態」については、引き続き課題も残されている。中国海警局の公船が重武装化してきているなかで、自衛隊との連携や海上警備行動の発令などを含めグレーゾーン事態への対処をシームレスに行う態勢整備をさらに進める必要があるだろう。

これまで見てきたように海上保安庁は領海警備に当たって大型巡視船の拡充やUAVの増備などこれまでの取り組みを強化している。また、15年の平和安全法制及び22年の安全保障関連三文書の策定などを経て、自衛隊と海上保安庁の連携強化についても課題は残されているものの、少しずつではあるが改善されてきている。

第1章　日　本

新領域安全保障における国内の動き

　次に経済安全保障やサイバーなどの新領域安全保障における国内の動きについてみていく。「経済安全保障」については様々な捉え方があるが、ここでは経済安全保障推進法、重要経済安保情報保護法（セキュリティー・クリアランス法）などを中心に扱うことにする。

　まず経済安全保障推進法は、国民生活及び経済社会基盤の強靭性強化を目指す戦略的自律性と、日本の技術的優位性を維持して国際的な産業構造の中で不可欠な存在となることを目指す戦略的不可欠性の2つの観点から語られることが多い。同法の成立を受けて22年9月に物資の安定供給及び先端重要技術の開発支援についてそれぞれ基本方針が策定されている。23年に入ってからは4月に基幹インフラの安定供給に対応した特定社会基盤役務基本方針、機微技術に関する特許出願非公開基本方針がそれぞれ策定された。これらのうち重要物資の安定供給及び基幹インフラの安定性は戦略的自律性の強化を目指すものであり、特許非公開及び先端重要技術の開発支援は戦略的不可欠性を強化するものと整理できる。

　一方、政府の取り組みという観点から整理すると、重要物資の安定確保と先端重要技術の開発支援は国家が各分野で官民の取り組みを政府が支援するという側面が強いのに対して、基幹インフラの安定的な提供確保と特許出願非公開は、国内にある基幹インフラや技術情報を国外からの攻撃から守ることに主眼が置かれている。そのため、基幹インフラに対しては政令で対象となった事業者が重要設備の導入や維持管理に関する計画書の事前届出と審査が求められている。また特許出願の非公開についても情報保全のために外国への特許出願の制限や情報の適正管理が求められるなど規制的な側面がある。

　経済安全保障推進法に加えて、経済安全保障に関する最近の動きとして注目されているのが、セキュリティー・クリアランス法である。セキュリティー・クリアランス制度については、既に特定秘密保護法に規定がある。今回の新法は、経済安全保障分野において安全保障上重要であると政府が指定した情報（重要経済安保情報）へのアクセスに関して、民間事業者及びその社員について、その適格性を評価する制度の導入を目的としたものである。この重要経済安保情報を

−79−

取り扱う者に対しては、民間人を含めて保全義務を課すこととなっている。漏洩した場合には、5年以下の拘禁刑などの罰則がある。情報を取り扱うための認証（クリアランス）を得るためには、犯罪歴や飲酒歴、借金等の経済状況、家族の国籍などに関して国の調査を受ける必要がある。

　こうした認証制度は防衛装備品の国際共同開発やデュアルユース技術の開発などで重要となる。企業からは防衛装備品の国際共同開発以外にも海外の政府案件の調達、デュアルユース技術関連の国際会議への参加、宇宙分野の入札などでクリアランスがなく不利になったことなどから、日本でも同様の制度の創設を求める声が上がっていた。技術及び経済の交流のためには不可欠の法律といえるだろう。

　一方で、新領域安全保障のうちサイバー関連では懸念される事件が相次いだ。23年7月4日に名古屋港のコンテナターミナルの管理システムがランサムウェアに感染し、コンテナの搬出入が3日間にわたり停止する被害が出た。また11月には韓国のIT企業ネイバー社がサイバー攻撃を受け、同社に業務委託していたLINEヤフーのシステムも被害を受けてスマートフォン・アプリLINEの利用者情報を含む44万件の情報が流出する被害が出た。これらの事件は物流や情報通信といった社会インフラを担う民間企業へのサイバー攻撃であり、経済安全保障推進法でも重視されている問題であった。

　LINEヤフーの問題に関しては、日韓の外交問題に発展する兆しも見せている。総務省はLINEヤフー社の情報流出問題に関して、24年3月と4月の2度にわたり、通信の秘密の保護とサイバーセキュリティの確保を図るように行政指導を行った。行政指導のなかには、親会社のネイバー社との資本関係の見直しも含まれており、同社に50％ずつ出資するソフトバンクとネイバー社の対応が注目される。行政指導について、韓国外務省が24年4月末に「韓国企業に対する差別的な措置はあってはならない」と日本政府と協議する方針を表明している。これは、経済安全保障上の措置が外資規制などを巡り国家間の経済摩擦の火種となる可能性を示していると言えよう。

　このように民間へのサイバー攻撃の脅威が顕在化する中で、自衛隊もサイバー攻撃への対応能力の強化を進めている。サイバー分野における自衛隊の新たな

第1章　日本

取り組みとして、24年3月に陸上自衛隊の通信学校がシステム通信・サイバー学校に改組された。これは安保三文書におけるサイバー攻撃への対処能力向上の一つとして行われたものである。すでに19年度より同校では陸海空3自衛隊共通のサイバー教育を実施してきたが、今後は民間との連携を含めて自衛隊のサイバー攻撃への対処能力向上を担うことになる。

　新領域の安全保障問題については、立法面で引き続き進展が見られた一方で、懸念されていたインフラ企業へのサイバー攻撃が現実のものとなった。加えて、経済安全保障上の施策の実施において、外国企業及び外国資本を受け入れた日本企業の規制における課題も浮き彫りとなった。

（平和・安全保障研究所研究員　大野知之）

グローバルな課題：
法の支配に基づく国際秩序にむけた課題

G7議長国と国連安保理非常任理事国としての日本

　国家安全保障戦略は、中国への脅威認識を明確にしたうえでインド太平洋における包括的な戦略を提示するとともに、反撃能力の保有や防衛予算水準の上昇などの自助努力の在り方を示すことよって日本の安全保障の考え方を変える画期となったと評価される。加えて特筆するべきは、冒頭から、「法の支配」といった普遍的価値を、戦略を支え各国と共有されるべきものとして掲げており、国際社会において普遍的価値を擁護・維持するために日本が主導的役割を担うことが強調されている点である。実際23年は、日本がG7の議長国と国連安全保障理事会非常任理事国を同時に務め、国際社会で主導的な役割を果たす機会であった。

　G7議長国としては、5月に広島でサミットを開催した。広島サミットでは、G7に加え、オーストラリア、ブラジル、コモロ〔アフリカ連合（AU）議長国〕、クック諸島〔太平洋諸島フォーラム（PIF）議長国〕、インド（G20議長国）、インドネシア（ASEAN議長国）、韓国、ベトナムを招待した。グローバル食料安全保障の危機への対応など、「グローバル・サウス」への関与強化に焦点があてられた。

-81-

また、オンラインで参加予定とされていたウクライナのゼレンスキー大統領が急きょ来日し、ウクライナへの軍事・防衛支援のみならず、復興支援に及ぶまで対面での議論がなされたことは、「法の支配に基づく国際秩序」を堅持するG7という姿を印象付けたように見える。ウクライナ支援をめぐっては、ロシア・ウクライナ戦争の長期化に伴う国際的な関心の低下も相まって、見通しが明るいとは言えない中、日本は、24年6月13日に署名された「日・ウクライナ支援・協力アコード」にも表れているように強いコミットメントを示し続けている。

　また、23年10月のハマスによるイスラエルへの越境攻撃、それに引き続く、イスラエルによるガザ侵攻をめぐっては、国連安保理の場等で難しい対応に迫られた。欧米諸国、とりわけ米国がロシアを国際法違反だと強く批判し制裁を科す一方で、米国がイスラエルを擁護するのは二重基準であるとの批判を招いたからだ。日本が国連安全保障理事会議長国を務めた24年3月に採択されたラマダン中の即時停戦と全ての人質の即時解放を求める決議については、米国が唯一の棄権国となった。

自由で開かれたインド太平洋と法の支配

　G7諸国の影響力が相対的に停滞し、非欧米諸国の存在感が強まる中で、大国の支配によらない法の支配に基づく国際秩序を目指すことは、日本の生存に関わる重要課題となっている。だからこそ日本は、その地理的境界や戦略的重心が関係国間で必ずしも一致せず各々の裁量に左右される地政学的空間である「インド太平洋」が、「自由で開かれた」ものとなるよう同志国と連携し、戦略的・政策的努力を続けている。大国の一方的な支配に敏感なASEANは19年に独自に「インド太平洋アウトルック（AOIP）」を発表し、「自由で開かれた」という言葉の仕様を慎重にも避けてきたが、そのASEANでさえ、日本との協力関係は、戦略的関心から安全保障・防衛協力の度合いを強めている。南・東シナ海で法を逸脱する行為を繰り返しながら海洋進出を進める中国への脅威認識が、「法の支配」に向けた各国・地域の協力の原動力となっている。

　「インド太平洋」における「法の支配」に向けた機運は、中国の脅威への対抗という戦略的利益を共通の背景とするからこそ、高まりを見せているが、そこに

第1章　日　本

はおのずと限界とともに可能性がある。法の支配は、地理的外延を持たないし、持たせられない。インド太平洋で地歩を固めるとともにそれを越え出て、理念を共有するパートナーを求める余地が残されている。

（秋元悠）

第2章　米　国

概　観

　ウクライナ侵略とガザ情勢への対応を迫られる中でも米国は、インド太平洋を重視している。バイデン政権は、中国について、国際秩序を再構築する意図とそれを実行するための経済、外交、軍事、および技術力の双方を備えた唯一の競争相手であるとの認識を示している。中国の核戦力増強に対しても、強い警戒感を有している。米国内では、連邦議会における中国批判は、依然として激しい。米国世論も中国に厳しく、41％が中国を最大の敵国とみなしている。

　半導体生産には、CHIPSプラス法に基づいて巨額の補助金が拠出されている。議会での中国批判は根強く、動画共有アプリTikTokの利用を禁止する法案が成立した。ウイグル関連制裁も強化されている。

　台湾については、バイデン政権下で武器売却が13回決定された。米軍艦船による台湾海峡航行が引き続き実施され、台湾軍が州兵による米本土での演習に参加するなど、米台軍事協力は緊密化している。総統選挙前には頼清徳・副総統（当時）が、選挙後には蕭美琴・次期副総統（当時）が訪米した。

　ただしバイデン政権は、競争の管理を強調し、中国との意思疎通によって、衝突回避を図っている。米中首脳会談では、軍事対話の再開に合意した。経済安全保障でも、デカップリングではなく、デリスキングを志向している。

　中国との戦略的競争において、米国の対中優位は同盟国の存在であるとの認識から、日豪韓比との二国間同盟を深化させている。韓国、オーストラリア、日本等の首脳を国賓として迎えた。

　加えて、AUKUS、日米韓、日米比、日米豪比による協力を強化し、同盟国間での連携を深化させることで、インド太平洋における同盟網をハブ・アンド・スポークから「格子状」へと急速に転換させている。日米豪印でマラバール、日米豪比で南シナ海での海上共同活動が実施された。AUKUS第2の柱に関して、日本との協力が検討されている。日米韓、日米比の首脳会談が、開催された。日米比首脳は、南シナ海や東シナ海における力による一方的な現状変更の試みに対して、中国を名指しで批判した。

　同盟国のオーストラリアでは、米軍のプレゼンス強化が図られている。朝鮮半島では、韓国に戦略原子力潜水艦が40年ぶりに寄港し、B-52戦略爆撃機が初めて着陸した。北朝鮮に対しては、核攻撃は金体制の終焉をもたらすと強く牽制した。インドとの安保協力も進展している。

　南シナ海では、米空軍機への中国軍機による異常接近事案が発生した。「航行の自由」作戦（FONOP）が引き続き実施されている。島嶼国との首脳会議が、2年連続で開催された。中国と安保協定を締結したソロモンには、懸念が寄せられている。パプアニューギニアには、米沿岸警備隊が展開する。米国が国防を担うパラオ、ミクロネシア、マーシャルについては、自由連合盟約が更新された。トンガには大使館が開設され、国務長官が初めて訪問した。

-84-

外交・安全保障

インド太平洋地域における中国との競争に、米国は戦略的資源を投入しており、争点は半導体等の経済安全保障、台湾、南シナ海、人権問題など広範にわたっている。同時にバイデン政権は、責任ある形での競争の管理を強調し、中国側との意思疎通が首脳、閣僚レベルで図られ、衝突の回避に意を用いている。

米中の国力差が相対化する中で、中国との戦略的競争に臨むにあたり、バイデン政権は、インド太平洋における同盟網をハブ・アンド・スポークから「格子状」へと急速に転換させている。条約上の同盟国である日豪韓比との二国間同盟を強化するだけでなく、日米豪印、AUKUS、日米韓、日米比、日米豪比による協力を強化している。

米中関係

（1）外交関係

オースティン国防長官は2024年5月に、インド太平洋軍司令官交代式において、中国について、インド太平洋を支配し、独裁的なビジョンに合わせて世界秩序を再構築する意思と能力の両方を備える唯一の国だと述べた。バイデン政権は中国との競争に、戦略的資源を投じている。

他方、バイデン政権は、中国との戦略的競争に臨みながらも、競争の管理に絶えず言及し、中国との衝突の回避に意を用いており、北京との意思疎通の機会をたびたび設けている。国内政治上の背景としては、バイデン政権と対中認識を共有しない民主党左派の存在があるだろう。加えてトランプ前政権とは異なり、中国共産党による統治そのものへの批判には踏み込んでいない。

両国間の意思疎通としては、バイデン大統領と習国家主席が、23年11月には米国で、24年4月には電話で会談した。なお23年9月のG20サミットの際に、首脳会談が開催されるのではと取り沙汰されたが、習近平国家主席が欠席したため実現せず、バイデン大統領は李強国務院総理と接触した。

習国家主席はAPEC首脳会議に出席するため23年11月に、約6年半ぶりに訪

米した。首脳会談は、カリフォルニア州サンフランシス近郊ウッドサイドのフィロリ邸で、約4時間にわたり実施された。デモ隊が押し寄せるリスクを避けるため、慎重に会場が選定された。中国側からは、共産党序列第5位の蔡奇政治局常務委員が同席した。

バイデン大統領は、米中が競争関係にあることを強調すると同時に、米中が紛争や対立、あるいは新たな冷戦に陥らないことを世界は期待していると述べた。会談での具体的な成果として、ハイレベルでの軍同士のコミュニケーションの再開に合意したことが挙げられる。

24年4月の電話首脳会談では、ロシアによるウクライナ侵攻以降も緊密な中露関係に対して警告が発せられた。バイデン大統領は、ロシアの国防産業基盤に対する中国の支援と、それが欧州大西洋安全保障に及ぼす影響について、懸念を表明した。

閣僚レベルでの意思疎通も図られた。バーンズCIA長官が23年5月に、極秘に訪中していたと報じられた。23年6月にブリンケン国務長官が、バイデン政権の閣僚として初めて、公式に訪中した。その後7月にイエレン財務長官、8月にレモンド商務長官が訪中し、閣僚訪問が相次いだ。ブリンケン国務長官は24年4月に再び訪中した。同長官はまず上海を訪れて、陳吉寧上海市共産党委員会書記（政治局委員）と会談するとともに、観光名所の豫園の一画を散策し、バスケットボールの試合を観戦した。北京では、習国家主席、王小洪公安部長らと会談した。中国側からも、23年5月に王文濤商務部長が、23年10月に王毅政治局委員が訪米した。

米中外交首脳による対話もたびたび実施されている。サリバン大統領補佐官と王毅・政治局委員との間では、23年5月にウィーン、9月にマルタ、24年1月にタイで会談が実施された。中立的な色彩を持つ第三国で、意思疎通が図られている。ブリンケン国務長官と王毅政治局委員との間では、23年6月に北京、10月に電話、同月にワシントン、12月に電話、24年2月にミュンヘン、4月に北京で会談が実施された。加えて24年1月には、劉建超中国共産党中央対外連絡部長が訪米した。同氏については、外相就任が取り沙汰されており、中国側の意図に注目が集まった。なお国務省では、中国調整部（通称チャイナ・ハウス）のトップに、ラン

バート国務次官補代理が就任した。

連邦議会における中国批判は、依然として激しい。下院中国特別委員会では、委員長を務め、対中強硬派として知られたギャラガーが、23年4月に議員辞職した。共和党のムーレナー議員が24年4月に、新たに委員長に就任した。なお24年2月には、委員会一行が訪日している。加えて、24年大統領選挙に向けて、各候補者が対中強硬姿勢を競うことになれば、米中関係はさらに悪化する可能性があろう。

米国の対中世論も依然として厳しい。ギャラップ社による24年3月公表の世論調査によれば、最大の敵国として41%が中国を挙げ、2位のロシア（26%）を大きく上回り、4年連続で首位となった。ただし中国を挙げたのが共和党員で67%、無党派層で40%だったのに対して、民主党員ではロシアよりも少ない18%であり、党派による対中観の違いが浮き彫りとなっている。

（2）軍事関係

米中軍事対話は、22年8月のペロシ下院議長訪台に中国側が反発したことで、中断していた。23年11月の米中首脳会談において、軍事対話の再開に合意したことを受けて、オースティン国防長官と董軍国防部長との間で、24年4月にオンラインで会談が実施された。約1年5カ月ぶりの米中国防相会談で、董軍の就任後では初めてだった。

米軍制服組トップであるブラウン統合参謀本部議長は、劉振立・連合参謀部参謀長との間で23年12月にビデオ電話会議を実施した。ブラウン議長は、責任を持って競争を管理し、オープンで直接的なコミュニケーション・チャネルを維持する重要性について議論した。加えて、インド太平洋軍司令官と人民解放軍東部および南部戦区司令官との間の開かれたコミュニケーション・チャネルの重要性を再確認した。

24年1月にはワシントンで、国防政策調整対話（Defense Policy Coordination Talks）が開催され、チェイス国防次官補代理と宋延超中央軍事委員会国際軍事協力弁公室副主任が協議した。軍事海洋協議協定（Military Maritime Consultative Agreement）に基づいて、24年4月にはハワイで、ワーキンググ

ループが会合した。前回は21年12月にオンラインで開催された。軍事対話が本格的に再開する前には、第三国での接触もみられた。アクイリノ・インド太平洋軍司令官はフィジー訪問中の23年8月に、中国側と会談した。中国からは、徐起零連合参謀部副参謀長が派遣されていた。

なおバイデン政権は、トランプ前政権下で課された李尚福・国務委員兼国防部長に対する制裁について、軍事対話再開のために解除を検討していた。しかしながら李氏は、8月に動静が途絶えて10月に解任された。

（3）経済安全保障

サリバン大統領補佐官は23年4月に、米国の経済的リーダーシップの刷新と題して、ブルッキングス研究所で演説した。中国との関係では、デカップリングではなく、デリスキングと多様化を志向しているとした。フォン・デア・ライエン欧州委員会委員長に同調する形で、経済安全保障における同盟国との連携に意を用いる姿勢を示した。基盤的技術については、小さな庭に高いフェンス（small yard and high fence）を設ける方式で保護すると述べた。すなわち、対象を安全保障に関する狭い分野に限定した上で中国への流出を強く規制し、それ以外の経済関係は維持する方針だ。

半導体については、バイデン政権はCHIPSおよび科学法（CHIPSプラス法）に基づいて、インテルに最大85億ドル、メモリー半導体大手マイクロンに最大61.4億ドルといった巨額の補助金を拠出することとしている。加えて、TSMCに最大66億ドル、サムスンに最大64億ドルと、外国企業に対する助成も進められている。バイデン大統領はアリゾナ州のインテル関連施設で、半導体生産が米国に戻って来ると述べ、成果を誇っている。製造業再建と雇用創出は、米国内の中間層を意識して外交を進めるバイデン政権にとって、重要な成果といえよう。

同盟国・パートナーとの連携も進められている。半導体製造装置の輸出規制について、日本、オランダとの協力が図られている。日本は東京エレクトロン、オランダはASMLとそれぞれが世界大手を抱えている。報道によれば、米国からの要請は、一部の中上位機や化学材料にまで拡大しているという。中国関連の制裁も強化されている。半導体関連では、人工知能（AI）に使われる先端半導体の

第2章　米　国

輸出規制がより厳格化されており、エヌビディアが規制対象とみられる。連邦議
会では、動画共有アプリTikTokについて、運営元のバイトダンス（中国）が1年
以内に米国事業を売却しなければ、米国内での利用を禁止する法案が、超党派
の賛成で可決された。

　ウイグルにおける人権弾圧をめぐっては、バイデン政権はウイグル強制労働防
止法（UFLPA）を活用しつつ、引き続き制裁を強めている。イエレン財務長官は
上院公聴会で23年12月に、バイデン政権は既存のウイグル関連の対中制裁を一
切緩和していないという認識を示した。今後は、輸入差し止めがアルミニウム、タ
イヤなど自動車部品等の分野に拡大する可能性がある。

　チベット関連では、国務省が23年8月に中国当局者に対して、ビザ制限を発動
した。100万人以上のチベット人の子供に対する強制同化が理由であった。ブリ
ンケン長官は24年2月に、ロサル（チベット正月）を祝うメッセージを発出した。

（4）台湾情勢

　台湾については、権威主義の度合いを深める中国との対比において、台湾の民
主主義に注目が集まり、半導体サプライチェーンのチョークポイントとして、経済
安保上の重要性が増している。特に24年1月の台湾総統選挙には、大きな注目
が集まった。

　総統選挙終了直後には、非公式代表団が派遣され、蔡英文総統、頼清徳次期
総統らと会談した。民主党政権で国務副長官を務めたスタインバーグ氏、共和
党政権で大統領補佐官を務めたハドリー氏らが参加し、超党派による台湾重視
の姿勢が示された。一方で、バイデン大統領は記者団に対して、独立を支持しな
いと述べて、従来の米国の台湾政策の枠内に留まる意向を示した。

①武器売却、軍事

　米国から台湾への武器売却は、台湾関係法に基づいて決定されている。バイ
デン政権下では台湾への武器売却が、本稿執筆時点までに、13度にわたり決定
されている。米国による台湾へのコミットメントに揺らぎがないことを示す狙いが
あるといえよう。

－89－

表：バイデン政権下での台湾への武器売却決定　（各種資料から筆者作成）

年月	台湾への武器売却決定の内容	総額(億ドル)
21年8月	M109A6パラディン自走榴弾砲40輌等	7.5
22年2月	防空システムペトリオットの維持改修	1.0
22年4月	防空システムペトリオット関連の訓練等	0.95
22年6月	艦船用の予備部品等	1.2
22年7月	戦車および戦闘車両用の修理部品等	1.08
22年9月	監視レーダープログラム（SRP）、空対艦ミサイルハープーン60発（AGM-84L）、サイドワインダー100発（AIM-9X）等	11.06
22年12月	F-16戦闘機、C-130輸送機等用の予備部品等	4.28
22年12月	対戦車兵器システム	1.8
23年3月	F-16戦闘機搭載ミサイル等	6.19
23年6月	30ミリ砲弾等	4.402
23年8月	F-16戦闘機赤外線捜索追尾（IRST）システム	5.0
23年12月	C4（指揮、統制、通信、コンピュータ）ライフサイクル支援	3.0
24年2月	先進戦術データリンクシステム更新計画	0.75

　一方で中国側は、台湾への武器売却を理由に、反外国制裁法に基づいて、米国のBAEシステムズ等5社に対して24年1月に制裁を発動した。

　バイデン大統領は24年6月にタイム誌とのインタビューで、台湾防衛のための派兵を排除しないとした。一方で、サリバン大統領補佐官は、米国の台湾政策は変更されていないと説明している。

　米軍は艦船による台湾海峡航行を引き続き実施している。23年6月にはシャングリラ・ダイアローグ開催中に駆逐艦チャンフーンがカナダのフリゲート艦モントリオールとともに、24年1月には台湾総統選挙後に駆逐艦ジョン・フィンが、24年3月には駆逐艦ジョン・フィンが台湾海峡を航行した。なお23年6月には中国艦船が、チャンフーンの至近距離で危険な操縦を行った。台湾海峡上空については、23年4月、23年7月、23年10月、23年12月、24年4月に哨戒機P-8Aポセイドンが飛行した。

　台湾軍とのより直接的な協力も明らかになりつつある。23年7月には、ミシガン

州兵による多国間の軍事訓練ノーザン・ストライクに、台湾軍が参加したという。州兵の訓練によって、ウクライナ軍が能力を増強した例も参考となっている。この他にも台湾軍は、ユタ、ハワイ、ワシントン各州で州兵演習に参加しているという。

　加えて、米陸軍特殊部隊（グリンベレー）が金門島と澎湖諸島に常駐していると報じられたが、アクイリノ・インド太平洋軍司令官は下院軍事委員会公聴会で、記事は不正確であると述べた。さらには、台湾陸軍の大隊規模での訓練も計画されており、カリフォルニア州の訓練施設が候補地になっているという。

　バーンズCIA長官は23年7月に、ウクライナ情勢の影響を受けて、習国家主席と人民解放軍指導層は、台湾への全面侵攻を許容可能なコストで成功させることができるかどうかについて、懐疑的になっていると述べた。同時に、インテリジェンス・コミュニティーの誰もが、習主席の決意を過小評価していないとも述べた。なお共和党内には、ウクライナ支援よりも、中国との競争そして台湾を優先すべきとの声がある。

②要人往来
　マッカーシー下院議長は蔡英文総統と23年4月に、ロサンゼルス郊外のレーガン大統領図書館で会談した。米国内での台湾総統との面会者としては、米台断交後では最も高いランクの人物となった。

　24年1月の台湾総統選挙を睨みつつ米国は、総統候補予定者の訪問を相次いで受け入れた。23年8月には民進党の頼清徳副総統、23年9月には国民党の侯友宜新北市長、23年4月と10月には野党民衆党主席の柯文哲前台北市長の訪米を受け入れた。いずれの陣営からも、対米関係を重視する姿勢を引き出したといえよう。

　総統選挙後の24年3月には、蕭美琴次期副総統の訪米を受け入れたが、プライベートな形ということでローキーでの訪問となった。米国からも、24年1月にはディアスバラート下院議員（共和党）、ベラ下院議員（民主党）ら台湾コーカスの一行、24年2月にはギャラガー下院議員ら中国特別委員会の一行、24年3月にはバーグマン下院議員（共和党）ら、24年4月にはマクレーン下院議員（共和党）ら台湾コーカスの一行が、相次いで台湾を訪問した。なおトランプ前政権の元高官

—91—

としては、ボルトン元大統領補佐官が23年4月に訪台した。

インド太平洋

（1）「格子状」の同盟網

　ウクライナ侵略とガザ情勢への対応を迫られる中でも米国は、インド太平洋を重視している。インド太平洋地域での中国との戦略的競争において、米国の対中優位は同盟国の存在であるとの認識から、条約上の同盟国である日本、オーストラリア、韓国、フィリピンとの二国間同盟が強化されている。わずか一年の間に、韓国、インド、オーストラリア、日本の首脳が次々に国賓として米国に迎えられた。

　加えて、日米豪印、AUKUS、日米韓、日米比、日米豪比による協力が強化されている。アジア太平洋地域における米国の同盟は、ハブ・アンド・スポークと形容され、米国との二国間同盟によって冷戦期に形成された。ところが近年では、同盟国間での連携が急速に深化している。エマニュエル駐日大使は米国の同盟網の現状について、米紙ウォール・ストリート・ジャーナルへの寄稿の中で、「格子状（lattice）」と表現した。それぞれの協力の進展については、あとで詳述する。

（2）戦略、軍事

　米国はインド太平洋地域に、統合軍であるインド太平洋軍を配置している。インド太平洋正面には、陸軍が約3.5万人、海軍が約3.8万人、空軍が約2.9万人、海兵隊が約2.6万人、総計約12.8万人が配備されている。

　近年の戦略立案において重視されているのが、前方戦力の強靭化であり、分散化が重要な手段となっている。各軍種からはそれぞれ、新たな運用構想が打ち出されている。陸軍からマルチドメイン作戦（MDO）、海軍から分散型海上作戦（DMO）、空軍から迅速な戦闘運用（ACE）、海兵隊から機動展開前進基地作戦（EABO）といったドクトリンが打ち出されている。これらはいずれも、米軍を地理的により広範に展開させる戦力の地理的分散（ディストリビューション）に重きが置かれている。

　敵の接近阻止・領域拒否（A2/AD）に対して、A2/AD脅威圏内で作戦を遂行するインサイド部隊としての活躍が期待されているのが、海兵隊と陸軍だ。ハ

ワイに続いて2隊目となる海兵沿岸連隊（MLR）が、23年11月に沖縄で編成された。制海と海洋拒否の任務を重視する海兵隊は、新たな運用構想である機動展開前進基地作戦（EABO）を掲げており、3隊目のMLRはグアムで編成されると報じられている。

　地域における抑止強化のため、太平洋抑止イニシアティブ（PDI）には、24会計年度国防授権法によって、前年度比で約32億ドル増の約147億ドルが充てられた。

　中国の核戦力増強に対して、警戒感が急速に高まっている。国防総省による23年版中国軍事力報告書では、中国の核弾頭数について、23年5月時点で500発強と見積もっており、以前の予想を上回るスピードで増加しているという。

　米軍幹部としては、23年5月に海兵隊総司令官、陸軍参謀総長、7月に統合作戦本部議長、海軍作戦部長、9月に戦略軍司令官、海兵隊副司令官、陸軍参謀総長（代行）、宇宙軍作戦部長、インド太平洋軍司令官、11月に統合作戦本部議長、海軍作戦部長、24年2月に海軍長官、4月に太平洋陸軍司令官、インド太平洋軍司令官、宇宙コマンド司令官が訪日した。

（3）インド太平洋経済枠組み（IPEF）

　外交・安全保障分野での連携に加え、経済分野の柱として打ち出されたのが、インド太平洋経済枠組み（IPEF）である。

　23年5月にはデトロイトでIPEF閣僚級会合が開催され、IPEFサプライチェーン協定が実質的に妥結した。IPEFサプライチェーン協定を通じて、インド太平洋地域において、有志国間での平時および緊急時のサプライチェーンを強靭化することが目的である。11月にはサンフランシスコでのAPEC首脳会議の際に、IPEF首脳会合、閣僚級会合が開催され、IPEFクリーン経済協定、IPEF公正な経済協定が実質的に妥結した。

日米豪印、日米豪、日米豪比、AUKUS

（1）日米豪印、日米豪、日米豪比

　バイデン政権にとって日米豪印は、インド太平洋地域における中心的なフレー

ムワークの一つとなっている。首脳会合が広島で23年5月に、外相会合がニューヨークで23年9月に開催された。安全保障協力では、マラバールが23年8月に、シドニーとオーストラリア東方海空域で実施された。今回はオーストラリアが初めて主催した。米海軍からは、潜水艦、P-8A哨戒機、特殊作戦部隊などが参加した。実務的な協力としては、米国輸出入銀行（USEXIM）等の日米豪印の輸出信用機関によって、協力覚書が締結された。

　日米豪協力も推進されている。23年7月の米豪2プラス2では、日米豪協力について、F-35戦闘機や統合防空ミサイル防衛（IAMD）に関する協力強化等が書き込まれた。日米豪防衛相会談は、23年6月にシンガポールで、24年5月にハワイで開催された。23年11月には、日米豪指揮所演習が実施されて、豪陸軍が演習部隊として初めて参加した。演習は東千歳駐屯地でも実施されたが、ロシアが抗議した。

　インフラ投資については、質の高いインフラを目指す日米豪のブルー・ドット・ネットワーク（BDN）に、英国、スペイン、スイスが加わった。安全保障環境の変化に応じたタイムリーな支援として、海底ケーブル敷設も実施されている。ミクロネシア、ナウル、キリバスの3カ国を接続する東部ミクロネシア海底ケーブル事業が日米豪によって進められ、主要事業をNECが受注した。

　加えて日米豪比4カ国による協力も進展している。日米豪比防衛相会談が23年6月に初めて開催され、24年5月にはハワイで初めて単独で開催された。4カ国の海軍は南シナ海において24年4月に、海上共同活動を実施した。22年12月には、初めてとなる日米豪比陸軍による懇談（LFS）が市ヶ谷駐屯地で開催され、太平洋陸軍司令官、太平洋海兵隊司令官、陸幕長らが参加した。

（2）AUKUS

　AUKUSは、米英豪3カ国による安全保障パートナーシップである。バイデン政権にとっては、インド太平洋地域へのコミットメントの中核的な枠組みになっている。AUKUS第1の柱は、最適の経路を通じて、オーストラリアに原子力潜水艦能力を提供することであるが、米国において進展がみられた。連邦議会で24会計年度国防授権法が23年12月に可決され、オーストラリアへのヴァージニア級潜

水艦3隻の譲渡について、実質的な許可条項が盛り込まれた。

24年4月の日米首脳会談では、AUKUS第2の柱における先進能力プロジェクトに関して、日本との協力を検討していることが表明された。23年11月には、米英豪3カ国による自律技術や無人システムの実験が、オーストラリア東部沿岸で行われた。ニュージーランドについては、ラクソン首相が訪豪時に、第2の柱のもとでの協力に意欲を示した。

オーストラリア、ニュージーランド、インド、南アジアなど

(1) オーストラリア

オーストラリアとの関係は、飛躍的な進展を遂げている。オーストラリアの24年度版国家防衛戦略は米豪同盟について、オーストラリアの国家安全保障にとって、基盤であり続けているとしている。23年7月には、ブリンケン国務長官とオースティン国防長官が訪豪し、第33回米豪2プラス2(AUSMIN)がブリスベンで開催された。

米軍のローテーション配備については、オーストラリア側の受け入れ能力向上が課題となっており、北部準州のダーウィン空軍基地、ティンダル空軍基地等で、施設整備が進められている。AUSMINでは新たに、クイーンズランド州のシャーガー空軍基地、西オーストラリア州のカーティン基地が追加された。

オーストラリア北部は、南シナ海等のインド太平洋地域へのアクセスに恵まれており、戦力態勢イニシアティブのもとで、米軍のプレゼンス強化が図られている。中国による接近阻止・領域拒否(A2/AD)の外側から、中国の軍事アセットを攻撃することができる領域であるオーストラリアへの展開は、今後さらに重要となろう。

(2) ニュージーランド

ニュージーランドが1980年代に原子力潜水艦の入港を禁止し、非核政策を採用したことで、米国はANZUS条約に基づくニュージーランド防衛義務を停止している。しかしながら、ウェリントン宣言(10年)およびワシントン宣言(12年)以降、安全保障協力が進展している。

米国からは、ブリンケン国務長官が23年7月に、アクイリノ・インド太平洋軍司令官が24年4月にニュージーランドを訪問した。ピーターズ外相は24年4月にワシントンを訪問した。

（3）インド、南アジアなど

モディ首相は23年6月に国賓として訪米した。バイデン政権下では、同盟国首脳以外では初めての国賓訪問となった。ホワイトハウスでの晩餐会では、ベジタリアンのモディ首相のために特別なフルコースが用意され、連邦議会では上下両院合同会議での演説の機会が設けられた。演説の中でモディ首相は、米印関係について、21世紀を決定づけるパートナーシップだというバイデン大統領の考えに同意すると述べた。

安全保障分野では、兵器協力で進展がみられた。ゼネラル・エレクトリック（GE）社は、インド国営企業と戦闘機用エンジンを共同生産し、技術移転を進めることとなった。ジェネラル・アトミクス社は、無人機MQ-9Bシーガーディアンをインド国内で組み立てる方向となった。

経済分野でも、マイクロン・テクノロジー社がインドでの半導体生産で最大27.5億ドルを投資することとなるなど、協力が具体化している。サプライチェーンの脱中国化を図るとともに、兵器、半導体などのインド国内での生産を進めることで、モディ首相が掲げるメイク・イン・インディアに寄り添う形となっている。

一方で民主党左派などから、人権問題を提起すべきだとの声が上がった。オバマ元大統領も同様の考えを述べ、オカシオ＝コルテス下院議員らは議会演説を欠席したものの、バイデン政権はインドとの関係を重視し、ローキーで対応した。

加えて、ロシアによるウクライナ侵攻以降もインドは、ロシア製兵器の購入を継続しているが、対敵制裁措置法（CAATSA）に基づく対印制裁は発動されていない。23年9月にはバイデン大統領が、G20サミット出席のために、インドを訪問した。モディ国賓訪米から短期間のうちに、両首脳が相互に訪問することとなった。

米印防衛協力は、進展している。オースティン国防長官は23年6月に訪印し、米印防衛産業協力のためのロードマップが作成された。23年11月にはブリンケン国務長官とオースティン国防長官がニューデリーを訪問し、第5回米印2プラス

2が開催された。インド太平洋軍司令官も、24年2月に訪印した。

　加えて米海軍は、インドでの補給、修理拠点の確保に動いており、インド洋における艦船のより円滑な運用を目指している。多軍種合同演習としては、第3回タイガー・トライアンフが24年3月に実施された。

　I2U2（米、印、イスラエル、UAE）といういわゆる中東版クアッドを通しても、インドとの協力が図られている。エネルギー、食料安全保障、宇宙等の分野に加えて、中東での鉄道網建設についても、協力が取り沙汰されている。インド系米国人は400万人を超える人口規模を誇り、米印関係の基盤となっている。

　パキスタンとの関係は、シャリフ政権下で改善している。ムニール陸軍参謀長が23年12月に訪米し、オースティン国防長官と会談した。なお、パキスタンにとって米国は最大の輸出相手国である。その他の南アジア地域では、米国はモルディブで大使館を開設した。

　モンゴルについては、キャンベル国務副長官が24年3月に、就任後初めての外遊で訪問した。23年8月にはモンゴル首相が訪米し、両国関係は戦略的第三隣国パートナーシップに格上げされた。23年6月には、重要鉱物についての協力に関する覚書が米蒙間で署名された。モンゴルは銅、モリブデン、金、蛍石などが豊富で、経済安全保障の観点から、協力が進められている。

朝鮮半島

（1）北朝鮮

　国家安全保障戦略においてバイデン政権は、朝鮮半島の完全な非核化に向けて具体的に前進するため、北朝鮮との持続的な外交を模索すると記述したが、これまでのところ米朝対話は実施されていない。北朝鮮は22年9月、無許可で軍事境界線を越境していたキング陸軍2等兵を解放した。解放交渉はスウェーデンが仲介したが、米朝対話への突破口とはならなかった。北朝鮮特別代表については、ソン・キム氏が退任し、ジュン・パク国務次官補代理が代行となっている。

（2）韓国

　尹錫悦政権が22年5月に登場し、米韓同盟の修復が急速に進められた。尹大

統領は23年4月に、米韓同盟70周年を記念する形で、国賓として訪米した。ワシントン宣言では、核抑止に力点が置かれた。そののち北朝鮮を念頭に、拡大抑止が目に見える形で示されている。23年7月には、オハイオ級潜水艦ケンタッキーが釜山に入港した。戦略原子力潜水艦の韓国寄港は、約40年ぶりで、冷戦終結後は初めてであった。B-52戦略爆撃機が23年10月に韓国に初めて着陸した。加えて原子力空母ロナルド・レーガンは23年10月に釜山に寄港した。

ワシントン宣言によって、核協議グループ（NCG）が設置され、23年7月にソウルで、23年12月にワシントンで開催された。12月の会合後の共同声明では、北朝鮮による米国またはその同盟国に対するいかなる核攻撃も容認できず、金体制の終焉をもたらすだろうとして、北朝鮮を強く牽制した。同時にバイデン政権は、韓国内での核武装論に対して、拡大抑止の強化で対応しようとしている。

サリバン大統領補佐官は、23年12月に訪韓した。日米韓安保担当高官会合に加えて、次世代重要新興技術対話にも出席した。ブリンケン国務長官は、23年11月、24年3月（民主主義サミット出席）に訪韓した。オースティン国防長官は、23年11月に訪韓し、米韓安保協議会議（SCM）に加えて、初開催の国連軍司令部国防相会議に出席した。なお尹大統領は23年8月にも、日米韓首脳会合に出席するため訪米した。

米韓での大規模演習も引き続き実施されている。空軍については23年10月に、ビジラント・ディフェンスという名称で、軍用機約130機が参加して、米韓合同演習が実施された。米軍からは、米本土からF-35A、在日米軍からF-35BやEA-18などが参加した。24年3月にはフリーダムシールドが実施された。北朝鮮の核・ミサイル脅威の無力化に重点が置かれ、野外機動訓練の数が前年比で倍増された。加えて24年8月予定の合同演習では、北朝鮮の核使用を想定した訓練が初めて実施されるという。

（3）日米韓

バイデン政権は、日米韓協力も推進している。ハイライトとなったのが、キャンプ・デービッドで23年8月に開催された日米韓首脳会合だった。独立した形で初めて開催された。首脳、外相、防衛相、国家安全保障局長による会合をそれぞ

－98－

第2章 米 国

れ毎年開催し、共同訓練を毎年実施することが約束された。会合終了後には、キャンプ・デービッド原則が発出された。

北朝鮮に加えて、中国も意識する形で会合が開催された。一方で、韓国に対する配慮も滲む形となった。日米韓協力は、「国際法又は国内法上の権利又は義務を生じさせる」ものではないとするコミットメントが独立した文書として発出された。これは日米韓協力が同盟化するのではとの韓国内での警戒に応えるものとなった。そのほかにも、23年5月と23年11月に、日米韓首脳はごく短時間面会した。

日米韓外相会合は、ジャカルタで23年7月、サンフランシスコで同年11月、リオデジャネイロで24年2月と、北朝鮮が核・ミサイル活動を進展させる中でたびたび開催された。サリバン補佐官ら安保担当高官による会合は、東京で23年6月に、ソウルで同年12月に開催された。

日米韓防衛相会談は23年6月にシンガポールで開かれ、対潜戦訓練およびミサイル防衛訓練を含む防衛上の訓練の定例化にコミットした。23年7月には、日米韓参謀総長級会議がハワイのキャンプ・スミスで開催され、ミリー統合参謀本部議長、アクイリノ・インド太平洋軍司令官、在韓米軍司令官、在日米軍司令官らが出席した。他にも日米韓防衛実務者協議（ＤＴＴ）が開催され、ラトナー国防次官補が出席した。

共同訓練も実施されている。海軍種については、23年7月に日本海、23年8月に東シナ海、23年10月に東シナ海、23年11月に東シナ海、24年1月に東シナ海、24年4月に東シナ海で実施された。24年4月の訓練には米空母セオドア・ローズベルトなどが参加したが、メディアへの公開は異例だった。空軍種については、23年10月に初めての共同訓練が実施され、米空軍からはB-52爆撃機とF-16戦闘機が参加した。続いて23年12月、24年4月にも九州北西の空域で実施された。23年12月からは、日米韓防衛当局間情報共有取決め（TISA）の枠組みを用いて、リアルタイムの北朝鮮のミサイル警戒データの共有が開始されている。

東南アジア、南シナ海

（1）ASEAN

米国とASEANの関係は22年11月に、包括的戦略パートナーシップ（CSP）に

−99−

格上げされた。バイデン政権による東南アジア重視が示される格好となったが、その後の行動によって、その姿勢には疑問が呈されることとなった。

　23年9月開催のASEAN関連首脳会議には、ハリス副大統領が出席した。同会合は例年11月の開催だが、議長国のインドネシアはインドでのG20サミット直後に開催し、参加しやすいスケジュールを組んだ。しかしながらバイデン大統領は欠席し、東南アジア軽視という声が上がった。

（2）各国との関係

　フィリピンは米国にとって、条約上の同盟国である。地政学の観点からみれば、同国は第一列島線上に位置している。中国の海洋進出が激化し、米中対立が深まる中で、台湾にも隣接するフィリピンの戦略的価値は高まりをみせている。ドゥテルテ政権期の米比関係は、必ずしも順調ではなかったが、22年6月のマルコス大統領の就任を受けて、米国は同盟再建に積極的に乗り出している。米比同盟強化のために、バイデン政権は多くの手段を尽くしており、日米比協力でも大きな進展がみられた。

　マルコス大統領は、23年5月、24年4月に訪米した。23年11月には、ハワイのインド太平洋軍司令部を訪問した。米国からは、ブリンケン国務長官が24年3月に訪比した。米比2プラス2は23年4月に、ワシントンで約7年ぶりに開催された。24年4月には初めて、国家安全保障担当補佐官も交えて、米比3プラス3が開催された。GSOMIAについては、24年末までの締結を目指している。フィリピンは台湾に近い北部含む4カ所を新たに米軍に提供する。

　米比合同演習バリカタンは24年4月に開催され、初めて南沙諸島に演習が拡大された。また航空自衛隊が初めてオブザーバー参加した。米比海兵隊によるカマンダグが23年11月に実施され、陸上自衛隊に加えて、英韓の海兵隊も訓練研修に参加した。23年10月には、米比海軍によってサマサマがスールー海で実施され、海上自衛隊に加えて英加海軍も参加した。

　日米比協力も大きく進展した。岸田総理訪米のタイミングで、日米比首脳会合が史上初めて24年4月に開催された。三首脳は、南シナ海や東シナ海における力による一方的な現状変更の試みに対して、中国を名指しで批判し、毅然として対

応することを確認した。半導体や重要鉱物を含む重要物資のサプライチェーン強靱化に向けても、連携を強化する。なおフィリピンは、世界第2位のニッケル産出国であり、高純度ニッケルはEVバッテリーに利用されている。また米沿岸警備隊と海上保安庁は、フィリピンに対して能力向上支援を実施している。加えて日米豪比4カ国による協力も、別で述べた通り、進展している。

　タイは米国にとって条約上の同盟国であり、米・タイ主催のコブラ・ゴールドは、東南アジア最大級の多国間共同訓練となっている。24年2月に開催され、中国も限定参加した。空母ニミッツが23年4月にレムチャバン港に寄港した。インド太平洋軍司令官が、24年1月に訪問した。タイは米中対話の環境も提供しており、24年1月にはサリバン大統領補佐官と王毅外相がタイで会談した。

　ベトナムについては、バイデン大統領が23年9月に、国賓として訪問した。チョン書記長と会談し、米・ベトナム関係は包括的戦略的パートナーシップに格上げされた。半導体分野を筆頭に、協力を深化させていくことで合意した。エヌビディアがベトナム企業とAI分野で提携する。24年3月にはソン外相が訪米し、半導体エコシステム、サプライチェーンの多様化等について、ブリンケン国務長官と協議した。米国の対ベトナム貿易赤字は、国別で第3位となっている。なお原子力空母ロナルド・レーガンが、23年6月にベトナム中部のダナンに寄港した。米空母のベトナム寄港は、ベトナム戦争終結後では3回目となる。

　インドネシアについては、ジョコ大統領が23年11月に訪米し、米・インドネシア関係は包括的戦略的パートナーシップに格上げされた。米国からは、ブリンケン国務長官がASEAN関連外相会議出席のため、23年7月に訪問した。同長官は第2回米尼閣僚級戦略対話に出席した。ASEAN関連首脳会議への出席のため、ハリス副大統領が23年9月に訪問した。オースティン国防長官は第10回拡大ASEAN国防相会議（ADMMプラス）に出席するため、23年11月にインドネシアを訪問した。

　プラボウォ国防相は23年8月に訪米し、ボーイング社との間で、F‐15戦闘機を24機購入する覚書が成立した。プラボウォ国防相は大統領選挙当選後の24年3月に、バイデン大統領と電話会談した。スーパー・ガルーダ・シールドでは、日、米、インドネシアに加えて英、豪、シンガポールの陸軍が、ジャワ島や習志野演習

－101－

場等において、23年8月に実動訓練を実施した。

ASEAN加盟国の中でIPEFに参加していないのは、カンボジア、ミャンマー、ラオスの3カ国であり、米国とこれらの国々の関係は、相対的に希薄もしくは良好ではないといえよう。カンボジアでは、フン・セン首相の長男であるフン・マネット陸軍司令官が、23年8月に新首相に就任した。同氏は、米陸軍士官学校を卒業し、ニューヨーク大学で経済学の修士号を取得した知米派だ。

（3）南シナ海

23年10月には、米空軍B-52戦略爆撃機に対して、中国軍J-11戦闘機が異常接近する事案が、南シナ海上空で発生した。米中首脳会談に向けた調整が行われる中での発生だった。中国軍機による米軍機への危険飛行は、21年秋からの2年間で180件超に達したという。

米艦による「航行の自由」作戦（FONOP）が引き続き実施されている。駆逐艦ミリウスによる南沙諸島ミスチーフ礁から12海里以内での航行は23年4月に、駆逐艦ホッパーによる西沙諸島での航行は23年11月にそれぞれ実施された。

南シナ海での同盟国海軍との共同訓練としては、23年6月に日米加仏（ノーブル・タイフーン）、日米加（ノーブル・レイブン）、日米仏（ノーブル・バッファロー）、23年7月に日米、23年10月に日米、日米豪加シンガポール（ノーブル・カリブー）で、23年12月に日米、24年2月に日米豪、24年4月に日米豪比で実施された。

太平洋島嶼国

ワシントンにおける太平洋島嶼国への関心は、急速な高まりをみせている。米国・太平洋諸島フォーラム首脳会議が、ホワイトハウスで23年9月に2年連続で開催された。米国によるこの地域への梃入れとして、大使館設置が進められている。ソロモン、トンガに開設されたほか、バヌアツとキリバスでも計画されている。加えて、クック諸島とニウエについて米国は、国家承認し外交関係を樹立した。一方で、首脳会議には、ソロモンとバヌアツの首脳は参加しなかった。

この地域の大国であるパプアニューギニアについては、バイデン大統領訪問は中止されたものの、23年5月にブリンケン国務長官が訪問し、防衛協力協定が

署名された。オースティン氏は23年7月に米国防長官として同国を初めて訪問し、米沿岸警備隊を同国に展開することを明らかにした。一方でバイデン大統領の人食い人種発言（24年4月）に対して、同国側は反発した。

　焦点となっているのがソロモンであり、中国と安全保障協定を締結したことが、22年4月に明らかとなった。ソガバレ首相は23年7月に訪中して習近平国家主席と会談したが、23年9月の米国・太平洋諸島フォーラム首脳会議は欠席し、親中姿勢を鮮明にした。24年4月の議会選挙の結果として就任する新首相も、親中外交を継続する見通しである。一方でマライタ州では、親米反中派が州首相に返り咲いた。

　トンガについては、ブリンケンが23年7月に訪問し、米大使館開所式に出席した。米国務長官の同国訪問は初めて。なお頼清徳が台湾総統に当選した直後の24年1月に、ナウルが台湾と断交した。

　マーシャル、ミクロネシア、パラオに対して米国は、自由連合盟約（コンパクト）に基づいて国防を担っている。パラオ、ミクロネシアとの間では23年5月に、マーシャルとの間では23年10月に更新された。パラオのウィップス大統領は、米国に対して、防空システム「ペトリオット」の恒久配備を要請しているという。他に、アレン国務次官（広報文化外交担当）が23年10月にフィジー、バヌアツを、バルマ国務副長官が24年1月にフィジーを訪問した。

内政

バイデン大統領の政権運営と野党共和党

　バイデン政権は、多くの課題を抱えながら、政権運営にあたっている。バイデン大統領自身については、高齢およびそれに伴う認知能力の低下に関して、懸念がつきまとっている。24年2月には、司法省特別検察官の報告書が公表され、バイデン氏について、記憶力の低下した高齢男性と表現し、高齢不安に拍車をかけた。

　バイデン大統領にまつわる不安感について、ハリス副大統領が打ち消すには至っていない。存在感が薄く、目立った実績が見当たらず、人気の高まりもないと

いった状況であり、ポストバイデンへの道は現状では険しい。

　移民政策では23年10月に、トランプ政権が進めていたメキシコとの「国境の壁」について、建設を再開した。しかしながら、政権への支持へと繋がるかは不透明であり、民主党左派からは批判が上がっている。

　内政上の重要争点についてバイデン大統領は、姿勢を明確にしている。人工妊娠中絶については、24年3月の一般教書演説で、権利擁護の姿勢を強調した。これは大統領選挙における無党派層の動向も意識してのことであろう。

　バイデン政権は、連邦最高裁判所にも行く手を阻まれている。民主党左派が重視する学生奨学金の返還免除について、バイデン政権は大統領令を発出したが、連邦最高裁からは違憲判決が出された。背景には、連邦最高裁の判事の構成がある。保守派が数的優位にあり、保守的な判決が基調となっている。

　連邦議会下院では、共和党内の対立が激化している。23年10月には保守強硬派の反発によって、マッカーシー下院議長が史上初めて解任された。約3週間の空席を経て、4回の投票ののちに、親トランプのジョンソン議長が新たに選出された。現在の米国では、分極化が進行しているが、二大政党の内部においても分断が進んでいる。

2024年大統領選挙に向けて

　共和党の予備選挙では、デサンティス・フロリダ州知事が初戦のアイオワ州で大差の2位に沈み、早々に撤退して、トランプ支持を表明した。ヘイリー元国連大使はスーパーチューズデーで大敗し、選挙戦からの撤退を表明したが、のちにトランプ支持を表明した。トランプ前大統領は、大統領経験者としては初めて刑事裁判の被告人となっており、今後の影響が注目される。

　トランプ前大統領が当選すれば、バイデン政権の多くの政策を覆すであろう。例えば、銃問題についてトランプ前大統領は、バイデン政権が導入した銃規制をすべて撤廃すると表明している。

　一方で、バイデン陣営は、TikTokに公式アカウントを開設し、若者票の取り込みを図っている。資金集めにも余念がなく、バイデン大統領はクリントン、オバマ両元大統領と共にニューヨークでのパーティーに参加し、一晩で2,600万ドルを

調達した。

　大統領選挙の鍵を握るのが、接戦州としてのスイング・ステートにおける結果であり、ウィスコンシン州、ミシガン州、ペンシルベニア州、ネバダ州、アリゾナ州、ジョージア州が挙げられている。米紙ウォール・ストリート・ジャーナルによる24年3月の世論調査では、ウィスコンシン州以外ではトランプ氏がリードしており、選挙戦を有利に展開している。アラブ系が全米最多のミシガン州では、バイデン政権のガザ情勢への対応が、影響を及ぼしている。

　他に無所属で、弁護士で反ワクチン活動家のケネディが立候補を表明している。ケネディはロバート・ケネディ元司法長官の息子だが、ケネディ家の多くがバイデン支持を表明している。ケネディは副大統領候補として、中国系弁護士でGoogle共同創業者元妻のシャナハンを指名した。

　トランプ前大統領の再登板が現実味を帯びる中で、いわゆる「もしトラ」に向けて、各国も手を打ち始めている。アルゼンチン大統領、ハンガリー首相、ポーランド大統領、英外相、麻生太郎自民党副総裁らが、相次いでトランプ氏と会談した。

（皇學館大学准教授　村上政俊）

第3章　中　国

概　観

　2023年、長らく国際関係の基調となっていた「中国の台頭」が新たな段階に入った。前兆は2010年代からすでにあったものの、不動産大手が次々に苦境に陥って地方財政を直撃し、失業率の改善も見込めず、中国経済の悪化が定着しつつあった。

　一方では、修正反スパイ法の成立など、経済の立て直しに逆行するような「安全」の重視も進んだ。香港でも「国家安全条例」が制定され、この香港の扱いを見て台湾での大陸への信頼感はさらに低下した。

　中国は、総統選挙（24年1月）が近づくと、台湾に経済的威圧や軍事演習で圧力を加え、偽情報工作で混乱を試みたが、民進党候補の頼清徳が当選し、民進党政権の継続を防ぐことはできなかった。米中関係の好転が望めない中、中国は日本に接近を進めた。しかし、その一方で尖閣諸島付近海域での強固姿勢にほとんど変化はなく、目立った関係改善は起こらなかった。

　長期的には、経済社会の変動に対応しきれない統治の限界が明らかになってきたということができる。実態に合わない思想の強調や度重なる閣僚級指導者の粛清もそれを象徴している。中国はポスト習近平時代に入りつつある。しかし、当面、中国が最も重視する米中関係は維持され、中国も一定の国際的役割を果たしていくと考えられる。

（同志社大学教授／平和・安全保障研究所研究委員　浅野亮）

内政

国家安全の強化

2023年3月に第3期習近平政権が本格始動した。習近平の権力基盤は引き続き盤石であるが、コロナ後の中国経済の回復・好転が進まないことから、習政権は政治・社会状況への影響を警戒し、統制を強化している。

同年5月30日、中央国家安全委員会第1回会議が開かれた。主席は習近平、副主席は李強、趙楽際、蔡奇だが、注目すべきは蔡奇が同委員会を取りまとめる弁公室主任に就いたことである。習政権の官房長官的な役割を果たす中央弁公庁主任が兼務するポストとはいえ、党内序列4位の就任は政権内での国家安全の重要度が高まったことを意味した。会議は、ネット、データ、AIなど先端科学技術を駆使したリスクモニタリング・早期警戒システムの建設の加速化や、法律の整備、教育の強化の方針を明らかにした。

法律の整備では、同年4月30日に反スパイ法が改正され、スパイ行為の定義が拡大され、国家安全機関の捜査、調査権限が拡大、強化された。3月に拘束された日本の製薬会社社員は、10月に反スパイ法違反で正式に逮捕された。また、24年2月27日には国家秘密法が改正され、関連部門の権限、ネット情報の管理、国家秘密の海外への流出防止などが強化された。

国家安全部は23年12月にSNS公式アカウント上で、中国衰退論への対応を示唆し、経済安全保障への関与強化を明らかにした。国家安全部の経済分野への権限の拡大は、中国国内の言論界も萎縮させている。

24年3月5-11日の全国人民代表大会第2回会議では、政府活動報告で「国家安全」が頻繁に言及され、注目された。会議期間中に党内序列5位の丁薛祥が香港代表に「国家安全維持条例」の採択を急かした。その結果、同19日には香港立法会で採択された。

この全人代では開幕の前日、恒例の最終日の首相会見を行わないことが発表されたことも注目された。記者会見は首相による中国の諸政策の直接の発信の場であったが、悪化する経済状況への質問に李強が回答に窮するから、習近平

−107−

の一強で李強の存在感が低下しているからなど理由が様々に憶測された。しかし、記者会見は台本のある「ショー」に過ぎない。むしろ、首相自らが中国の諸政策を説明しても海外メディアは否定的に論評するだけで、中国のイメージアップ、対中経済制裁の緩和には繋がらないと冷静な判断によるのだろう。

外交部長と国防部長の解任

　23年7月、前年12月に外交部長に就任したばかりの秦剛が解任され、後任には前任の王毅が任命された。10月には、3月に国防部長に就任したばかりの李尚福が国務委員、中央軍事委員会委員ともども解任された（この時秦剛も国務委員を解任された）。12月、後任に董軍が任命された。

　24年4月末現在、両者の解任理由は明らかになっていない。秦剛には駐米大使時の女性スキャンダルなどが挙がっている。軍では、8月1日、王厚斌と徐西盛が上将に昇進した。その際、王は人民解放軍のロケット軍司令員、徐は同軍政治委員と紹介され、司令員の李玉超と政治委員の徐忠波が解任されたことが判明した。ロケット軍トップの同時交代が装備調達をめぐる汚職によるもので、李尚福も無関係ではないことが取り沙汰されている。しかしどれも憶測の域を出ない。

　主要閣僚の突然の交代は一大事である。しかし、基本的に外交の実務のトップは中央政治局委員兼中央外事工作委員会弁公室主任の王毅であり、軍の制服組のトップは中央軍事委員会副主席の張又侠と何衛東であるため、習近平の政権運営への影響は見られない。また秦剛も李尚福も習近平の直属の部下ではないため、習近平の権力基盤にも影響は見られない。

李克強の死去と「白紙革命」の共通点

　経済状況が悪化し、国家安全が強調されているからといって、中国で起こる市民の集団行動すべてに政治的な意図があるものと過大評価することにも慎重であるべきだろう。

　23年10月27日、3月まで首相だった李克強が心臓発作で死去した。江蘇省にある李克強の旧家には多くの追悼者が献花に訪れた。これに対し当局が厳重な警備態勢を敷いたのは、1976年1月の周恩来首相、1989年4月の胡耀邦元中国

共産党総書記の死去の追悼活動が反体制運動に繋がったため、李克強死去への追悼活動も習近平政権への不満の表出との見方もあった。しかし、政治的統制を強化する習近平政権下で組織的な反体制運動の兆候を見出すことは難しい。また、李克強には周恩来や胡耀邦のような政治的な実績もない。多くの人が献花に集まったのは、政治的意図によるのではなく、SNSなどで拡散された興味本位による一過性の行動にすぎなかった。

22年11月の習近平政権の厳しいコロナ対策に対する市民の抗議行動となった「白紙革命」も、その後組織的な政権批判の表明へと発展しなかった。当局の統制強化の効果かもしれないが、参加者の大半には政治的意図はなく、自己利益が確保されれば収束する中国ではよく見られる抗議行動の構図にすぎなかった。

地方・部門の政策不履行への党籍はく奪処分

習近平に権力集中され、統制が強化される中、党内の習近平の政権運営、政策に対する不満が表に出ることはない。しかし、中央規律検査委員会が党籍はく奪の処分を決定した地方や部門の幹部の処分理由を見たとき、「党中央の重大な決定、配置に背く」、「（習近平が唱えた）新発展理念に背く」といった文言が散見された。

例えば、23年7月には新疆生産兵団元党委常務委員・副司令官、中国新建集団公司元副総経理の焦小平がカーボンピークアウト・カーボンニュートラル戦略、10月には中国銀行党委員会書記・董事長の劉連舸が金融リスクの予防抑制という党中央の政策を履行しなかったことで処分された。

とりわけ貴州省については、政協元副主席の周建琨（8月）と李再勇（11月）、党委元書記の孫志剛（24年2月）の3人の指導者が処分された。周は習政権が重視してきた「貧困から脱する課題に取り組み、その成果を確固とし拡大する」政策を履行しなかったことで処分された。

党籍はく奪処分は、通常権力を利用して私腹を肥やす汚職による。しかし、党中央の政策の不履行による処分が散見されることは、地方や部門の不満が少なくないことを示唆しているのかもしれない。中央指導部も党中央の政策に賛同せず、実行するふりをする地方指導者を「形式主義」と批判するだけでは統制で

きず、不満を規律違反と位置づけることで、警鐘を鳴らしているともいえる。

（防衛大学校教授　佐々木智弘）

経済

「一体化した国家戦略システムと能力」の構築

　2023年3月8日、習近平は、全国人民代表大会人民解放軍・人民武装警察部隊代表団全体会議に出席、講話を実施した。この講話において、習は「一体化した国家戦略システムと能力を強化・向上させることは、党中央が強国・強軍が直面している新たな情勢・新たな任務の新たな要求を把握し、より良い統一的発展と安全、より良い統一的な経済建設と国防建設に着目して決定した戦略的配置である」と述べた。

　「一体化した国家戦略システムと能力」というフレーズは、17年6月20日に習近平が中央軍民融合発展委員会第一次全体会議で行った講話で初めて公式に語られた。この講話で、習は「軍民融合発展を国家戦略に高めることは、経済建設と国防建設の協調した発展規律を長期的に探求した重大な成果であり、国家発展と安全の全局から出した重大な方策であり、複雑な安全の脅威に対応し、国家戦略の優勢を獲得する重大な措置である」とした。

　それでは、経済建設と国防建設を一体化した国家戦略システムと能力を強化・向上させることを掲げる3期目の習政権は、いかなる経済政策によってそれを達成しようとしているのか。

三中全会の開催延期と悲観主義の取り締まり

　中長期的な経済政策の運営方針などを決定する重要な会議は、「三中全会」すなわち中国共産党第20期中央委員会第3回全体会議である。これは5年に1度開かれる党大会の職権を代行する中央委員会が3回目に開く全体会議であり、通常は党大会の翌年秋から冬の時期に開催される。この「三中全会」が延期され、24年7月に開催されることとなったことはきわめて「異例」であり、党内部で「異常事態」が生じているのではないかといった憶測を呼んだ。

第3章　中国

　3期目の習近平政権における中長期的な経済政策の運営方針が定まらない中、23年12月12日、香港の英字紙「サウスチャイナモーニングポスト」は中国のインターネット検閲を監督する当局が新たな取り締まり対象を発表し、その中に「悲観主義を助長する者」が追加されたと報じた。

　これは、中央インターネット安全・情報化委員会および国家インターネット情報辦公室による「悪質なショートビデオ情報コンテンツ指導問題の明確化と是正」に関する特別措置を実施することの通知文書を指している。この通知では、「誤った価値志向を広めること、誤った事業観を流布し、手段を選ばないことや消極的な厭世を鼓吹し、富を誇示し金を拝み、享楽を享受するなどの誤った価値観を流布すること」などを含むショートビデオを取り締まることが示された。

　また、12月14日には、国家安全部がWeChatの公式アカウントで「国家安全保障機関は断固として強力な経済安全保障の壁を構築する」と題する記事を公表し、「中国経済を貶めるさまざまな常套句が後を絶たない。その本質は『中国衰退』という虚偽の言説を作り上げ、中国の特色ある社会主義体制を攻撃し続けることにある」と指摘し、中国経済についての批判的な論評なども違法行為として処罰する可能性を示唆した 。

　一方、12月11日から12日にかけて開かれた翌24年の経済政策の方針を決定する中央経済工作会議で、習近平は「経済の宣伝、世論の誘導を強化し、『中国経済光明論』を響き渡らせる」と発言した。翌13日には、国家統計局が「中央経済工作会議の精神を伝達・学習する会議」を開催し、康義局長が「全局員が思想・行動の両面において習近平総書記と党中央との高度なる一致を保たなければならない」と強調し、「数字の公布と解釈を良くし、社会の予測と期待を正しく導く」とした。

マクロ経済の政策的余地

　他方で中国は、マクロ経済に関する政策的余地を残している。12月の中央政治局会議および中央経済工作会議では、「積極的な財政政策を適度に強化し、質の向上と効果の増大をはかる」とともに、「穏健な金融政策を柔軟かつ適度に、的確かつ有効に実施」していくことが確認された。

　23年、財政面では財政支出の総額はGDP比3.8%となっており、10月24日に開

かれた全国人民代表大会常務委員会で1兆元の国債の追加発行を承認したことで、GDP比0.8%の追加支出となったものの、財政規律を意識してのことか、依然として小規模な景気刺激策の実施に留まっている。この国債追加発行により、23年の年間 GDP成長率は前年比約5.2-5.3%になることが予測され、実際に24年1月17日には中国国家統計局が5.2%になり、23年初に設定した5%の成長目標を到達したと発表した。

また、金融面でも低迷する資金需要を刺激する狙いで、23年8月21日に事実上の政策金利と位置づけられている最優遇貸出金利（ローンプライムレート、LPR）の1年物を3.55%から3.45%へ0.1%引き下げた。これは6月に続く2カ月ぶりの引き下げとなったものの、まだ依然として金利引き下げの余地があると見てよいだろう。

そのため、中央政府がマクロ経済政策に関して「打つ手なし」の状況には至っていないのかもしれない。たしかに足元の中国経済はゼロコロナ政策の影響や長引く不動産不況などの影響で決して明るくはない。また、地方財政が破綻に陥る危険性や地方の融資プラットフォームによる「隠れ債務」問題が顕在化することもあり得る。しかし、それらが直ちに中国経済全体の財政問題や金融システミックリスクに波及するとは限らない。

経済の安全と発展の難しい局面にある中国

一方、12月20日から21日にかけて開かれた中央農業工作会議で三農（農業、農村、農民）問題への対応や食料安全保障が強調されたが、中国では、金融システミックリスクや食料安全保障、サプライチェーンの強靭化、イノベーション駆動型の経済発展などを含む経済安全保障戦略に重点が置かれている。こうした経済安全保障戦略は、中央経済工作会議で示された重点課題にも反映されている。

このように、中国経済の先行きは決して明るいわけではなく、むしろ米中対立の深化や不安定な国際情勢をはじめ、消費や投資を抑制する悲観的な見方が少なくない。そうした「悲観主義」を取り締まり、「中国経済光明論」を唱道する一方で、経済安全保障を強化する舵取りの難しい局面が続いている。

（京都先端科学大学准教授　土屋貴裕）

第3章　中　国

外交

　安全面重視が顕著で、輸出管理法（2020年12月）や反外国制裁法（21年6月）などの制定実施に続き、23年は反スパイ法の改定（7月）、国家秘密保護法の改定（3月）、外国国家免責法の制定（9月）、輸出禁止・輸出制限技術リストの改定（12月）などで、外国（特に米国）による対中制裁への対抗措置に関する法的整備が進んだ。この背景には、国際政治の「安全保障化」の進展が背景にあるが、習近平の性格を反映している面もある。

外交人事
　23年は秦剛外交部長（外相）の動静不明と解任に注目が集まった。秦剛は、22年12月末に外交部長に就任し、ロシアと一定の距離を取る姿勢を見せたが、23年6月中旬以後動静不明となり、7月の全人代常務委員会で外相を解任され、前外交部長の王毅が外相に返り咲く異例の人事となった。10月には国務委員（副首相級の称号）も解任され、24年3月の全人代で全人代代表の辞任も明らかとなった。王毅の再任後、24年3月の全人代で外相交代は起こらなかった。

米中関係
　22年11月にインドネシアのバリで米中首脳会談が行われたばかりで、23年波乱はあったが米中関係の基調は関係の維持であった。
　23年初頭、中国製気球の米本土上空への飛来があり、米メディアの神経質な報道もあって、米国側は23年2月上旬のブリンケン米国務長官の訪中を延期した。2月中旬、ドイツのミュンヘンで王毅とブリンケン米国務長官の会談が持たれたが、双方で非難の応酬があったという。
　気球事件が一段落すると、米中の接触はすぐに頻繁となり、23年5月オーストリアのウィーンで王毅とサリバン補佐官の会談、6月ブリンケンの訪中、9月マルタで王毅・サリバン会談がそれぞれ行われた。10月には王毅が訪米し、バイデン米大統領、ブリンケン米国務長官とそれぞれ会談した。このほか、何立峰副首相

−113−

は、イエレン米財務長官と7月北京、11月サンフランシスコ、24年4月北京で会談を続けた。李強首相も訪中したイエレンと会っている。

23年の米中外交のハイライトは、11月APEC首脳会合が開かれたサンフランシスコで行われた米中首脳会談である。具体的な問題のほとんどは解決には至らなかったが、最高首脳による接触自体に、関係維持を指向する象徴的な意味があったとの評価が多い。

これに続き、24年1月タイのバンコクで王毅・サリバン会談が行われ、米中首脳の電話会談で合意した。続いて2月、再びドイツのミュンヘンで王毅・ブリンケン会談も持たれた。なお、当地での王毅によるEU側との協議提案は、トランプ再選がもたらす米中・米欧関係の悪化を背景にしていたと考えられる。1月に外交部は日米韓の「インド太平洋対話」共同声明に抗議したものの、中国も米中関係が破綻しないよう努めていた。4月初めには、米中首脳の電話会談が行われた。4月下旬、王毅、王小洪（中央政治局員、中央書記処書記、国務委員、公安部長）は訪中したブリンケンとそれぞれ会談し、その後、習近平がブリンケンとの会見を持った。王小洪の登場は、対外政策における公安系の影響力増大を示唆している。

米国側はロシア・ウクライナ戦争における中国の直接・間接の対露支援に繰り返し警告を発してきた。24年3月、キャンベル米国務副長官は、馬朝旭・外交部副部長と電話協議を行い、中国の対露防衛産業支援に懸念を伝えた。また、キャンベルは4月のラブロフ露外相の訪中時にも中国に対して警告した。このような警告は4月、ブリンケン米国務長官やイエレン米財務長官も行っている。

同月11日、岸田首相が訪米し日米首脳会談、直後に日米比三カ国首脳会談が持たれた。中国外交部の毛寧報道官はこれらの会談をそれぞれ強く批判した。

24年4月、セジュルネ・フランス外相の訪中後、5月、習はフランス、セルビアとハンガリーを歴訪した。

24年2月末、苗得雨（外交部部長助理・政策企画司司長）とアーメド（米国務省政策企画本部長）が上海で協議を行った。米中ともにこれらの部局は長期的で戦略的な問題を扱うとされている。

第3章　中　国

中露関係

　23年は、ロシア・ウクライナ戦争が長引く中、中露の紐帯が演出されつつ、中露間のバランスは中国が優位となってきたが、中国は米国からの圧力にも直面した。23年9月、王毅が訪露し、中露蒙3カ国安全保障問題高級代表会議に出席後、プーチン大統領と会見した。王毅の訪露は中露首脳会談の打ち合わせであったとみられる。前回の首脳会談は23年3月、習近平の訪露で実現している。10月、プーチン大統領が訪中し、中露首脳会談が持たれた。12月、李強首相は訪中したロシア首相と会見、習も会見した。

　24年4月、習と王毅は訪中したラブロフ外相とそれぞれ会談した。その1日前に共同記者会見を開き、王毅は「五つの始終」（元首外交による戦略的リーダーシップに始終従う、同盟を結ばない・対抗しない・第三国を標的としないとする原則を始終堅持する、原則の正道を始終守る、ウィンウィンを始終追求する、秩序ある多極化を始終追求する）を披露した。王毅の示した「五つの始終」は、22年2月、習が打ち出した中露間の「制限のない」協力からの後退と解釈できる。24年に入り、おそらくは米国からの圧力下、中国の銀行は相次いでロシアとの貿易決済を停止していた。表面だけみると分かりにくいが、中国は、深入りはせずに中露関係を維持して対米交渉力を高めつつ、米中関係も維持する複雑な外交を展開している。

日中関係

　日中関係は、中国による対日批判は続いたが、現実的な冷たい平和が基調であった。23年3月、すでに日中防衛当局間で設置されていた「ホットライン」が運用され、4月に初めての通話（日本防衛相と中国国防相）が行われた。同月北京で日中外相会談（林芳正・秦剛）があり、その後、日中高級事務レベル海洋協議第15回協議も行われた。11月、王毅（中央政治局委員、中央外弁主任として）と秋葉（内閣特別顧問、国家安全保障局長）で日中ハイレベル政治対話を行った。同月、APECが行われた米サンフランシスコで日中首脳会談が持たれた。同月、王毅は訪中した公明党代表団と会見した。24年3月には日本政府の戦闘機輸出の閣議決定に対して、中国外交部報道官が日本側に適切な対応を求めると

-115-

述べたが、それ以上の激しい反応はなかった。

　日本の経済界との接触も復活し、23年11月には東京で第9回日中企業家だ異界及び元政府高官対話（日中CEO等サミット）が開かれた。翌年1月には　経団連・日本商工会議所を含む日中経済協会合同訪中代表団が4年ぶりに訪中し、中国国家発展改革委員会副主任や商務部長らと会談後、李強と会見した。なお、第1回日中輸出管理対話が24年1月に東京で行われた。

　これらの接触の一方では、中国は福島の原発の処理水排出を「汚染水」として批判し、日本産のホタテ輸入を停止した。中国は日本の処理水排出に対する批判を拡大し、国際化させようとした。加えて、処理水排出のプロセスへの直接関与を日本に求めた。

　23年6月、中国メディアは、習による「中国国家板本館」（北京）視察を報道し、その記事の中で琉球王国に言及した。7月には玉城・沖縄県知事の訪中が予定されていた。なお、板本館は「釣魚島」が中国に属するものとも説明している。

中朝関係

　23年7月、朝鮮戦争休戦70周年の記念式典に際し、ロシアはショイグ国防相を派遣したが、中国は李鴻忠（全人代常務委員会副委員長）を送るに留まった。23年9月、金正恩がロシア極東を訪問して露朝首脳会談を持った後、中国外交部報道官は詳しい論評を避けた。

　しかし、中朝間の接触は続けられた。接触の多くは、中朝国交樹立75周年を祝う「中朝友好年」を踏まえてという名目である。23年12月朴明浩・北朝鮮外務次官は訪中して王毅と会談した。24年1月劉建超・党中央対外連絡部長が北京で李竜男・駐中国大使と会談した。同月孫衛東・外交部副部長が訪朝し、北朝鮮の外相や次官と会談した。3月国連安保理対北朝鮮制裁委員会の専門家パネルの任期延長に対して、ロシアが拒否権を発動したが、中国は棄権し、北朝鮮との距離を示した。その一方で、同月、金成男・朝鮮労働党中央委員候補・国際部長が訪中、王滬寧、劉建超、蔡奇、王毅らとそれぞれ会うなど厚遇された。4月には趙楽際・全人代常務委員会委員長（国会議長に相当）が訪朝した。

—116—

第3章　中　国

東南アジア、オーストラリア、南太平洋島嶼国

　米中対立が深まる中、中国はASEAN諸国に対しては硬軟両面の態度を取り、南太平洋島嶼国家には接近の姿勢を見せた。

　中国による接近が目立ったのは、対ベトナムで、22年10-11月にベトナム共産党のグエン・フー・チョン書記長、さらに23年6月ベトナムのファム・ミン・チン首相が訪中し、12月に習が訪越した。なお、23年4月、ブリンケン米国務長官が訪越、また9月にはバイデン米大統領が訪越して外交関係の格上げで合意した。南太平洋島嶼国に対しては、7月に習が訪中したソガバレ・ソロモン諸島首相と会見し、24年3月、習が1月に台湾と断交したナウル大統領と会見するなど厚遇した。4月には習や重要な幹部たちが訪中したベトナム国家議長やミクロネシア大統領と会見している。

　一方、中国はフィリピンに対して強硬姿勢をとり、海警局がセカンド・トーマス礁付近の海域でフィリピン船の航行を繰り返し妨害した。この背景には、23年に進んだ米比の接近がある。23年7月、習は訪中したドゥテルテ前フィリピン大統領と会見し、マルコス現政権を牽制する姿勢を見せた。24年3月、ドゥテルテ前政権時にセカンド・トーマス礁をめぐり中比間で密約があったとするフィリピン・メディアの報道後、フィリピン政府の否定に対して、中国外交部と在フィリピン中国大使館は密約があったとした。

　中国は、アルバニージー豪政権（22年に成立）に対して接近を進めた。23年9月、王毅は訪中した中豪高級別対話のオーストラリア側代表たちとの会見後、24年3月に訪豪し、アルバニージー首相、ウォン外相らと会談、さらにAUKUSに批判的な立場をとったキーティング元首相と会談した。

　7月には王毅が中国ASEAN外相会議に出席し、さらに同月、習はドゥテルテ前フィリピン大統領およびジョコ・インドネシア大統領とそれぞれ会見している。9月には李強が中国ASEAN首脳会議に、12月に瀾滄江-メコン川協力第4回指導者会議にそれぞれ出席した。なお、同月に瀾滄江-メコン川協力第8回外相会議も開かれ、王毅が出席している。8月、王毅は、シンガポール、マレーシア、カンボジアを訪問し、また中国・南アジア博覧会のため訪中したスリランカ首相、ラオス国家副主席、ネパール副大統領、ベトナム副首相とそれぞれ昆明で会見し

た。10月、李強は、「一帯一路」国際フォーラムに出席したフン・マネ・カンボジア首相と会見し、フナン・テチョ運河の建設計画を含め、8件の覚書署名に立ち会った。

24年4月、習は訪中した次期インドネシア大統領のプラボウォ国防相と会談した。直後、プラボウォは訪日し、岸田首相と会見している。4月、ブリンケン米国務長官の訪中前、王毅はインドネシアを訪問し、大統領・外相の会談、ハイレベル対話第4回会議を行ったほか、次期大統領と再び会見して防衛協力について協議した。インドネシア訪問後、王毅はパプア・ニューギニアとカンボジアをそれぞれ訪れた。

24年1月、習は訪中したムイズ・モルディブ大統領と会見した。モルディブは3月にはモルディブ駐留インド軍の撤退を開始させ、中国から軍事援助を受けることとなった。

多国間枠組み

習は、23年5月西安で開催した中国・中央アジアサミットに参加し、「西安宣言」を発表して、「中国・中央アジアメカニズム」が正式に首脳レベルで制度化された。7月の上海協力機構（SCO）首脳会議でオンライン演説を行い、8月南アフリカで行われたBRICS首脳会議には対面式で出席した。首脳会議では、アルゼンチン、エジプト、エチオピア、イラン、サウジアラビア、UAEの6カ国のBRICS新規加盟が披露された（アルゼンチンは24年1月に参加見送りを決定）。

ほか、同年4月、アフガニスタン周辺国や中央アジア5カ国外相との会談、10月には第3回中国チベット（環ヒマラヤ）国際協力フォーラム（モンゴル、ネパール、パキスタンから閣僚・議会レベルの代表）などが開かれた。

10月、第3回「一帯一路」国際協力サミットフォーラムが北京で開かれ、140以上の国と30以上の国際機関が参加した。しかし、12月、イタリアは「一帯一路」から離脱した。

そのほか、7月にはトラック1.5レベルの「新興市場国家と発展途上国の発展協力北京フォーラム（EMDC）」が開かれた。9月、李希（中央政治局常務委員）がキューバで開かれたG77とG77＋中国の会議に出席、11月には李強がG20オンラ

インサミットで講演した。24年1月第19回非同盟運動サミットに劉国中（政治局委員、副首相）が出席している。

中央外事工作会議と駐外使節工作会議、外交の「法治」

23年12月に5年ぶりの中央外事工作会議が開かれた。中央政治局常務委員6名と国家副主席の韓正が出席し、習が演説、李強が司会をし、王毅が総括演説で締めくくった。会議では「有所作為（できることをする）」よりも積極的な「更有作為（もっとできることをする）」が強調された。これは、閉塞した状況を打破したい最高指導者の意向を反映した表現であろう。

同月、中央外事工作会議の終了後に駐外使節工作会議が開かれ、習が使節を接見し演説した。演説は、四つのポイント――使命感と党への忠誠、責任ある行動・創業者精神、闘争精神・国家利益の擁護、自己革命・厳格な党内統治――を強調した。蔡奇や王毅らが同席した。

党による「法治」は外交分野にも及び、23年6月28日、「対外関係法」が全人代常務委員会を通過した。23年11月27日の中央政治局会議は、「中国共産党領導外事工作条例」を審議した。内容は公表されていない。

各種理念と白書による外交活動

23年2月には外交部が「グローバル安全イニシアティブ概念文件」を公表した（「グローバルデータ安全イニシアティブ」は20年9月に提唱）。9月13日、外交部が「グローバルガバナンスの変革と建設に関する中国の方案」を発表した。同月26日、国務院新聞弁公室が「手を携えて人類運命共同体を構築：中国のイニシアティブと行動」白書を発表した。

10月、「一帯一路」白書が発表され、その後、同月中に開かれた「一帯一路」国際協力サミットフォーラムの開幕式における習近平演説で「グローバルAIガバナンスイニシアティブ」が提唱された。これらは、アメリカとは正面から対抗する姿勢を見せずに、主に「グローバルサウス」諸国との関係を中心に、安全保障、ガバナンスやAIの領域で、中国がリーダーシップを発揮しようとする内容となっている。

23年10月、サミットフォーラム後、外交部は「新時代中国の周辺外交政策展

望」を公表した。この文書はアジアや「グローバルサウス」との関係進展を強調している。先進国に替わる市場として重視する背景もあろう。11月には、「一帯一路」建設工作領導小組弁公室の名義で、「『一帯一路』共同建設の今後10年間の発展展望」が発表された。

（浅野亮）

軍事

対米核抑止に自信をつけつつある中国

　中国は、国務院新聞弁公室が2005年9月1日に発表した軍備管理・軍縮白書『中国の軍備管理、軍縮、不拡散の努力』において、公式に、核兵器の先制不使用と非核兵器保有国に対する核兵器の不使用を掲げ、核兵器の廃絶を支持している。この建前は現在に至るまで変わらない。例えば、22年10月18日、中国国連軍縮会議政府代表部の李松大使は国連総会において、「中国は、いかなる時、いかなる条件においても、核兵器の先制使用をしないこと、および非核兵器保有国または非核兵器保有地域に対する核兵器の使用または核兵器による威嚇を無条件に控えることを厳粛に約束した。中国は常に核戦力を国家の安全保障に必要な最小限の水準に維持し、他の核保有国との軍拡競争には関与していない」と主張した。

　しかし、こうした建前とは裏腹に、中国は不透明な形で急速に核弾頭の保有数・運用数を増加させ、核弾頭の種類を増やし、その運搬手段であるミサイルを次々に開発してきた。中国は新疆ウイグル自治区、内モンゴル自治区および甘粛省において大陸間弾道ミサイル（ICBM）サイロを建設している。21年5月には、建設中のICBMサイロが衛星画像でも確認され、内モンゴル自治区では、少なくとも100基以上のICBMサイロが確認されている。米国防総省の"Military and Security Developments Involving the People's Republic of China（以後、中国軍事力報告書）2022"は、中国が21年を通じて、国内に3カ所の固体燃料を用いたICBM用のサイロ建設を継続し、少なくとも300基のICBMサイロを運用することになるとしている。すでに保有するICBM発射機116基に建設中のサイ

ロ300基以上が加われば、中国のICBM発射機数は米国を上回る。

衛星画像で確認する限り、23年12月現在、すでにサイロの建設は完了しており、DF-41が装填している可能性も指摘されている。『中国軍事力報告書2023』は、「中国はおそらく22年に、少なくとも300基の新しいICBMサイロからなる三つの新しい固体燃料サイロ・フィールドの建設を完了し、少なくともいくつかのICBMをこれらのサイロに装填した。警報即発射（LOW）態勢に移行することで、中国の核戦力の平時の即応性を高めることを意図している」としている。

中国は、核弾頭数を増加し、多弾頭化されたICBMを開発し配備してきた。しかし、サイロを用いてICBMを運用するため、中国はさらに核弾頭の製造を加速している。『中国軍事力報告書2023』は「中国が2023年5月時点で500発以上の運用状態にある核弾頭を保有していると推定している」としている。21年の同報告書は、30年までに中国が1,000発以上の核弾頭を保有する可能性があるとし、22年の同報告書は、35年までに1,500発に達するとの見込みを示していた。

戦略爆撃機および戦略原潜の増強

核の三本柱は、ICBM、潜水艦発射弾道ミサイル（SLBM）、戦略爆撃機であると言われる。中国はICBMの能力を向上させる以外に、H-20戦略爆撃機を開発中である。同機は、米国のB-2およびB-21戦略爆撃機と同様の全翼機で、そっくりの形状をしているとされる。『中国軍事力報告書2019』は、「H-20は多くの第5世代技術を採用したステルス設計であり、少なくとも8,500キロメートルの航続距離、少なくとも10トンの積載量、通常兵器と核兵器の両方を使用できる能力といった特徴を持ち、今後10年以内に配備される可能性がある」と述べた。24年3月の両会（全国人民代表大会（全人代）および全国政治協商会議）において、中国空軍副司令員は香港の記者の質問に答え、H-20爆撃機はまもなく公開されるだろうと述べている。一方で、米国防総省内には、米国のB-21爆撃機の製造開始に対抗して近い将来に公開されるとしても、H-20爆撃機は技術的な問題を抱えており、要求される性能を発揮できないとの見方もある。

また、中国は、戦略核弾頭を搭載したSLBMを発射できる戦略原潜の開発に

も力を入れている。現在、中国人民解放軍海軍は、海南島の亜龍海軍基地に、6隻の094型・094A型戦略原潜を配備している。094型潜水艦は射程6,000-8,000キロメートルとされるJL-2ミサイルを搭載し、094A型潜水艦は射程12,000キロメートルとも14,000キロメートルとも言われるJL-3ミサイルを搭載している。もし、中国が主張するように、JL-3ミサイルの射程が14,000キロメートルだとすれば、094A型潜水艦が南シナ海から太平洋に出ることなく、搭載するJL-3ミサイルが米国東海岸を射程に収めることになる。中国が、ロシアにとってのオホーツク海同様、南シナ海を聖域化しようとし、米国が南シナ海における航行の自由を維持しようとするのは、中国の戦略原潜が米海軍等に探知されずに戦略パトロールを行い、対米核抑止の最終的な保障とする試みを中国が続けているからである。

　しかし、094型および094A型潜水艦の雑音は大きく、探知が容易であるとされる。そのため中国は、094A型潜水艦の船体とセイルの接続部分の形状を変更するなど静粛性の向上を図っているが、効果は十分でないと見られている。中国は、さらに、渤海造船所において新型の096型戦略原潜を建造中である。096型潜水艦には、ロシアの技術協力も得て、ウォータージェット推進装置や内部静音装置が採用される可能性も指摘されており、静粛性を飛躍的に向上させると考えられる。096型潜水艦は、094A型潜水艦同様、JL-3ミサイルを搭載するが、発射機数は094A型潜水艦の2倍の24基になり、攻撃能力が大幅に増大するとされる。中国の戦略原潜の静粛性が増し、米海軍および米国の同盟国等の海軍力が探知することが難しくなれば、中国の対米核抑止力が向上し、ロシアと同様、中国が核の恫喝を行いつつ、インド太平洋地域において武力行使に及ぶ可能性が高まると懸念されている。

台湾武力侵攻能力の増強

　中国が対米核抑止を確実なものにしたいと考えるのは、例えば、中国が台湾に武力侵攻する際などに米国が軍事介入しないようにするためである。中国は「台湾統一」を諦めず、軍事力の使用という手段を放棄していない。中国自身の軍備増強およびプーチン大統領によるウクライナ侵攻等の国際情勢の変化から、中

国が近い将来に台湾に武力侵攻するのではないかとの懸念が強まっている。24年3月に開かれた全人代において李強首相は『政府活動報告』の中で「平和統一」という表現を用いず、日本でも中国が武力侵攻を決意したのではないかとの懸念が聞かれた。

現段階で中国には大規模着上陸作戦を遂行する能力、特に陸軍兵力を海上輸送する能力が不足していると見られているが、中国は同作戦以外にも多くの軍事的選択肢を有している。例えば、ペロシ米下院議長（当時）の訪台に反発して22年8月に行った、台湾を包囲する形で実施した軍事演習のように、台湾周辺において海上封鎖および航空封鎖を行い、台湾に対する人および物資の輸送を遮断する等である。また、海底ケーブルを切断すれば、台湾は情報的にも孤立することになる。

台湾に対して海上封鎖や航空封鎖を実施する際には、多数の水上艦艇、潜水艦、戦闘機、哨戒機等が用いられる。例えば、台湾北部には強襲揚陸艦を中心とした艦隊が占位して台北の台湾政府に圧力をかけ、台湾東方海域には、太平洋を越えて来援する米海軍空母打撃群等を迎え撃ち、中国大陸からのミサイル攻撃では破壊が難しい台湾空軍基地を東側から空爆する能力を誇示するため、空母打撃群が占位すると考えられている。中国海軍は、22年6月に中国3隻目となる空母「福建」を進水させた。中国国営メディアは、23年末に同艦が埠頭を離れ、新しい装備であるカタパルトのデッド・ロード・テストを実施したこと、および24年5月1日に海上公試（航海試験）を開始するために出航したことを大々的に報じた。

中国海軍は、すでに「遼寧」および「山東」という空母を保有しているが、両艦ともカタパルトを装備しておらず、発艦を補助するためにスキー・ジャンプ台と呼ばれる形状の飛行甲板を有している。こうした構造のため、「遼寧」および「山東」が運用できる艦載航空機の数には制限があり、また、各艦載機が搭載できる燃料やミサイル等も制限される。これらに対して空母「福建」は電磁カタパルトを装備し、航空機運用能力が飛躍的に向上すると考えられる。空母「福建」には、新たに開発されたJ-35艦載戦闘機が搭載される。

一方で、電磁カタパルトは新しい技術であり、現段階で採用しているのは米海軍空母「ジェラルド・R・フォード」のみであり、中国海軍がこの新技術をどの程度

戦力化できるのか不明である。空母「福建」は、米海軍空母と同様の構造を持ち、満載排水量は80,000トンとされる。ただ、米海軍空母が4本のカタパルトを有するのに対し、空母「福建」のカタパルトは3本である。

　また、空母打撃群を構成する他の水上艦艇の建造も進んでいる。中国海軍はすでに140隻以上の主要な戦闘艦艇を有しているが、さらに隻数の増加と艦艇の大型化を進めている。中国海軍は満載排水量13,000トンとされる055型駆逐艦を、北部戦区海軍および南部戦区海軍においてそれぞれ4隻、計8隻運用している。同型艦は112セルのミサイル垂直発射装置（VLS）を中心に強力な攻撃力を持つ。しかし、同型艦が巨大な船体を有する理由は他にもある。同型艦は2015年初頭に建造を開始して以来、推進方式として統合電気推進を採用し、大電力を使用するレールガンや指向性エネルギー兵器を搭載すると言われていた。中国国営メディアは、19年1月初頭に、中国海軍が戦闘艦艇にレールガンを搭載する日は近いと報じた。その際、レールガンと見られる艦砲を搭載した、揚陸艦を改造した試験艦の映像が用いられている。

　055型駆逐艦の第一ロットの8隻は統合電気推進の採用に失敗したとも言われ、通常のガスタービン・エンジンによる推進システムと70口径130ミリ単装砲を搭載し、レールガンは搭載していない。055型駆逐艦は8隻で建造が止まっていたが、中国海軍は第二ロットの建造を開始しており、24年1月には055型駆逐艦の9番艦が進水し、10番艦も建造中である。9番艦以降は、055B型駆逐艦とも言われ、レールガンが搭載されるかどうかに注目が集まっている。

中国人民解放軍の動向

　中国の軍備増強の一部は上述のとおりであるが、中国人民解放軍の実力を測るには、武器装備品の数量や性能だけでなく、軍の指揮および士気に関する状況を理解する必要もある。

　23年は、人民解放軍ロケット軍に問題があることが明るみに出た年であった。同年7月31日、中央軍事委員会が上将昇任式を実施し、上将昇任者の中にロケット軍司令員・王厚斌とロケット軍政治委員・徐西盛の名前があったことから、1カ月以上、消息不明であったロケット軍元司令員の李玉超上将と元政治委員の徐

第3章　中　国

忠波上将が離職していたことが間接的に裏付けられた。李玉超は22年1月にロケット軍司令員に就任して1年半しか勤務しておらず、新たに司令員と政治委員に就任した2名はロケット軍での勤務経験がないことから、過去10年間で最大の予想外の軍指導部の人事であるとも言われる。

同年7月25日、「ロケット軍中将・元副司令員の呉国華同志が7月4日、病気のため北京で死去、66歳」と公表されたが、呉国華の元上司が死因は自殺であったと暴露した。翌月には、国防部スポークスマンが、初代ロケット軍司令員を務めた元国防部長・魏鳳和が腐敗によって調査を受けていることを示唆した。さらに、同年12月29日、14期全人代常務委員会第7回会議において、中央軍事委員会装備発展部、海軍、空軍、ロケット軍の全人代代表9名の軍人が全国人民代表大会代表の資格を剥奪された。9名のうち8名は、ロケット軍軍人または装備系の軍人であった。

ロケット軍高級将校の大規模な更迭の理由は汚職であるとも言われる。24年1月、米国メディアは、情報機関の話として、すべてではないにしても、中国の弾道ミサイルには燃料の代わりに水が注入されていると報じた。また、24年4月19日、情報支援部隊の設立式典が行われ、同時に戦略支援部隊の廃止が明らかになった。戦略支援部隊には、情報、システム、宇宙の三つの任務があったが、これらが分割された形である。この部隊再編もロケット軍の汚職に関連していると言われる。

ロケット軍の状況は、人民解放軍が、習近平氏が要求する「戦える軍隊」にはなっていないことを示唆している。中国の軍事的能力を理解するために、装備の能力に加え、指揮および士気の問題にも注視する必要がある。

（笹川平和財団上席フェロー　小原凡司）

香港

コモン・ローによる「法の支配」と「香港基本法」（香港のミニ憲法に相当）に明記された市民権が打ち砕かれ、「法による統治」の制度化が益々強化された1年であった。

2022年12月の全国人民代表大会常務委員会による解釈を受け、香港行政長官の許可がない外国人弁護士を「国家の安全に関わる裁判」に参加できなくする「弁護士条例改正案」を、立法会が全会一致で23年5月10日に可決した。改正後の5月29日、中国に批判的な論調で知られてきた香港紙『蘋果日報』（21年6月に廃刊）の創業者の黎智英（ジミー・ライ）の司法審査について、香港の裁判所は国家安全委員会の活動に管轄権を持っておらず、司法上の異議申し立ての対象ではないと却下された。また、英国籍を持つ黎智英は英国人権派弁護士ティモシー・オーエンを弁護人に指名していたが、国際弁護団が弁護人を務められなくなったことで、公正な裁判を受けられる可能性が消えてしまった（黎智英の国家安全維持法違反の裁判は23年12月18日に開始）。弁護士への信頼が揺らぐ一方で、7月12日には、刑事訴訟法が改正され、香港政府が陪審なしで国家安全保障維持法をめぐる高等法院（高等裁判所）の無罪判決について上訴できるようになった。

　香港政府と中国中央政府に批判的な民主派勢力を一掃するための選挙制度改革も進められた。李家超（ジョン・リー）行政長官は、5月2日、区議会（18区・定数470）の選挙制度改革案を公表した。それまで直接投票が主体であった区議会は、香港の民意を最も反映する場とされていた。しかし、直接選挙による議席数が452から88となり、立候補にあたり「愛国者による香港統治」の原則に基づく資格審査が必要となったことから、香港政府と中央政府に批判的な立場をとってきた民主派政党は候補者を擁立できなくなってしまった。民主派政党第2位（19年選挙で36議席）の「公民党」は、国家安全維持法施行以降党所属の立法会議員が相次いで資格を失効させられたり、逮捕・起訴されたりするなど大きな打撃を受けて活動の継続が難しくなったとして、5月27日、解散を公表した。「公民党」は弁護士や学者を中心に06年に創立されて以来、市民による直接選挙を訴えてきた政党であった。12月10日に実施された区議会議員選挙当日に有権者名簿を管理する電子システムが故障するなどで投票率は伸び悩み、直接選挙の投票率27.5％は、1997年の香港返還以降の7回の区議会選挙の中で最低となった（前回19年は71.2％）。

　言論の自由に対する規制は、香港においてだけではなかった。日本における日

第3章　中国

本語による香港人留学生のSNSにまで香港警察の取り締まりが及んだ。6月15日、香港の独立を扇動する投稿を公開した疑いで、18年から日本の大学に留学中の静婷が扇動罪で起訴された（身分証更新で同年3月に香港へ戻っていた際に国家安全保障維持法違反で拘束され、その後、扇動法違反に切り替えられて起訴された）。罪に問われたのはSNSに投稿した13件の文章や写真で、そのうち11件は日本滞在時の投稿（日本語での投稿を含む）であった。日本からの投稿には、19年に香港で大規模化した反政府デモのスローガン「光復香港　時代革命」（香港を取り戻そう、時代の革命だ）や「香港独立が唯一の道」「テロ組織共産党」といった文言などが含まれていた。香港の裁判所は、11月3日、「他の人がまねをしないように予防しなければならない」と静婷へ禁錮2カ月の実刑判決を言い渡した。判決では日本語での投稿について「日本語ができる香港市民ならば読んでわかる」とされており、中国外での中国語以外の言語による言論も「扇動行為」として認定されることが中国国内外に示されることになった。

　香港警察は国外に逃れた民主活動家の取り締まりを強化した。7月3日、香港警察は国外勢力との共謀や国家転覆を図った嫌疑で、中国政府が香港の自由と自治を弾圧していると訴え続けてきた羅冠聡（ネイサン・ロー）、郭鳳儀（アナ・クウォック）をはじめとする国際的に著名な民主活動家8人に逮捕状を発行し、逮捕と訴追に繋がる情報に金銭的報奨金（100万香港ドル）を与えると公表した。12月4日にも香港警察は国外で活動する5人の民主活動家に国家安全維持法違反嫌疑で指名手配し、懸賞金をかけたと発表した。

　7月18日には国務院が、同年1月に「国家安全維持公署」の署長から中央政府の香港出先機関「中央政府駐香港連絡弁公室」の主任に転じた鄭雁雄の後任として、国家安全部副部長の董経偉を任命したと発表した。董経偉が起用された背景には、同月7月1日に改正反スパイ法が施行された直後であったことから、また、24年3月の全国人民代表大会における活動報告で最高人民法院院長（中国の最高裁長官）の張軍が23年にスパイ罪で無期懲役となった香港出身の米国籍男性を名指しで例示しながら「敵対勢力の浸透、破壊、転覆、分裂活動」に厳格に対処する姿勢を強調していたことから、「改正反スパイ法」施行との関連が読み取れるであろう。

－127－

李家超は10月25日の施政方針演説で、「外部勢力による干渉」へ対抗するなど国家安全保障をさらに強化する必要から、24年に「国家安全条例」を制定すると公表した。国家安全条例とは、香港政府自身が国家反逆、分離、扇動、中国政府に対する破壊行為などを禁じる法律を制定するよう義務付けている香港基本法第23条の法制化である。立法会は、24年3月8日に提出された国家安全維持条例法案の審議を同日開始し、3月19日に全会一致でスピード可決した。国家安全条例は、3月23日付の官報に掲載され、同日施行された。同条例によって国家反逆、反乱、国家機密およびスパイ活動に関する犯罪、国家安全を脅かす妨害行為、国家安全を脅かす活動をする外部勢力と組織、の五つの領域が犯罪の対象とされ、処罰される可能性がある（最高で終身刑）。国家安全条例の犯罪行為の定義が曖昧なため、香港人のみならず外国の企業や組織へ及ぶ影響も懸念されている。

（駒澤大学教授／平和・安全保障研究所研究委員　三船恵美）

台湾

台湾選挙と中国の「選挙介入」

　2022年秋の第20回党大会以降、中国の対台湾政策は台湾海峡における「戦争」よりも「平和」を強調し、台湾との「融合発展」に向けた経済交流や人的交流を呼び掛ける統一戦線工作重視へと移行した。23年4月の蔡英文の外遊と米域内でのトランジットに対しても、中国は激しい軍事威嚇を行うのではなく、馬英九前総統を中国に招き、諸国との首脳外交を活発に展開することで、蔡英文政権に政治的攻勢をかけようとした。

　台湾における24年1月の総統・立法委員選挙に向けた選挙戦に対しても、中国は頼清徳・民進党陣営を見えにくいかたちで批判・妨害し、野党の統一候補擁立を促した。23年8月、頼清徳はグアテマラの大統領就任式に出席し、米国内でトランジットを行った。この外遊に対し、中国政府は一方で、頼清徳は「台湾海峡でのトラブルメーカー」だと抗議し、台湾海峡における統合軍事演習を行ったが、その規模は4月の演習よりもさらに小さかった。その後、野党統一候補擁立

への交渉が佳境に達していた秋頃に、民進党幹部の女性スキャンダル暴露が続いたり、無党派での出馬を模索していた郭台銘の企業に税務調査を行う旨を発表したりしたことは、中国政府の「選挙介入」だという確証はないものの、その可能性が高いと考えられた。

12月に入ると、台湾の里長らが中国大陸で接待を受け、「反浸透法」に抵触した可能性があることや、中国大陸からの気球が台湾海峡の中間線を越えて飛来しているという情報が相次いで報道された。また、選挙戦終盤の24年1月9日、中国で打ち上げられた衛星が台湾南部の上空（大気圏外）を通過し、台湾の国防部が防空警報を発表（英語版では衛星ではなくミサイルと誤記）する案件も生じた。このように、台湾の選挙戦には中国からの「選挙介入」の影があったが、今回の選挙では、そうした「介入」が効果を上げることも、中国に対する反発を高めるような「反作用」を引き起こすことも少なかった。

米国の「台湾独立反対」表明と台湾支援の継続

頼清徳当選と民進党政権継続の可能性に対して、習近平政権は米バイデン政権との対話によってリスクヘッジをしようとした。23年11月、習近平とバイデンは米カリフォルニアにて、約1年ぶりの米中首脳会談を行った。この会談に際しては、米国側は中国側に台湾海峡における中国の強行姿勢への懸念を繰り返し伝えていたと言われる。そうした懸念に対し、習近平は首脳会談において、27年や35年に台湾を軍事侵攻するような計画は存在しないと語ったと報じられた。

その後も米中の対話は続き、台湾総統選挙の投開票直前に、ブリンケン国務長官と劉建超・中共中央対外連絡部部長が会談し、台湾問題についても意見を交換した。頼清徳当選の結果が出ると、米政府は公式な祝賀メッセージを出したが、それとは別に所感を聞かれたバイデンは「台湾の独立を支持しない」と述べた。さらに、24年1月下旬の王毅＝サリバン会談（於バンコク）、2月の王毅＝ブリンケン会談（於ミュンヘン）、4月初旬の米中首脳電話会談、同下旬のブリンケン訪中いずれにおいても、中国外交部の公表記録によれば中国側は「台湾独立」への不支持を実践するよう求め、首脳電話会談を行ったバイデンと訪中したブリンケンは「台湾独立」不支持を表明したことになっている（米ホワイトハウス

や国務省の公表された記録には記載なし）。こうした経緯は、米中双方の台湾に対する基本的立場に変化はないが、米国が「台湾海峡の平和と安定」を求め、中国は「台湾独立」不支持の表明を求めるというパターンが米中間で形成されていることを示す。

　バイデン政権は武器売却を中心とする台湾への支援強化も緩めてはいない。同政権は台湾の選挙活動期間中に、30ミリ砲弾や車両の修理部品など4.4億米ドル相当（6月）、F-16戦闘機向け赤外線捜索追尾システムなど5億米ドル相当（8月）、C4能力維持のための装備や技術支援3億米ドル相当の売却を通知した。また、同政権は選挙後の24年2月にも、衛星利用測位システム（GPS）関連装置など7,500万米ドル相当の売却を通知した。そのほか、米議会においては、23年12月にバイデンが署名した国防権限法案に台湾軍の訓練などを支援する内容が盛り込まれた。また、24年4月末にバイデンが署名したウクライナ・イスラエル支援法案には台湾支援も盛り込まれ、米国の支出によって対台湾軍事支援がされることとなった。中国政府はこうした動向にその都度抗議し、対台湾武器売却に関わっている米国企業に対する制裁も行っている。

金門島周辺の海警パトロール常態化

　24年2月14日、金門島周辺の海域で台湾の海巡署の追跡を受けていた中国の三無船（船名、船舶証書、船籍港の登録いずれも持たない船舶）が沈没し、中国人乗組員4名のうち2名が死亡した。行政院大陸委員会はすぐに、三無船は中台間で協力して取り締まる対象であったこと、当局が設定する禁止水域に入った同船を海巡が追跡するなかで起きた事故であることなどを説明し、遺憾の意を表明した。しかし、数日後、福建省海警局は金門周辺を含む海域でパトロールを常態化すると発表し、国務院台湾事務弁公室は「いわゆる禁止水域や制限水域は元から存在しない」とする声明を発表した。

　2月19日以降、金門諸島および馬祖列島周辺の海域では、中国海警の公船によるパトロール活動が常態化した。また、一定の間隔を置いて、それらのうちの一部が「禁止水域」や「制限水域」に進入し、短時間で出ていくという行動も見られる。こうした中国海警の行動に対し、台湾側は離島の軍備増強などの措置は

－130－

第3章　中　国

採らず、海巡署によるパトロールや警告によって対応している。また、3月14日には別の中国漁船が金門島の近海で転覆し、6名の乗組員のうち2名が死亡する事故があったが、この時は中国海警と台湾の海巡署が合同で捜索や救助を行った。この事例から、当該海域では中国海警の現状変更を思わせるような行動が増え、台湾側もそれへの対応を迫られてはいるものの、現場の海上法執行機関同士の協力体制が損なわれている訳ではないことが分かる。

（法政大学教授／平和・安全保障研究所研究委員　福田円）

第4章　ロシア

概　観

　露・ウクライナ戦争は2年以上膠着したが、最近は露が占領地域やハリキウ州で攻勢に出、一方G7・欧米は対露制裁やウクライナ軍事支援を強化した。ロシアは、インド・太平洋地域でも米、英、仏などが日、豪、その他の国との連携を強化しているのに対し、「NATOのアジア拡大」だと警戒し、日本周辺や北方領土でも軍事力を強化している。

　国内政治では大統領選挙を実施、プーチンが得票率87.3%、投票率77.5%で当選。あと6年、12年統括する可能性が生じた。ただ、選挙では有力な対立候補を全て排除し、秘密投票もされていない。中央選管発表の数字の信頼性も低く、西側では選挙は単なる儀式か茶番とされている。ただ、1990年代の大混乱を経験した中高年世代は、何よりも安定を求め、実際に7割前後が彼を支持。しかし、若年層に支持者は少なく、有能な若者は国外移住する者も少なくない。

　対外政策では、ウクライナや同国を支援するG7やEUとの対決は、一世代は続く（ラブロフ外相）と見ている。つまり、新冷戦だ。中露は、米国やNATOのブロック支配に代る多極主義を主張するが、露自身が中、イラン、北鮮等とブロックを形成。また欧米間の離間策と、EU内の分裂を画策している。

　経済面では対露制裁で特に石油、天然ガスの輸出が低下。しかし軍需産業の推進で経済を保持している。地方の民族共和国は厳しい状態で、部分的動員応募者の多くも地方の貧困層だ。大都市の日常生活に大きな変化は生じていない。ただ、対露制裁は長期的に影響する。

　軍事面ではその強大さを誇るロシアだが、対ウクライナ戦争では、世界最貧国の北朝鮮に弾丸やミサイル等を乞う始末。24年の国防費は対前年比で約7割増加、歳出の半分が軍事費だ。ロシアが今最大の脅威と見ているのは、米・EU諸国がウクライナに供与する武器に関し、ロシア本土への攻撃への使用をこの5月末に許可したことだ。オランダ首相は、ウクライナはこれ迄「両手を後ろで縛られた状態」で戦っていたと述べた。

　日露、中露関係について。平和条約交渉もビザなし交流も拒否し、日本周辺や北方領土で軍備強化をし、日本を独立国ではなく米国の属国と見ているロシアにどう対応するか。日本としては独自の力を蓄え、何十年でも「4島の帰属問題の解決」を突き付ける覚悟が必要だ。中国はロシアのウクライナ侵攻には直接加担はしていないが、エネルギー貿易や和戦デュアルユースの機械や半導体等の貿易で、間接的にロシアに加担している。

　（青山学院大学・新潟県立大学名誉教授／平和・安全保障研究所評議員 袴田茂樹）

内政：愛国統制下で政権5期目がスタート

　ロシアのプーチン政権が2022年2月に開始したウクライナ侵攻は3年目に入り、ロシア軍はしだいに戦線を立て直し、23年後半から主導権を握って東部戦線で優位に立った。政権は国内経済を軍需主導経済に転換。ウクライナ軍が砲弾不足に陥る中、24年に入って支配地区を少しずつ広げていった。

　24年3月には大統領選が行われ、プーチン大統領は87.3％という過去最高得票で当選を決め、5月7日の就任式を経て5期目に入った。

　23年6月には、側近だったプリゴジン率いる民間軍事会社「ワグネル」の反乱が発生したが、ワグネル幹部はその後航空機事故で死亡した。反政府指導者、ナワリヌイも24年1月に獄死し、反体制運動はほぼ一掃された。プーチンは強権統治を一段と強化し、戦時体制を固めた。

茶番の「官製選挙」

　24年の大統領選は、リベラル派が排除され、出馬したのは与党・統一ロシアが推薦する無所属のプーチン（得票率87.3％）のほか、共産党のハリトノフ候補（4.3％）、「新しい人々」のダワンコフ候補（3.9％）、自民党のスルツキー候補（3.2％）の4人だった。

　ウクライナ侵攻を「致命的過ち」と非難した反戦派のナデジディン元下院議員は、推薦人集めに各地で行列が集まるほど人気が出たが、中央選管から推薦人名簿に不正があったとして出馬を却下された。投票所での選挙監視や記者の取材も制限され、従来以上の「官製選挙」となった。国営テレビはプーチンの活動や地方遊説を「公務」として放映し続け、他の候補は無視した。

　大統領選は3月17日までの3日間実施され、一部地域でオンライン投票が行われ、投票率は77％と高かった。選挙は占領下のウクライナ東・南部4州でも強行され、プーチンの得票率は90％前後と発表された。

　公務員らの強制投票や票の上積みなど不正も報告され、民間選挙監視団体「ゴロス」はプーチンの得票数のうち、約2,200万票が不正に上乗せされたとし、

「史上最大規模の操作」と批判した。

クレムリンは当初、プーチンの得票率80%、投票率70%を目標にしたが、結果はそれを上回った。プーチンは「国民は一つのチームになった」と述べて勝利宣言した。

大統領の任期は6年で、30年までの続投が可能。2000年に就任したプーチンが任期を全うすれば、スターリンを抜いて20世紀以降最長在任の指導者となる。

欧米のメディアは、「選挙は儀式」「無風の茶番劇」と批判したが、政権は国民の圧倒的支持を演出し、ウクライナ侵攻を「プーチンの戦争」から「ロシアの戦争」に格上げする狙いがあったようだ。

また、20年の憲法改正でプーチンの任期を2期12年にあえて延長したことから、政権は圧倒的信任を得たという大義名分を必要とした。

5期目の政権運営について、プーチンは2月29日の年次教書演説で、30年までの6年計画を公表。少子化対策やインフラ整備、先端技術の発展などを挙げ、「将来を見据えた、強力な主権国家」を目指すと強調した。

「プリゴジンの乱」の衝撃

盤石に見えるプーチン体制も、戦争の泥沼化で政権内部の軋轢もみられ、23年6月にはワグネル部隊が決起する「プリゴジンの乱」が発生した。

「プーチンの料理人」といわれたプリゴジンは1990年代に身を起こし、レストランや不動産、金融部門に進出。14年にはワグネルを創設して中東やアフリカに傭兵を送り、アフリカ資源の利権も確保して大富豪となった。

ウクライナ侵攻後は、民兵や囚人部隊を編成して参戦。犠牲を厭わない勇猛な戦闘ぶりや巧みなSNSの発信で、愛国者と人気を集めた。

しかし、軍がワグネルに十分な装備を与えず、大量の犠牲者を出したことから、プリゴジンはしだいに国防省批判を強めた。ウクライナ東部のバフムト攻略に成功したワグネルは6月23日、ショイグ国防相、ゲラシモフ参謀総長の退陣を要求して決起し、約1万人の部隊がロシア南部ロストフ・ナ・ドヌーの南部軍管区司令部を占拠した。

ワグネルはその後、国防相らの更迭を求めて首都モスクワへ進撃。戦車、装甲

第4章　ロシア

車両などが高速道路を約1,000キロメートル進み、妨害に飛来したロシア軍の航空機やヘリ7機を対空火砲で撃墜し、13人の死者が出た。プーチンはテレビ演説で、「裏切りであり、反逆行為だ」と非難した。

プーチン体制下では前代未聞の反乱事件となったが、ベラルーシのルカシェンコ大統領が仲介を務め、「部隊全員の罪を問わず、ワグネルはベラルーシに亡命する」ことで取引が成立。部隊は首都から200キロメートル地点で引き返した。その後、主力部隊はベラルーシに移動した。

反乱事件の経緯や収拾経過には謎が残るが、プリゴジンは決起前、「戦争の即時終結」を主張したり、「ウクライナは主権国家だ」と述べて戦争に疑問を投げかけたりしたほか、「エリートの堕落」も批判していた。南部軍管区司令部前には、ワグネルを支持する多数の市民が集まって声援を送った。

プリゴジンらはその後アフリカを歴訪するなど自由に行動していたが、2カ月後の8月23日、ワグネル幹部ら10人が乗ったビジネスジェット機がモスクワからサンクトペテルブルクに向かう途中で墜落し、プリゴジンらが全員死亡した。

米紙「ウォール・ストリート・ジャーナル」（23年12月22日）は、プーチン側近で強硬派のパトルシェフ安保会議書記が同機に爆弾を仕掛け、墜落させるよう情報機関に指示したと報じた。ワグネルは事実上解体され、プリゴジンの資産分割が進んだ。プリゴジンの死は、裏切り者を断罪するプーチン政権の確固たる意思を示した。

一方で、24年4月にはショイグ国防相の腹心、イワノフ国防次官が贈収賄容疑で逮捕された。独立系メディアは真の容疑は「国家反逆罪」と伝えており、政権や軍内部の不協和音を示唆した。

カリスマのナワリヌイが死去

プーチン政権はメディアを総動員した戦争プロパガンダや愛国主義教育を強化し、統制を強めた。戦時下での反体制派弾圧も容赦なかった。

極北の刑務所に収監されていたナワリヌイは24年2月16日、獄中で死亡した。刑務所当局によれば、「散歩後に気分が悪くなり、すぐ意識を失った」という。

ナワリヌイは20年、シベリアで活動中に化学兵器ノビチョクを盛られて重体に

−135−

なり、ドイツの病院で治療。21年1月に帰国した際空港で逮捕され、経済事件で有罪となった。ウクライナ侵攻に反対し、獄中から反戦運動を煽ったが、23年8月には過激行動の罪で禁錮19年に延長され、極北の刑務所に移送された。モスクワでの葬儀には数万の市民が集まり、追悼した。

死亡の詳しい経緯は明らかでなく、ドイツに居住する夫人のユリアは「夫は殺害された」と非難。「夫の遺志を継ぐ」と反プーチン運動を継承する意思を示した。その後訪米し、バイデン米大統領と会った。

動員力やカリスマ性を持つナワリヌイの死は、民主化運動にとって最大級の打撃だ。同の盟友だった野党政治家のヤシンは8年半の実刑判決。著名ジャーナリストのカラムルザも反逆罪で禁錮25年の刑を受けるなど、活動家はほぼ一掃された。

独立系メディア「プロエクト」（24年2月22日）は調査報道で、18年からのプーチン政権4期目に弾圧された市民は計116,000人以上で、うち11,442人が刑事事件で起訴され、105,000人が行政処分を受けたと伝えた。旧ソ連時代を通じて、スターリン時代に次ぐ規模という。

一方で、戦争長期化に伴い、不満や反戦機運も広がりつつある。

22年秋に動員された動員兵の妻らは早期帰還を要求して「プーチ・ダモイ」（家路）という組織を結成。会員は70,000人を超え、各地で集会を開いた。刑務所で志願した囚人兵が半年の従軍で無罪放免になるのに対し、動員兵は1年以上経っても帰還できないことに抗議した。

兵力増強を進める政権は、給与を増やして志願兵を集めているが、新たな動員は国民の反発を恐れて躊躇した。

24年初めの世論調査では、7割前後がウクライナ侵攻を支持する一方で、ほぼ同数が「大統領が停戦を進めるなら賛成する」と答えた。戦争長期化や社会の統制から、国民の閉塞感も強まっている。

（拓殖大学客員教授　名越健郎）

第4章　ロシア

経済 :「戦争もバターも」の二兎は追えず

　ロシア経済は、2022年には2.5％縮小し、23年初頭には多額の財政赤字（年間予算で予定した赤字額の約90％相当）を記録する等、危機的状況にあったが、年央のルーブル暴落を乗り切った後は、軍需景気、国際油価の上昇に支えられ、年間を通じては3.6％の成長を達成した。好況は24年も続いている。

　24年5月5期目に臨むプーチン大統領は、国民の生活水準およびインフラの飛躍的向上、そしてウクライナ戦争の完遂を打ち上げた。しかし、GDPの10％以上を国防・公安に向け（国家予算の約45％）、なおかつ生活水準・インフラの向上を図る政策は、資金、労働力等多くのボトルネックに遭遇して虻蜂取らず、かつ高率のインフレを呼ぶ結果に終わる可能性をはらんでいる。

マクロ経済

　23年GDPは3.6％の成長を示した。これは、国防支出の急増（24年は22年度の2.3倍、10.8兆ルーブルを予定）で軍需関連の投資・生産が増えたこと（全体の投資は13％、製造業生産が7.5％の増加）、好況で労働力が逼迫したために実質賃金が上昇（23年7月で7％弱）して消費を増やしたこと（年間で11％弱）が主要因で、一時的なものである。

　また24年3月の大統領選を意識して、住宅ローン、消費者ローンには利子率軽減のための政府補助金が継続されたことも、消費の増加を支えた。西側の制裁により、西側製乗用車は新車市場から姿を消したが（中国車が台頭している）、商店は並行輸入された西側商品、輸入代替の国産品、中国、トルコ等第三国製品であふれている。

　財政は、23年1月、年間予算で予定した赤字額の約90％に相当する2.5兆ルーブルもの赤字を出したが、これは兵器生産への前払いのためであったようで（平時は年度後半に後払い）、赤字は急速に減少し、23年を通じては対GDP比1.9％の水準にとどまった。

　政府・中銀（ロシア銀行）は23年前半、ルーブルのレート維持のための介入を

-137-

停止した。これには、ルーブル安を誘って、ルーブル建ての輸出収入を膨らませ、税収増で財政赤字を縮小させる目論見もあった。しかし年央には、原油価格低落でルーブルが1ドル100ルーブル以下に急落し、大統領選を前にインフレを激化させる可能性が出たため、ロシア銀行は金利を3.5ポイント引き上げて12％にするとともに（12月には18％）、政府は24年4月末までの一時的措置として輸出企業の外貨収入を強制的に吸収し、これを売却することでルーブルのレートを支えることとした。これにより23年後半、ルーブルは1ドル70ルーブル台で落ち着き、インフレ率も低下した。インフレは年間を通じて7.4％であった。

　以上の事柄は、24年第1四半期にも続いている好況は、ウクライナ戦争のもたらした戦争特需、大統領選を前にしての公的支出増という一時的な要因に基づくもので、経済が構造的に強化されたためではないことを示している。加えて、西側の制裁でロシア原油の価格が低く抑えられていること、EUへの天然ガス輸出が約4分の1の量に激減したことで、貿易黒字が戦争前の21年は1,973億ドルだったのが、23年には1,220億ドルへと減少していることは、石油・天然ガス輸出への依存度の高いロシアにとって、今後大きな懸念材料である。

西側の制裁を克服？

　以上の見せかけの好況で、プーチン大統領等ロシア指導部は、「ロシアは西側の制裁を克服した。ルーブルの実質購買力で計算すると、ロシアはドイツを抜いて欧州一の経済大国になった」と大口を叩いている。インフレが抑えられているため、国民も不満は表明していない。商品は豊富にあり、大都市でのナイト・ライフは賑わっている。ロシアへの禁輸品は、中国、トルコ、コーカサス・中央アジア諸国、湾岸諸国をトンネルにして、以前ほどの量はないものの入っている。西側諸国の制裁でロシアはSWIFTから締め出されたため、ドル、ユーロ等による決済が大きく制約されているが、中国との貿易を大きく増やし、ルーブル・人民元による決済を増やすことで、当面を凌いでいる。21年にはロシアの輸出の11-13％がルーブル、0.4％が人民元で決済されるに過ぎなかったが、23年9月現在、ロシアの輸出の40％がルーブル、33％が人民元で決済されている。特に中国には工作機械や汎用半導体等、兵器生産に不可欠な品目で依存度を高めている。ま

-138-

第4章　ロシア

た、石油・ガス輸出の代金のうちかなりの部分は海外で運用されており（22年ロシアの在外資産は1,070億ドルの純増）、これを使用して制裁くぐりをすることも可能であろう。

　しかし、制裁はロシアの経済を確実に弱めている。既述のように石油・ガスの輸出収入は低めに抑えられており、ドル・ユーロでの決済が難しいことは貿易の自由度を制約する。また、西側資本市場での起債も不可能になっている。精細半導体、量子コンピューター技術、AI等先端技術の入手量が限られていることは、ロシア経済をこれから加速度的に後れたものとしていくだろう。

　いくつか具体的な問題も指摘されている。ロシアは発電用ガス・タービンをシーメンス、GE等西側製のものに大きく依存しているが、制裁のために代替機・部品の購入が不可能になっている。また、ロシアの民間航空は70％以上を西側機材に依存しているが、制裁で点検サービスと部品を得られていない。このため、23年は遅延件数が44％増加している。農業・食品関係の機械・部品購入が難しくなったことも一因で、23年は卵が50％以上も値上がりし、年末にはトルコ、アゼルバイジャンから緊急輸入する羽目になっている。さらにテンサイ、ヒマワリで80％近く、トウモロコシ、大豆で50％近くの種子を西側から購入してきたため、制裁の影響でその生産にも問題が生じている。

　半導体不足で人工衛星の製作に支障が出ていることは以前から報じられており、これは戦場でのGPS使用に問題をもたらす。基本的な大砲の生産においてさえ、必要な高品質の鋼鉄、および砲身成形のための精密工作機械が国産できないため、数年で大砲が尽きる可能性が指摘されている。

大統領選の宴は終わるか

　プーチンは24年5月7日の第5期就任式において、国民の生活水準向上、インフラ建設に重点を置くと表明した。これは第4期の就任式で打ち上げた「ナショナル・プロジェクト」の仕上げを意味する。第4期はコロナ禍、次いでウクライナ戦争で阻害されたが、その前から「ナショナル・プロジェクト」は省庁間の予算分捕り合戦の対象となったことで進捗が大きく遅れていた。今回は軍も資金の取り合いに絡んでくるので、「ナショナル・プロジェクト」は益々、メリハリの効かないも

－139－

のとなるだろう。

　また政府は、戦争と国民生活向上の二兎を追うために、歳入を増やそうとしている。プーチン大統領はこの2年、ガスプロム等から多額の上納金を取り上げ、歳入の足しとしてきたが、23年末には法人税引き上げ、累進所得税の導入（これまで一律13％）について言及している。加えて住宅ローン、消費者ローンの利払いへの補助金、高金利で利払いに窮する大企業への補助金などが撤廃・縮小されると、景気を冷やすことになるだろう。法人税引き上げに対抗して、企業が収益を隠すようになると、ルーブル買い上げのためのドル資金を企業から得ることも難しくなって、ルーブルは恒常的に下落し、インフレを激化させる可能性もある。戦争もバターもという二兎を追う政策の末路である。

　またプーチンすら苦言を呈しているように、現在、撤退した西側企業の資産を接収する等様々な口実で、1990年代の企業民営化を覆し、再国有化しようとする動きが広がっている。24年3月、クラスノフ検事総長は、23年には合計資産価値総計1兆ルーブル以上の企業を再国有化したと誇らしげに報告している。電子工学、石油化学等の重要分野の企業をインターネットで結んで「ゴスプラン（ソ連時代の計画経済を仕切った国家計画経済委員会）2.0」を立ち上げることを提案する向きさえいる。

外交・軍事上の意味

　以上の次第で、ロシアの外交において経済力はますます使えないものとなっている。ロシアの外交で使えるものは、傭兵の派遣、原発の建設、原油・天然ガスおよび穀物の安値での供給程度であろう。以前は、戦闘機等の兵器の供与も可能だったが、現在はロシア自身が戦争中であるため、余裕がない。

　経済・技術力の不足は、兵器の生産にも響いている。これまでで3,000両近くも失ったとされる戦車の補充は容易でなく（平時の生産能力は年間100両程度だった）、またウクライナ軍のドローン攻撃に対処する能力が不十分であることから、ロシアは大規模な地上進攻作戦ができずにいる。ウクライナのドローン、巡航ミサイルによる攻撃は、ロシア領内の精油所、軍需工場に及んでおり、その被害はしだいに大きなものになりつつある。

火薬製造工場、大砲製造工場は増設中であるが、完成するまでに時間がかかる上に、その後もロシア特有の官僚主義に阻まれて十分な生産能力は発揮できないだろう。加えて砲弾は北朝鮮から大量に輸入しているし―中にはロシアの大砲の砲身を損傷するものもあると報じられる―、火薬原料のニトロセルロースも足りず、中国やトルコから輸入しているのである。

　以上、暗い予測を述べたが、IMFは24年ロシアの経済成長率を2.6％と予測している。11月米国大統領選挙でトランプが再選されれば、ロシア経済の先行きは明るくなるだろう。トランプが第1期のような「親ロシア」姿勢を示すかどうかは、米国世論の動向に大きくかかっているが、少なくとも「反イラン」の姿勢は明確に示すことだろう。これによってイランの原油は国際市場から再び締め出されて、油価の上昇を招き、ロシアにも利をもたらすだろう。

（Japan‐World Trends代表　河東哲夫）

対外政策

ウクライナとの関係

　まず、ロシアとウクライナの関係であるが、2022年2月24日の露軍のウクライナへの軍事侵攻以来、2年数カ月経つ。しかし、まだいかに決着が可能か、まったく先が読めない。24年6月15、16日にはスイスでロシアの参加無しでウクライナ平和会議も行われる。ロシアとウクライナの戦闘は今後数年あるいは10年以上長期化する可能性もある。最近では、24年5月、ハリキウ州再攻撃で露軍が多少優勢になった局面もあるが、執筆時点ではウクライナは戦意を失っておらず、首都キーウの占領は露軍自身も否定している。

　凄惨な戦闘は止めて取りあえず交渉（外交）により停戦（和平）合意、つまり政治的解決をという声は国際的にもロシア国内でも上がっている。プーチン自身もウクライナとの停戦（和平）合意には幾度も言及しているが、停戦交渉あるいは政治的解決に関してプーチンが当初に述べたロシア側の条件は撤回していない。その条件とは、「住民投票の結果、ロシア領だと法的にも決まったクリミア半島とウクライナ東南部の4州（ドネツク、ルハンスク、ザポロージャ、ヘルソン）の帰

属問題は、交渉のテーマにしない」というものだ。ロシアは、国際平和に最も大きな責任を負う国連常任理事国でありながら、自ら隣国領土の軍事占領をしてそれを「住民投票の結果」としている。

　ウクライナが戦闘を続けているのは、まさにその露軍の占領により生じた帰属問題に決着をつけるためだ。つまり、ウクライナ側は一方的な軍事占領は受け入れず、そのような条件を受諾する可能性はない。さらに、非武装・中立を求めるプーチン政権は、ウクライナで今日でも国民の7割前後の支持を受けて対露戦闘を続行しているゼレンスキー政権を「ネオ・ナチ」とし、また任期切れで正当性もないとして、真っ当な交渉相手と認めていない。24年5月20日にゼレンスキーの5年の任期が終了したが、国の何割かを不法占領された戦時下で、大統領選挙を行えるはずもない（24年3月に予定されていた大統領選は先送りされるとともに戒厳令が延長されたため当面留任となっている）。つまり、今のロシア・ウクライナ戦争は、外交や交渉では解決不可能な「原理的な二律背反」を内包している。皮肉だが、ロシアによる攻撃前にはウクライナは統一国家の体を成していなかった。ロシアからの攻撃を受けて初めて同国は真の国民国家になったと言えるかもしれない。

　ウクライナ東南部4州での戦況は、閉塞状態あるいは戦場によっては部分的にロシアがやや優勢だ。しかし黒海では、ミサイルや水上ドローンでの攻撃を続けているウクライナが優勢だ。22年4月にロシアの旗艦「モスクワ」が撃沈され、続いて約70隻の露黒海艦隊の3分の2が無力化され、露艦隊の母港セバストポリの露軍司令部もミサイル攻撃を受けた。現在、ロシアの軍艦はロシア南部で黒海に面するノボロシースクに拠点を移しており、ロシアは黒海の制海権も失っている。

他の「近い外国」との関係

　02年2月の露軍のウクライナ侵攻は、旧ソ連諸国に深刻な衝撃を与えた。特に、04年3月にNATOに加盟し、完全に「西側の一員」となったバルト三国は危機感を強めた。というのは、プーチン政権のウクライナ侵攻の背景には、NATOの東方拡大に対する強い被害者意識があるからだ。バルト三国はロシアの侵攻直後に、ポーランドを含め4カ国の首脳がキーウを訪問してゼレンスキー大統領

−142−

と会談し、バルト地域全体の連帯を伝えるとともに、国際社会にウクライナ支援を呼びかけた。ポーランドがバルト三国に同調したのは、同国はロシアの飛び地で露軍ミサイルも配備されているカリーニングラードとリトアニア双方に接しており、またカリーニングラードと親露的でロシアの戦術核も配備しているベラルーシ間は、わずか100キロメートルのスバウキ回廊（ポーランド・ベラルーシ国境線）が存在するだけで、この回廊を遮断すれば、NATO軍が陸路でバルト三国に入るのを遮断できるからだ。24年1月には、バルト三国の国防相会議で対露国境防衛が合意され、防壁の構築や国境通過検問所の閉鎖などが決められた。

　中央アジア諸国やコーカサス地方、モルドバなどの旧ソ連諸国も、ロシアに対しては複雑な関係を示している。特に興味深い状況を示したのは、モスクワでの24年5月8日のユーラシア経済同盟首脳会合と、翌日の対独戦勝記念日パレードへのCIS（独立国家共同体）諸国首脳の対応だ。

　ロシアがコーカサス諸国との関係に苦慮しているのは、ナゴルノカラバフとその周辺の領有をめぐるアルメニアとアゼルバイジャンの23年の戦争問題に関連がある。露軍やロシアが主導する集団安全保障条約機構（CSTO）軍が、平和維持軍として両国の境界に駐留しながら、戦争を抑止できずロシアと同じ東方正教会のアルメニアがイスラム教国家に敗北し、ロシアやCSTOの無力が露呈したからだ（なお、24年6月12日、アルメニアはCSTOからの脱退を宣言した）。アルメニアのパシニャン首相はロシアに強い不信感を抱きながらも、5月8日のモスクワでのユーラシア経済同盟首脳会議には出席し、翌9日の対独戦勝記念日には、中央アジア5カ国首脳が全員出席したにもかかわらず欠席した。ユーラシア経済同盟にはアゼルバイジャンは加盟しておらず、当然8日の首脳会議にアリエフ大統領は出席しなかったが、9日の戦勝記念日に彼は欠席した。ロシアはアゼルバイジャンにも武器輸出をしているが、西側ともエネルギー関係などが深い同国は、「親露国」との印象を世界に与えたくなかったのだ。

　コーカサスの主要国ジョージアでは、24年5月1日に、与党「ジョージアの夢」が推進するロシアに似た「外国の代理人法案」に反対する1万人以上のデモが行われた。このようなデモは一カ月以上続いていた。ジョージアは08年にロシアとの戦争で南オセチア自治州、アブハジア自治共和国を事実上奪われ、国民の反露意

識は相当強い。しかし現政権は「外国の代理人法」で反政府活動を禁止しようとしている。それ故この法案は、「ロシア法」「スパイ法」とも称されている。

　モルドバでは、露軍が駐留しモルドバ政府が実効支配していない沿ドニエストル共和国（未承認国家）と、ロシア人が多いのではないがモルドバ南部の親露的なガガウズ共和国が、ロシアの働きかけもあって最近ロシア寄りの姿勢を特に強めている。EU志向の強いサンドゥ大統領や言語的にも人種的にもルーマニアに近い多くのモルドバ人は、プーチン政権への反感を強めている。サンドゥ大統領は、CIS諸国の首脳中ではロシアに対して最も強い批判意識を有しているが、ロシアとはエネルギー、その他の経済関係もあり、断交まではしていない。しかしプーチンは、彼に背を向けてEU志向を強める彼女の「裏切り」を許すことはないだろう。

　中央アジア5カ国もロシアのウクライナ侵攻には強い衝撃を受けたが、当初はロシアの苦戦を見て、欧米との結びつきも同時に強化しようとした。特に歴史的にロシア人の多いカザフスタンのトカエフ大統領は、プーチン政権に強い警戒心を持っている。しかし同国は、G7や欧州諸国から経済制裁を受けているロシア貿易の抜け穴として、またロシア経済の下請けも引き受け、大きな経済利得も得ている。ロシアの政治介入に警戒心を抱いている他の中央アジア諸国も同じだ。したがって、5月9日の対独戦勝記念日には、中央アジアの全首脳がモスクワのパレードに出席した。5月7日に就任式を無事終え、少なくとも今後6年か12年、あるいは終身大統領になるかも知れないプーチンに背を向けたら、後が怖いからだ。彼らは、ワグネルのE・プリゴジンの例を出すまでもなく、プーチンが「裏切り」を決して忘れず許さないことを、熟知している。

欧米その他の地域との関係

　プーチン政権は、自分たちはウクライナと戦っているのではなく、その背後のG7や欧米、あるいはその操り人形と戦っていると見ている。それゆえ、対欧米政策では、米国と欧州の分断、欧州では親露的な右翼勢力支援で欧州の分断、さらにグローバル・サウスの親露政権支援を重視している。

　ロシアのウクライナ侵攻後の今日の状況を俯瞰すると、冷戦時とある共通の要素が見られる。それは、G7・西欧に対してロシア・中国・北朝鮮・イランの二陣営

が明確に対立していることだ。この対立の前者は今日でも自由・民主主義を掲げ、後者は専制・独裁国家である。「グローバル・サウス」と呼ばれる国家群は、冷戦時代には「第三世界」と呼ばれた。今日は、ソ連は分解しバルト三国が西欧と一体化し、ロシアの最大の誤算だが中立国フィンランドとスウェーデンもNATOに加盟した。そして、ウクライナ以外の他の旧ソ連諸国がロシアと微妙な立場を保持しており、ソ連と米国の対立が中心だった時代とは異なる。しかし、ソ連に代わり、中国が経済的にも政治的にもソ連をはるかに凌駕したので、自由・民主主義と共産主義のイデオロギー対立に代わって、自由・民主主義体制と専制・独裁体制の対立というパラダイムで世界を俯瞰すれば、新たな冷戦と言える。

　ただ、プーチン政権はその初期には、西欧の一員になろうとしていた頃があった。プーチン政権発足（00年5月）の頃、プーチンは「ロシアはアジアの国」と見られるのを嫌がった。それゆえ彼は、「ロシア人は極東にいてもヨーロッパ人だ」とさえ述べた。とはいえ彼はNATOの東方拡大には常に不安を抱いていた。1990年代のエリツィン時代の民主化・市場化政策は、ロシアに政治・経済・社会の大混乱をもたらした。それでもプーチンは当初は連邦構成主体知事の直接選挙など民主制度を引き継いだ。G7やNATOもプーチン政権の「欧州志向」と政治姿勢を歓迎し、1998年5月にはロシアを含めたG8会議が英バーミンガムで初めて開催された。いわゆる「関与（仲間に入れ協力する）政策」だ。02年5月に「NATO・ロシア理事会」が設立され、ロシアはNATO加盟国と対等のパートナーとされた。

　欧米や日本の政治家も知識人も、冷戦終了で質的に新しい国際関係が始まったと誤解した。米思想家のF・フクヤマは戦争と紛争の「歴史の終わり」を宣言し（1992）、米国のW・レオンチェフ教授は「冷戦は終わった。軍備支出は減らして経済などに振り向けられる。それが平和の配当だ」と述べた（1991）。ロシアはG8の一員になったものの、00年8月の沖縄G8サミットの際にプーチン大統領は、北京、平壌に寄って沖縄に来た。00年5月のプーチン就任頃は国際的エネルギー価格上昇で、ロシア経済は急速な回復に向かう。プーチン政権への対応に関して筆者は大統領選挙直後に次のように述べた。彼が90年代の混乱改善のため、法治国家確立を「法の独裁」と強い言葉で述べていた頃だ。

国際社会としても、ロシアの法治国家確立の努力は支持すべきだ。……もし警戒するとすれば、今後プーチン政権がその基本課題の枠を超えて、対外的にも危険な軍事国家になる時だ。もちろんその可能性は排除できず、もしその兆候が現れたなら、国際社会はあらゆるアプローチを通じてそれを阻止すべきだ。(袴田茂樹「プーチンの課題は『強い国家権力の確立』」、2000年4月号発行の『フォーサイト』より抜粋)

ただ当時の国際社会は対露「関与」政策の時代で、世界はまだ冷戦後のユーフォリアの中で「平和の配当」として軍備縮小に励んでいた。その後、ロシアの国民も指導部も国際エネルギー価格の急速な上昇と高止まりでロシアは2003-06年には大国としての自信を取り戻した。その状況下、プーチンは上からの「垂直統治」強化に励んでいた。西側諸国が最初にロシアに警戒心を抱いたのは、07年2月のミュンヘン安全保障会議でのプーチンの厳しい欧米批判後か、08年8月のジョージア戦争の後だった。しかし、翌年1月に成立した米オバマ政権が最初に掲げた対外政策は、何と米露関係の「リセット」、即ち関係改善だった。オバマはその年の10月にノーベル平和賞を受けた。つまり欧米や世界が、ロシアのジョージア侵攻を問題にしなかった。G7のこの対応が、14年3月の「クリミア併合」を招いた。そのちょうど一カ月後に、ロシアの著名な軍事専門家が、「NATOは張り子の虎ではなく石鹸の泡に過ぎない」と述べた。筆者は、G7(特に日本)や欧州のこの甘いプーチン政権認識こそが、今日の事態を招いたと思っている。

(袴田茂樹)

極東政策

日露関係

ウクライナ侵略によって、日露関係は第2次大戦後、最悪の状態が続いており、プーチン政権は各分野で日本への敵対的な行動を続けた。

最も重要な動きは、ロシア下院が5月26日、9月3日の「第二次世界大戦終結の日」を、「軍国主義日本に対する勝利と第2次世界大戦終結の日」に改称する法

案を可決したことだ。9月3日は、中国の「抗日戦勝記念日」にあたる。対露制裁を発動した日本を非友好国として敵視するロシアは、アジアにおける自由民主主義を主導する日本を、第二次大戦中の「軍国主義日本」と同一視する荒唐無稽なプロパガンダを続けており、中露が統一歩調をとったといえよう。

　日本国内ではあまり注目されなかったが、ロシアが不法占拠する北方領土で象徴的な出来事も起きた。2023年7月下旬以降、歯舞群島周辺海域で、貝殻島の灯台にロシア国旗に加え、十字架とイコンの設置が確認された。十字架とイコンはロシア正教会からロシア地理学会、ロシア太平洋艦隊に引き渡された。ロシア正教会はウクライナ侵略を全面的に支持し、プーチン政権の国民統合において重要な役割を果たしている。日本との係争地帯を実質的に管理するのは、KGB（ソ連国家保安委員会）の後継機関であるFSB（ロシア連邦保安庁）の国境警備局であり、今回の行動はプーチン政権中枢の方針に合致したものだと考えるべきだろう。貝殻島は根室半島の先端、納沙布岬からわずか3.7キロメートルに位置する。日本本土から最も近い北方領土である。ロシアによる貝殻島での示威行動は、住民が居住していない歯舞群島のたとえ一島でもロシアが引き渡しに応じることはないという強い意思表示にほかならない。

　第2次大戦での対ナチスドイツ戦（大祖国戦争）勝利の歴史的記憶を、国民統合の支柱とするプーチン政権にとって、北方領土（ロシア呼称・南クリール）は、極東戦線でソ連が「日本の軍国主義から解放」した、いわば神聖不可侵のロシアの領土という位置づけである。今後プーチンが何らかの理由で退場しても、ロシアナショナリズムに立脚する権威主義的な政権が続く限り、ロシアは北方領土の主権をめぐっていかなる対日譲歩を行う可能性も無きに等しいといえる点を強調しておきたい。

　一方、ロシアは北方四島交流事業にも関わる返還運動団体「北方領土復帰期成同盟」（札幌市）を24年2月5日、「望ましくない団体」に指定し、強硬姿勢を一段と鮮明にした。昨年、旧島民の団体「千島歯舞諸島居住者連盟（千島連盟）」が指定されてから二件目だ。ロシアでは「望ましくない団体」は事実上、法的に過激な団体と同義の位置づけであり、指定されるとロシア国内での活動が禁じられる。日本政府は外交ルートを通じてロシア側に抗議し、撤回を求めた。

－147－

岸田首相は、「北方領土の日」の24年2月7日、政府や関係団体が主催する「北方領土返還要求全国大会」の挨拶で、「ウクライナ侵略で日露関係は厳しい状況だが、領土問題を解決し平和条約を締結するという方針を堅持する」と宣言した。当面の対露交渉では、墓参のためのビザなし渡航を認める「北方墓参」など四島交流事業の早期再開が「最優先事項の一つ」であると強調した。

　岸田政権は、ウクライナ侵攻直後から米欧と歩調を合わせて広範な対露制裁を発動しているが、これと矛盾する政策も維持している。北方領土交渉推進を狙い、安倍晋三が16年に設けた「ロシア経済分野協力担当大臣」（露経済協力相）のポストが、ウクライナ侵略開始から2年3カ月以上経過している中でも存続している。自民党の一部や主要野党からも廃止論が根強いが、岸田首相は廃止も名称変更も頑なに拒否している。ロシアからの液化天然ガス（LNG）輸入も続ける中、ポストを一方的になくせば、LNG事業や北方領土墓参再開など、日本側の優先課題でロシア側を刺激しかねないと判断した可能性が大きい。

中露関係

　プーチンは5期目の大統領就任後、最初の外遊先に中国を選んだ。経済力でロシアを圧倒する中国を前年10月に続いて訪問し、中国の習近平国家主席と首脳会談を行ったことは、中露関係が中国主導となりつつある現状を如実に物語っていると言えそうだ。

　24年5月16日に北京の人民大会堂で行われたプーチンと習との首脳会談では、米欧主導の国際秩序に対して、中露が結束して対抗する姿勢を内外に誇示した。両首脳が署名した「新時代の全面的な戦略的協力パートナー関係の深化」に関する共同声明では、従来にも増して米国に対する批判を強めた。

　今回の首脳会談で特に注目されるのは台湾と日本に関する部分だ。ロシアは、台湾問題について「いかなる形態の『台湾独立』にも反対し、中国が主権と領土保全を守るための措置を支持する」と従来よりも中国側に歩み寄った。

　また、東京電力福島第一原子力発電所から海洋放出された処理水について、「核汚染水」という事実と異なる表現を用いて、「双方は深刻な懸念を表明する」と共同で対日批判を行った。日本政府が外交ルートを通じて双方に抗議した

-148-

第4章　ロシア

のは当然である。

　ウクライナ侵略戦争について、習は会談後の記者会見で「政治的解決」の必要性を強調した。プーチンが「問題解決へ向けた中国のイニシアチブ提示」に謝意を表したことから明らかなように、中国側は形式上は中立者として振舞いながら、侵略当事国であるロシアに対して批判的姿勢を示さず、実質的にロシアを擁護する姿勢に終始していると言える。プーチンは翌17日、中国東北部黒竜江省ハルピンを訪問し、「中露博覧会」開会式で中露のエネルギー貿易の意義を強調した。また「中国東北部を日本による占領から解放する戦いでソ連兵12,000人が戦死した」とも強調した。

　カート・キャンベル米国務副長官は習近平指導部の対露支援について「ロシアにあらゆる支援を裏で提供するための、継続的かつ総合的な取り組みを推進している」と指摘した。中国は米欧からの制裁を恐れ、殺傷能力がある兵器の輸出を避ける一方で、ニトロセルロースや工作機械、マイクロエレクトロニクス部品など、軍事転用可能な軍民両用（デュアルユース）物資のロシアへの輸出が急増しており、これがロシアの侵略戦争継続を可能にしているからだ。さらに、英当局の調査により殺傷能力のある武器供与疑惑も浮上し、波紋を広げている。

　ロシアは経済面でも中国依存を一層深めている。米欧日など民主主義諸国の対露制裁の影響を緩和するために決定的な役割を果たしているのが、中国との貿易量の大幅な増加である。中露貿易総額は2023年には、侵攻前の21年から63%増加し、2,400億ドルと過去最高に達した。ロシアから中国への液化石油ガス（LPG）の輸出は23年に800万トンと21年から77%増加した。

　一方、プーチン政権の世界戦略の中心となってきた基幹企業である政府系ガス企業「ガスプロム」の収益は、プーチン政権発足前の1999年以来の赤字に転落した。これはEU向けに比べ、中国向けの価格が低く抑えられたことが大きな要因であり、中国が主導権を握った現在の中露関係を象徴している。

北朝鮮

　北朝鮮の金正恩朝鮮労働党総書記はウクライナ侵略を大国ロシアと急接近する絶好の機会と捉え、侵攻直後から公然とロシアを支持してきたが、2023年

はソ連崩壊後、ロシアと北朝鮮が急速に関係を強化した年として歴史に刻まれるだろう。

核・ミサイル開発を続け孤立する極東の「ならずもの国家」、北朝鮮から提供される大量の砲弾が、世界有数の軍事大国であるロシアのウクライナ攻撃を支えるという状況が続いている。

金はロシアを訪問し、23年9月13日にロシア極東アムール州のボストーチヌイ宇宙基地でプーチンと会談した。金は対露関係を「最重視し発展させていく」と強調し、「戦略的協力と連帯を強化することで満足な見解の一致を見た」と発言した。ロシア側は詳しい会談内容を公表しなかったが、プーチンは、金正恩が「ロケット技術に大きな関心を示し、宇宙開発も進めようとしている」と会談前に述べ、北朝鮮の「人工衛星開発」を支援する考えを示した。ロシアがミサイル技術や潜水艦に関する技術など、北朝鮮が最も切望する軍事技術の供与について協議したことは確実である。

これに対し、韓国の尹錫悦大統領は9月20日の国連総会一般討論での演説で、ロシアと北朝鮮の軍事協力が北朝鮮の核・ミサイル技術の向上につながるとして「ウクライナのみならず韓国の平和と安全を脅かす」と強い懸念を表明し、国際社会に協力を求めた。

北朝鮮の狙い通り、国連安保理の対北制裁も形骸化している。24年3月28日、ロシアの拒否権行使によって、北朝鮮への制裁履行を監視する「専門家パネル」の任期を延長できなかった。1917年のレーニンによる共産主義革命以来、ロシアが再び「世界最大のならず者国家」となったことで両国の接近は必然的な動きといえよう。露朝の急接近によって、極東の安全保障環境は悪化の一途を辿っており、日本や米韓などの懸念が深まる一方である。

（東京新聞編集委員兼論説委員　常盤伸）

第4章　ロシア

軍事

軍事態勢全般

　ロシア連邦軍は、陸軍、海軍、航空宇宙軍の3軍種と、空挺軍、戦略ロケット軍の2独立兵科から構成される。このうち、最高司令部直轄の戦略核部隊（戦略ロケット軍、海軍の戦略原子力潜水艦、航空宇宙軍の戦略爆撃機）および空挺軍を除いた一般任務戦力（SON）は地域別の軍事行政区分である軍管区へ所属し、2010年以降は統合戦略コマンド（OSK）の資格を有する軍管区司令部によって、域内の陸海空軍が一元的に指揮される体制をとってきた。しかし、ウクライナ侵攻（ロシア側呼称「特別軍事作戦：SVO」）の長期化をうけて、23年以降はこれらの基本態勢にも変化が現れ始めた。

　従来、軍管区は西部、南部、中央、東部、北方艦隊の5つが置かれていたが、24年2月26日付の大統領令141号で西部軍管区および北方艦隊軍管区を廃した上で境界線を変更して、モスクワ軍管区およびレニングラード軍管区へと再編された。加えて、北カフカスおよびクリミア半島を担任する南部軍管区には、23年9月に「併合」を宣言した占領下ウクライナ4州（ドネツク、ルガンスク、ザポリージャ、ヘルソン）が新たな担任地域として「編入」された。一方、極東地域を担任する東部軍管区、沿ヴォルガ、ウラル、シベリア地域を担任する中央軍管区については特段の変更はない。

　また、軍管区再編に先立つ23年11月には、海軍の艦隊（北方、太平洋、黒海、バルト海の4艦隊およびカスピ小艦隊）がOSKの指揮から外れ、海軍総司令官直轄へと移管されたことが発表された。

　兵力の定数は23年12月1日発効の大統領令によって、文民を含む総定員2,209,130人、うち軍人1,320,000人と規定され、22年度の2,039,758人、うち軍人1,150,628人から約170,000人増加した。セルゲイ・ショイグ国防相は23年1月に発表した指針で軍人定員1,500,000人への増強を26年までに実現するとも述べていることから、定数は今後も段階的に増加していく可能性が高い。各軍種・独立兵科・その他の人員配分については以下表-1に示す。

−151−

表-1 ロシア連邦軍の構成と人員配分（推定）

軍種	陸軍（SV）	50万人
	海軍（VMF）	14万人
	航空宇宙軍（VKS）	16万5,000人
独立兵科	戦略ロケット軍（RVSN）	5万人
	空挺軍（VDV）	3万5,000人
その他	特殊作戦軍（SSO）	1,000人
	鉄道部隊（ZhDV）	2万9,000人
	指揮・支援要員	18万人

（出典）*The Military Balance 2024*, The International Institute for Strategic Studies, 2024

　その他、準軍事組織として大統領直轄の治安部隊である国家親衛軍（330,000人）、連邦保安庁（FSB）の国境警備隊（160,000人）および特殊任務部隊（4,000人）、連邦警護庁（FSO）の要人警護・警備部隊（4-5万人）が存在するが、23年8月4日付の連邦法第436号によって国家親衛軍に戦車や火砲といった重装備の保有が認められ、軍事機能が強化されつつある。

軍事・安全保障政策

　政策基本文書については、国家安全保障政策の指針を定める『ロシア連邦国家安全保障戦略』（21年改定）、同戦略の下位文書として軍事政策の詳細を規定する『ロシア連邦軍事ドクトリン』（14年改定）ともに変更なく維持されている。現行版の策定から10年が経過する『軍事ドクトリン』は現在の情勢にあわせた改定が予想されるが、現時点での動きは不明である。

　政策面では、23年3月にプーチン大統領はロシア国外に核兵器を配備しない従来の方針を転換してベラルーシへの戦術核配備方針を表明し、5月には両国の国防相が合意文書に調印した。7月にはベラルーシ領内に戦術核弾頭用特別貯蔵施設が完成し、ベラルーシのルカシェンコ大統領によれば10月までに核弾頭数十発の搬入を完了したとされる。

－152－

第4章　ロシア

人員充足および主要人事

　ロシア連邦軍の軍人は、義務兵役による徴兵（兵役期間12カ月）と志願兵である契約軍人（契約期間24カ月）、職業軍人たる将校で構成されてきた。22年9月に第2次世界大戦以来（ロシア連邦としては初）となる戦時動員（部分動員）が発動され、300,000人の予備役が招集されたが、以降表立っての追加動員は発令されていない。

　追加動員が見送られ続けている背景には世論の反発に加え、志願兵の獲得が比較的順調なこともあるとみられる。ショイグ国防相によれば23年中に過去最高水準の490,000人が志願兵または契約軍人として軍に入隊したとされ、定員増加と部隊の新編に応じて、契約軍人の数を24年末までに745,000人まで増加させるとの目標も示されている。

　23年度の徴兵数は277,000人（春季147,000人、秋季130,000人）で、前年度（254,500人）から20,000人強の増加となった。24年度の春季徴兵は150,000人で、定員増を受けて徴兵も増加傾向にある。なお、23年の秋季徴兵では「併合」したウクライナ4州も初めて対象となり、軍事行政面でも占領の既成事実化が進められつつある。また、徴兵対象者の年齢は従来18歳から27歳までとされていたが、24年より年齢上限が30歳へ引き上げられた。

　ウクライナ侵攻以降、軍管区・軍司令官級以下の将官人事は変動が激しくなっていたが、直近1年で中央の人事も慌ただしくなりつつある。

　24年5月にプーチン政権は通算5期目に入ったが、新内閣では12年以来11年半にわたって在任してきたショイグ国防相が安全保障会議書紀へ転出し、後任にアンドレイ・ベロウソフ第1副首相をあてる人事が発表された。ベロウソフは経済学者として経済発展相、経済政策担当大統領補佐官を務めた人物で、2001年就任のセルゲイ・イワノフ以来、4代続けて文民出身の国防相となる。軍務経験がない経済畑のベロウソフが新国防相に起用された背景には、戦争長期化に伴いロシアの経済・産業が軍需生産への傾斜を強めつつあること、第1副首相としてドローンの増産などイノベーション関連政策で実績を残していることなどが考えられる。

　他方、内務省、非常事態省、対外情報庁（SVR）、FSB、国家親衛軍庁といった国防省以外の治安・情報機関（いわゆる「力の省庁」）トップはいずれも留任した。

－153－

軍事支出

　ウクライナでの戦争と軍拡によって、ロシアの軍事支出はかつてなく膨張している。23年度当初の国防予算（連邦予算大項目02「国防」の充当額）は前年度比1.5兆ルーブル増の4兆9,816億ルーブルだったが、補正後（執行ベース）の支出額は1月〜9月の9ヶ月間だけでさらに1.4兆ルーブル増の6兆4,067億ルーブルへと膨らんだ。正確な年間支出総額は公表されていないが、ストックホルム国際平和研究所（SIPRI）の推計によれば23年度の総額は約9.3兆ルーブルとみられる。

　これが24年度当初予算では10兆7,754億ルーブルへと倍増し、従来最大の歳出項目であった社会保障費を初めて上回り連邦予算のおよそ三分の一が軍事支出となった。

　支出の詳細な内容は依然として不透明ながら、下院での審議時に公開された24年度国防予算の内訳を見ると、主に人件費や装備調達に充てられる項目（ロシア連邦軍）の3.3兆ルーブルに対して、「国防におけるその他の諸問題」が6.98兆ルーブル（うち非公開項目6.58兆ルーブル）と全体の6割以上を占めており、この大部分はウクライナでの戦費に充てられると推測される。

表-2　ロシア軍事支出の推移（一部推定）

	2021年	2022年	2023年	2024年	2025年(予定)
年度当初国防予算（ルーブル）	3兆3,814億	3兆5,020億	4兆9,816億	10兆7,754億	8兆5,341億
対連邦予算比	14.4%	14.8%	17.1%	29%	25%
総支出額(ルーブル)＝補正後国防支出＋準軍事組織支出	4兆8,590億	7兆1,500億(推定)	9兆9,300億(推定)	12兆7,652億(予算額)	10兆3,497億(予算額)
対GDP比	3.6%（対総支出）	4.7%（対総支出）	5.6%（対総支出）	7.1%（対予算）	5.4%（対予算）

（出典）*Julian Cooper, Another Budget for a Country at War: Military Expenditure in Russia's Federal Budget for 2024 and Beyond*, SIPRI, December 2023 ,（https://doi.org/10.55163/XROI1465）

第4章　ロシア

装備調達

　経済制裁下にあっても、ロシア軍需産業は軍の要求に応えて生産を大幅に拡大している。23年12月の国防省拡大幹部評議会でのショイグ国防相の報告によれば、武器弾薬の生産量は22年2月時点と比較して戦車5.6倍、歩兵戦闘車3.6倍、装甲兵員輸送車3.5倍、無人航空機16.8倍、砲弾17.5倍に達したという。当面前線で必要となる武器弾薬の補充が優先され、第5世代戦闘機、新型戦車といった次世代装備の調達は停滞している一方で、戦略核戦力の更新ペースは堅持され、装備近代化率95%を達成したとされる。

　また、戦場で大量に消費される弾薬やドローンの供給を補うべく、国内の生産強化と平行して外国からの調達にも注力している。軍用・民用の区別が困難な小型ドローンや半導体、電子部品といったいわゆるデュアルユース品の多くが中国から供給されていると指摘されるほか、武器弾薬の調達に関しては特に北朝鮮との協力が急速に進展した。

　北朝鮮からは旧ソ連共通規格の各種砲弾・ロケット弾等が供給されたとみられるほか、ロシア軍の既存装備とは互換性がない北朝鮮製短距離弾道ミサイル「火星11A（KN-23）」が実戦使用されたことも明らかになっており、生産コストが高い弾道ミサイル類の輸入調達も模索しているようだ。一方で、現場では北朝鮮製弾薬・ミサイルの性能や信頼性を疑問視する声もあり、イラン製の自爆突入型無人機「シャヘド131/136」のような本格導入に至るかは不透明である。

軍事活動

　22年2月に開始されたウクライナ侵攻は、収束の兆しが見えぬまま3年目へ突入した。両軍ともに決め手を欠く消耗戦の様相が続いているが、23年5月には前年夏以来の激戦地であるドンバス東部の要衝バフムトをロシア軍が占領した。

　バフムト攻略をめぐっては、主戦力を担った民間軍事会社ワグネルの指導者エフゲニー・プリゴジンが弾薬不足等を理由にショイグ国防相・ゲラシモフ参謀総長を公然と糾弾し、両者の確執が先鋭化した。国防省側は契約によってワグネルが正規軍の管轄下に入るよう求めたがプリゴジンは猛反発し、23年6月23日に武装反乱を開始するに至った。ワグネル反乱部隊は南部軍管区司令部が置か

−155−

れていたロストフ・ナ・ドヌー市街を占拠するとともにモスクワを目指して進軍したが、プーチン大統領の要請を受けたベラルーシのルカシェンコ大統領の仲介によって25日には反乱を中止した。交渉の結果、反乱部隊の法的責任を問わない代わりにプリゴジンはベラルーシへ出国し、ワグネルも同国へ拠点を移して存続すると発表されたが、8月23日にプリゴジンとワグネル幹部らが搭乗するプライベートジェット機が墜落して乗員乗客全員が死亡、指導部を失ったワグネルは組織として瓦解する結末を迎えた。

　他方、6月初旬には、NATO諸国から本格的な装備・訓練の支援を得たウクライナ軍による大規模な反転攻勢がザポリージャ方面を主軸に開始されたが、濃密な地雷原や重層的な塹壕など、ロシア軍が占領地に構築した周到な防御線に阻まれ頓挫した。23年秋ごろからはロシア側が攻勢に転じ、24年2月にはドネツク方面の重要拠点であったアウディーイウカがロシア軍に占領された。その後もロシア軍は勢いを保ち東部・南部の各地で前進を続け、5月には新たにハルキウ州北部でも攻勢を開始している。

　ロシア国内では、航空基地や軍需工場といった軍事インフラを標的に、ウクライナの長距離自爆ドローンを用いた攻撃や破壊工作とみられる爆発・火災等が散発的に発生しており、当局は警備や防空に神経を尖らせている。

　24年3月22日にはモスクワ郊外のコンサートホールで過激派組織「イスラム国（IS）」による無差別銃撃テロが発生し、ロシア国内では2004年のベスラン学校占拠事件以来最悪の市民145人が死亡する惨事となった。同テロについては米国等が事前に情報を得てロシア側へ警告していたとされるが、テロ対策にあたるFSBや国家親衛軍は犯行を未然に防ぐことができず、戦争を背景にした対欧米不信やリソースの不足による国内治安態勢の地盤沈下の感は否めない。

（軍事ライター　村田智洋）

第5章　朝鮮半島

概　観

　2024年4月10日、韓国総選挙が実施され、最大野党が過半数を得て勝利した。尹錫悦政権は、政権の後半も厳しい政局運営を迫られることになる。

　23年、日韓関係は、首脳会談が年7回開かれ、国民の交流も活発化するなど大きく改善した。総選挙与党敗北の影響があるといわれるものの、尹大統領は25年の日韓国交正常化60周年に向けてさらなる関係発展を目指す方針である。日韓がいかにその年を迎えるかが今後の関係の土台を作るうえで重要となるであろう。

　尹政権は、北朝鮮の核・ミサイルの脅威に対して、米国の核抑止力への関与拡大および米戦略アセットの「より目に見える形での配備」で対抗しようとしている。韓国は、米韓核協議グループ（NCG）を通じ、米国と核の運用に関する議論を深めてきた。24年中盤までに完成させる核戦略の運用と企画に関するガイドラインが注目される。トランプ大統領が米国の次期大統領になった場合、戦略アセットの展開等の経費を要求する可能性があり、米大統領選挙が重要な意味を持つ。尹政権では、韓国軍独自の3軸体系の強化のほか、朝鮮国連軍メンバー国との連携強化もみられた。

　北朝鮮は、23年も引き続き、朝鮮労働党第8回大会（21年）で打ち出した国防発展戦略に基づき、偵察衛星の打ち上げを始め、大陸間弾道ミサイル（ICBM）と極超音速ミサイルの固体燃料化や戦術核部隊の作戦運用訓練に取り組んだほか、戦術核搭載型に改修した潜水艦の一番艦を進水させた。

　対米関係では、拡大抑止の強化を盛り込んだ米韓「ワシントン宣言」の採択と、それに続く米韓核協議グループ（NCG）の稼働、米韓合同軍事演習の活発化や米戦略資産の朝鮮半島展開に強く反発し、ICBMの発射など対決姿勢を強めた。一方、ロシア・ウクライナ戦争が長期化する中、ロシアに砲弾やミサイルを供給し、ロシアとのさらなる関係緊密化を図った。また、中国との関係でも24年を「中朝親善年」に設定して中国から政治局常務委員を招請し、中朝関係の緊密化をアピールした。

　対日関係では、日朝首脳会談に応じる可能性を示唆しつつ、拉致問題と核問題で日本側の譲歩を促したが、日本側の変化を引き出すことはできず、対話拒否の姿勢を強調して揺さぶりをかけている。

　南北朝鮮関係では、韓国の尹政権が自由主義に立脚し、北朝鮮の人権問題に焦点を当てた新たな統一政策の策定に取り組む一方、北朝鮮は、韓国との統一を放棄し、韓国との関係を「同族関係」から「国対国」、「敵対国」の関係と再定義するなど、韓国との徹底した分離を図った。

（東京国際大学特命教授／平和・安全保障研究所研究委員　伊豆見元）

－157－

韓国（大韓民国）

総選挙で与党が敗北

　韓国では与党支持者、野党支持者、無党派がおおむね3割ずつで構成されており、選挙で過半数を得るためには無党派の支持をいかに得るかが重要となる。ゆえに選挙直前での無党派層からの評価が勝敗を左右し、選挙直前で失敗をした党が負けるといわれている。実際に2023年4月以降の約1年間、尹錫悦大統領および与党「国民の力」の支持率は30％、最大野党「共に民主党」の支持率および無党派層もそれぞれ30％でおおむね推移した。

　24年2月、最大野党の内部対立が表面化し、与党勝利の見方が多くなったが、選挙直前、与党は非常に厳しい局面に追いやられた。長引く物価上昇で国民の生活が苦しくなってきているにもかかわらず、尹大統領は3月18日に875ウォンの特別価格で売られている長ネギを合理的な価格だと発言したことが多くの国民の反発を買うこととなった。長ネギの市場価格は約3,000-4,000ウォンであり、その価格ではどこにも売られていないことを大統領が知らないことが明らかになり、国民の不満に火をつけたためである。野党は一斉に批判を展開した。最大野党の李在明（イ・ジェミョン）代表は、アルバイトを1時間してもリンゴ1個しか買えないなどと、物価高騰に反発する庶民の気持ちを代弁した。

　また、医師不足を解消するために大学医学部の定員を拡大すると韓国政府が発表したことをめぐり、当初国民は政府を支持したが、医師がストライキを実施し、政府は事態を収めることができず、医療危機が長期化し、状況は悪化の一途をたどった。

　さらにオーストラリア大使に任命された李鐘燮（イ・ジョンソプ）前国防部長官が海兵隊員の死亡に関する捜査に圧力をかけた疑惑に関して出国禁止命令を受けていたにもかかわらず、解除してオーストラリアに出国したため、最大野党代表は、前国防部長官がオーストラリアに逃走したとして批判した。

　3月26-28日に実施された韓国ギャラップによる世論調査では大統領の不支持が58％となった。理由の第1位には経済/民生/物価（23％）が掲げられてお

り、大統領の物価に関する発言は多くの国民の反感を買ったといわれている。医師不足の解消を求める声を受けて進めた医大定員増は、大統領を支持する理由の第1位（22％）となっていたが、一方的な政府の決定に反発した医師との対立を解消できず、医療危機の長期化とともに支持は下がり、選挙当日に近づくにつれて事態を収められないことへの批判が高まっていたとみられる。こうした状況を反映し、大統領を支持しない理由として、独断的／一方的（9％）、医大定員拡大（8％）、意思疎通不足（7％）、全般的に良くない（4％）、経験・資質不足／無能（4％）、人事（4％）が挙げられていた。

世論調査は、選挙直前に禁止期間が設けられるが、その間の野党による物価高騰批判キャンペーン、医療危機の長期化、駐オーストラリア大使をめぐる問題は、投票日が近付くにつれ、与党に不利に働いたとみられる。駐オーストラリア大使をめぐる問題は大使が突如帰国して、批判に耐えきれず辞任するという事態となった。

このような状況下で、24年4月10日韓国総選挙が実施され、国会全300議席のうち、与党「国民の力」が108議席、最大野党「共に民主党」が175議席、祖国革新党が12議席、その他5議席で最大野党が勝利した。韓悳洙（ハン・ドクス）首相や与党の選挙戦を率いた韓東勲（ハン・ドンフン）非常対策委員長が辞任を表明した。

与党はかろうじて3分の1の議席を守ったため、過半数を占める野党が法案を可決しても大統領が拒否権を行使することができる。しかし、少数与党のもとで今後も厳しい政権運営が続くとみられる。

日韓・日米韓の協力および交流の進展

23年3月16日に尹大統領が訪日し、5月7日には岸田首相が訪韓した。G20大阪サミット等の多国間会議参加のための訪問を除くと、両首脳が日韓首脳会談のために互いの国を訪問するのは約12年ぶりであった。5月19日、尹大統領がG7広島サミットに合わせて日本を訪問し、日韓首脳は21日に韓国人原爆犠牲者慰霊碑に祈りを捧げた。日韓首脳がそろって韓国人原爆犠牲者の慰霊碑を訪れたのは初めてであった。日韓首脳は、7月のリトアニアで開催されたNATO首脳会合、

8月の米国キャンプ・デービッドでの日米韓首脳会談、9月のインドで開催されたG20首脳サミット、11月の米サンフランシスコでのAPEC首脳会合も含めて年7回首脳会合を行った。

8月の首脳共同声明「キャンプ・デービッドの精神」において、日米韓の安全保障協力を新たな高みへと引き上げることが明記されたことを受け、日韓は米国とともに、合同訓練の領域拡大や北朝鮮の弾道ミサイルに関するリアルタイム情報共有、サイバー協力の強化を推進している。また、同声明において、自由で開かれたインド太平洋という共通の目的が明記されたことを受け、韓国はインド太平洋地域においても日米とさらに連携を強化するなど、戦略的視野を広げている。

日韓防衛当局間では、18年12月に発生した韓国海軍艦艇による火器管制レーダー照射事案に関して、23年の日韓防衛相会談において再発防止のための協議の加速化で合意し、24年6月、海上幕僚長と韓国海軍参謀総長が、双方の艦艇・航空機間の通信手続きや中央レベルの意思疎通の要領を含む文書に署名した。

23年は国民レベルでも交流が進み、両国の往来者数が927万人に増加した。これは感染拡大前の18年の1,049万人に迫る勢いで国民の交流が活発化していることを意味している。新型コロナウイルス感染拡大によって21年は約3万人、22年は約131万人に留まっていた。韓国では、前政権期に日本旅行商品や日本製品の不買運動をする「ノー・ジャパン」が叫ばれたが、現在は日本旅行、食文化、アニメーション等幅広い人気があり、「イエス・ジャパン現象」と言われるようになった。

日本との協力を国民に訴える尹大統領

韓国大統領は、日本の植民地支配からの解放を祝う8月15日の演説および独立運動を称える3月1日（3.1節）の演説において毎年日本に批判的な演説を行うことが多かった。しかし、尹大統領は日本に対する批判に言及せず、日本との協力の必要性を国民に訴えることが特徴となっている。

尹大統領は、24年の3.1節の式典において、当時の独立宣言書が「独立が日韓両国がともに豊かに暮らす道であり、理解と共感を土台に新しい世界を開いていくことを要求」していたことに言及しつつ、今両国がそのように進んでいるとして、当時の考えと矛盾しないことを示した。そして今の日本は「自由、人権、法の

第5章　朝鮮半島

支配の価値を共有し、共通の利益を追求し、世界の平和と繁栄のために協力するパートナーとなった」と述べ、「来年（25年）の韓日修交正常化60周年を機に、より生産的かつ建設的な両国関係へと飛躍すること」への期待を表明した。さらに「3.1運動は、皆が自由と豊かさを享受する統一によってようやく完結する」と述べ、3.1運動が日本に対する反日運動というより、統一まで含むものであるという見方を提示した。

米韓による核協議の進展

　米韓両国は23年4月の米韓首脳会談で発表された「ワシントン宣言」において、韓米核協議グループ（NCG）を新設することで合意した。これに基づき、米韓は7月18日、ソウルにおいて第1回NCG会議を開催した。同会議において両国は、米国と同盟国に対する北朝鮮のいかなる核攻撃も北朝鮮の政権の終末をもたらし、韓国に対するいかなる核攻撃も「即刻的、圧倒的、決定的対応に直面する」ことを強調した。また、両国は、米国の最高機密である核兵器に関する情報をいかに保護し、共有するかについて話し合ったほか、危機が迫った際や実際に戦争になった際の核兵器に関する協議や意思疎通をどのように行うか、核に関する戦略・政策等の企画・作戦・演習・シミュレーション、訓練をどうするか、これらに資金や労力をいかに協力して分担していくかについて協議した。さらに両国は、米国の核兵器を搭載可能な原子力潜水艦、戦略爆撃機、米空母等のいわゆる核戦略アセットの活動を韓国軍がいかに支援するかに関して共同で企画・実行していくことについて協議した。そして、米韓は「米戦略アセットの朝鮮半島周辺へのより目に見える形での配備」について協議した。

　続いて、米韓は23年12月15日、第2回核協議グループ（NCG）会議をワシントンで開催した。同会議では、核戦略の企画と運用に関するガイドラインを24年中盤までに完成させることで合意した。同ガイドラインは、第1回から話し合ってきた内容が盛り込まれる予定である。

米戦略アセットの朝鮮半島展開

　尹大統領は北朝鮮による核・ミサイルの脅威に対して「力による平和」を実現

−161−

する一つの手段として、米戦略アセットの朝鮮半島展開を重視している。第1回NCGで協議された「米戦略アセットの朝鮮半島周辺へのより目に見える形での配置」のため、米戦略アセットの朝鮮半島展開が目立つようになっている。

23年7月18日、戦略原子力潜水艦「ケンタッキー」が釜山に入港した。戦略核兵器を搭載した原子力潜水艦の行動が公開されるのは異例であり、韓国入港は1981年以来42年ぶりである。尹大統領は19日、同潜水艦に乗艦し、戦略原子力潜水艦の指揮統制室、ミサイル統制室、ミサイル格納庫等を視察し、戦略原子力潜水艦の能力について説明を受けた。韓国大統領室の発表によると、米戦略原子力潜水艦の視察は、海外の首脳としては初めてである。視察は強固な米韓同盟を基盤とする「力による平和」を具現しようとする尹大統領の意思に基づき計画されたと韓国大統領室は述べている。大統領室は大統領が「米国の最も重要な核戦略アセットを直接見て、安心した」「北朝鮮の核の脅威に対する米韓の対応能力に自信を見せた」「（潜水艦視察は）意義深く、心強い」と発表して、「力」によって北朝鮮の核の脅威に対応できることを国民にアピールした。また、大統領は「北朝鮮が核の挑発を夢にも思えないようにし、もし北朝鮮が挑発をするのであれば、政権の終末に繋がる」と北朝鮮に警告した。そして「今後もNCGおよび戦略アセットを定期的に展開させて北朝鮮の核・ミサイル脅威に圧倒的かつ決然と対応していく」とし、米戦略アセットの朝鮮半島展開を推進していく方針を明らかにした。

米韓は23年1月から8月までに米戦略爆撃機を動員した訓練を10回実施したほか、これまで定期的に朝鮮半島周辺において日米韓3カ国による戦略爆撃機を含む訓練等を実施している。その中には特徴的なものもみられた。10月17日、核兵器を搭載することが可能な米戦略爆撃機B-52が国際的な兵器展示会「ソウルADEX2023」の開幕式で上空を飛行した後、韓国空軍基地に着陸した。B-52が朝鮮半島を飛行したことはあるが、着陸は初めてである。12月20日には、米戦略爆撃機B1Bが朝鮮半島周辺に飛来し、日本および韓国空軍との訓練を実施した。この訓練は18日に行われた北朝鮮のICBM発射に対抗する意味合いが大きいと言われている。

24年4月2日にも、北朝鮮が極超音速ミサイル「火星砲-16ナ」型を発射したこと

-162-

第5章　朝鮮半島

を受けて、B-52や日米韓の戦闘機が済州島南方にて訓練を実施し、その映像を公開した。この際には、核兵器搭載可能なロシアの戦略爆撃機TU-95も日本海において訓練を実施し、訓練映像を公開した。日米韓の動きを牽制する動きと受け止められた。

朝鮮国連軍司令部との連携強化

　23年11月14日、韓国は「韓・国連軍司令部参加国国防長官会議」を初めて開催した。会議には、米韓安保協議会議（SCM）参加のために訪韓していたオースティン米国防部長官のほか、オーストラリア国防産業大臣、タイ軍総司令官、フィリピン国防次官、ベルギー、カナダ、デンマーク、フランス、ギリシャ、イタリア、オランダ、ニュージーランド、ノルウェー、フィリピン、トルコ、英国大使および南アフリカ政務参事官が参加した。会議では、北朝鮮の核・ミサイル開発を糾弾し、朝鮮半島において武力攻撃が発生する場合、共同で対応することを宣言したほか、米韓同盟と朝鮮国連軍司令部参加国の連合演習と訓練を活性化することや朝鮮国連軍司令部参加国を拡大することで合意した。新たな参加国としてはドイツが参加する可能性があると報じられている。尹大統領は朝鮮国連軍司令部が「大韓民国を防衛する強力な力の源泉」であるとして、同会議を定例化し、国連軍司令部参加国との協力を拡大していく方針である。

訓練を拡大させる米韓連合軍

　米韓連合軍は、文在寅前政権が北朝鮮との対話や新型コロナウイルス感染拡大の影響により連合演習を縮小していたことと比べて、連合演習を大規模に実施する傾向にあり、演習期間中の野外機動訓練の規模、参加国数、訓練領域（宇宙・サイバー等）を拡大させている。

　米韓連合軍は、23年8月21日から31日まで、連合演習「ウルチ・フリーダム・シールド」を実施した。規模は明らかにされていないものの、これまでの米韓連合演習よりも大きく、太平洋地域で行われる演習としては最大であると米韓当局は14日に発表した。同演習期間中の野外機動訓練は昨年よりもかなり増加したといわれる。また、米韓だけでなくオーストラリア、カナダ、フランス、英国、ギリ

-163-

シャ、イタリア、ニュージーランド、フィリピン、タイ等の朝鮮国連軍司令部参加国が参加した。訓練内容について詳細は明らかにされていないが、高度化する北朝鮮の核およびミサイルの脅威だけでなく、ウクライナ戦争での実際の戦争シナリオを訓練に反映しているといい、宇宙・サイバー・情報領域が含まれ、米宇宙軍も初めて参加した。8月30日には、戦略爆撃機B-1Bが黄海で韓国空軍と演習を実施した。

　また、米韓は24年3月4日から14日までの11日間、連合演習「フリーダム・シールド」を実施した。野外機動訓練は「ウルチ・フリーダム・シールド」の際よりもさらに倍増したといわれる。12カ国の朝鮮国連軍司令部参加国が兵力を派遣した。ただし、北朝鮮が反発する米韓両海兵隊による上陸訓練「双竜訓練」は、米海兵隊が海外での演習に参加しているため、夏季の「ウルチ・フリーダム・シールド」に延期された。また、演習期間中、米戦略爆撃機、原子力潜水艦等の戦略アセットが朝鮮半島周辺に展開したとの発表はなかった。

3軸体系にて北朝鮮核・ミサイルに対応

　韓国は北朝鮮の核・ミサイルの脅威に対応するため、韓国型3軸体系を構築・発展させている。韓国型3軸体系は、①キル・チェーン、②韓国型ミサイル防衛、③大量膺懲報復（KMPR）で構成される。

　「キル・チェーン」は、韓国国防部によると「北朝鮮の核・ミサイル関連の指揮・発射・支援システム、移動式発射台などの核心標的を迅速・正確に探知し、使用の兆候が明らかな場合、発射前に除去する攻撃体系であり、これにより『拒否的抑止』の概念を具現化する」というものである。「韓国型ミサイル防衛」は、探知・警報・迎撃により被害を最小化しようとするものである。「大量膺懲報復」は、北朝鮮が大量破壊兵器を使用した場合、「高威力・超精密打撃能力等の圧倒的打撃力により、戦争指導部と核心施設を膺懲報復する体系」であり、各種ミサイルだけでなく、特殊部隊による作戦も含まれている。韓国軍は特殊戦部隊の空中からの襲撃能力を向上するため、輸送機C-130Hの性能を改良するほか、特殊作戦用大型ヘリの確保を推進する。

独自の偵察能力の構築

　韓国軍の3軸体系を構築するために必要なものが独自の偵察能力である。韓国軍は現在、北朝鮮全土における核・ミサイル関連活動の早期把握のため、独自の偵察能力を構築するための超小型衛星、軍偵察衛星、中高度偵察用無人航空機の開発・配備を進めている。

　2023年12月2日、韓国軍は軍偵察衛星1号機を米バンデンバーグ宇宙軍基地からスペースX社のファルコン9ロケットにて打ち上げて成功した。24年4月8日には、2号機が打ち上げられた。これにより、韓国軍は軍事偵察衛星による昼夜、全天候の偵察能力を最低限備えたこととなる。

　また、多数の超小型衛星を打ち上げていくことで、よりリアルタイムで北朝鮮の監視体制を構築していく予定である。超小型衛星1号機の打ち上げは、ニュージーランドにおいて米ロケット・ラボ社によって24年4月に打ち上げられたが、以降は27年までに10基を韓国独自のロケットである「ヌリ号」にて打ち上げる計画である。超小型衛星は100キログラム以下で解像度は約1メートルである。

　中高度偵察用無人機は生産・実戦配備を進めている段階である。画像情報だけでなく、電波情報の収集にも利用される。

向上する韓国軍のミサイル能力

　「大量膺懲報復」を実現するためのミサイル開発と関連して、23年12月28日、申源湜（シン・ウォンシク）国防部長官は、記者との懇談会において、弾道ミサイル「玄武（ヒョンム）4」および「玄武5」の試験に成功したのかを問われ「超精密（玄武4）・高威力（玄武5）ミサイルは成功裏に試験を終えた」と明らかにした。また、長官は「戦力化（実戦配備）の時期は秘密であるため公開することはできない」としつつも、計画された日程にしたがって実戦配備されると述べた。

　「玄武4」は、長官が「超精密」と呼んでいることから、その精度を特徴とするミサイルと考えているとみられるが、弾頭重量も大きく、その弾頭重量は2トン、射程距離は800キロメートルといわれる。「玄武5」は、同じく長官の発言から「高威力」にその特徴があり、弾頭重量が8トンのものは射程距離300キロメートル、6トンのものは600キロメートル飛翔するといわれている。

韓国は北朝鮮が大量破壊兵器を使用した場合、「高威力・超精密打撃能力等の圧倒的打撃力により、戦争指導部と核心施設を膺懲報復する」方針であるが、ここでいう「高威力・超精密打撃能力」とは、長官の発言に鑑みると、これらのミサイルを指すとみられ、「大量膺懲報復」のための体制は近く完成するものとみられる。

　24年1月12日、韓国軍は近距離弾道ミサイルの開発に成功した。「戦術地対地誘導武器KTSSM－I改良型（KTSSM-II）」と呼ばれる同ミサイルは、射程が180キロメートルから300キロメートルに延伸され、貫通力を高め、敵の地下陣地等を破壊することが可能である。また、多連装ロケット「天籟（チョンム）」の移動式発射台からの発射が可能になり、「天籟」輸入国のUAEおよびポーランドへの輸出が期待されている。

表1：韓国が保有する主なミサイル

玄武1		180キロメートル	弾道ミサイル
玄武2	a	300キロメートル	弾道ミサイル
	b	500キロメートル	
	c	800キロメートル	
玄武3	a	500キロメートル	巡航ミサイル（地対地）
	b	1,000キロメートル	
	c	1,500キロメートル	
玄武4		800キロメートル 弾頭2トン以上	弾道ミサイル
玄武5		300km、弾頭8トン 600km、弾頭6トン	弾道ミサイル
KTSSM		120-300キロメートル	弾道ミサイル
海星2		1,000キロメートル	巡航ミサイル（艦対地）
海星3		1,000キロメートル	巡航ミサイル（潜対地）
タウルス		500キロメートル	巡航ミサイル（空対地）

※ KTSSM:韓国型戦術地対地ミサイル　※ 聯合ニュース等による

ミサイル防衛体制の構築

　韓国軍は、すでに完了している弾道弾早期警報レーダーおよびイージス艦の配備に加え、正祖大王（チョンジョデワン）艦級イージス艦の計3隻の配備を進めている。正祖大王艦級イージス艦は、既存の世宗大王（セジョンデワン）級イージス艦（3隻保有）に比べ、弾道ミサイル探知・追跡能力が向上し、弾道ミサイルを迎撃するSM-3を搭載する予定である。

　また、すでに配備されているペトリオット性能改良、独自の中距離地対空ミサイル（M−SAM）性能改良によって低層でのミサイル迎撃能力を向上させるほか、2028年までの長距離地対空ミサイルL-SAMの開発を進めている。さらに北朝鮮の長距離ロケットを迎撃するための長射程砲迎撃システム（韓国型アイアンドーム）の開発を進める予定である。

2024年国防予算

　24年国防予算は、前年比4.2％増の59兆4,244億ウォンとなった。北朝鮮の核・ミサイルの脅威に対抗するための韓国型3軸体系および無人機対応能力を確保するための予算が多く配分された。

　韓国軍は無人機に対する対応のため、電波かく乱等のソフトキル能力およびレーザーを用いたハードキル能力のほか、サイバー対応能力、停電爆弾、電子戦遂行能力の向上を目指している。また、「国防AIセンター」を24年に創設して26年までに1,000人のAI専門人材を養成する。

　また、少子化が深刻化する中で、軍将校を安定的に確保するため、学軍団候補生（ROTC）の自己負担金20％をなくして全額支援とし、支援金も約3倍の年間180万ウォンに増額した。兵士の当直手当の増加、外食支援の推進など兵士の勤務環境改善にも力を入れている。韓国軍は兵士たちの食事、宿舎の質の改善、給与の増額を進めており、かつて劣悪であった兵士の生活環境は大きく改善した。

図1：韓国の国防予算

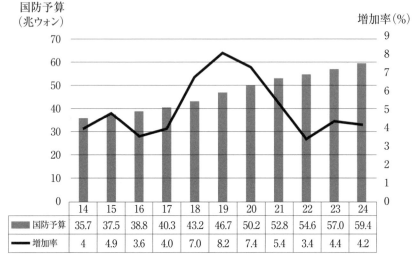

（防衛省　平田悟）

北朝鮮（朝鮮民主主義人民共和国）

内政

憲法を改正し、「核保有国の地位」「核兵器高度化」を明記

　北朝鮮は、2023年9月の最高人民会議第14期第9回会議において、憲法の国防に関する二つの条項を改正した。

　このうち、国防の基本的体系を定めた第58条では、従前の「朝鮮民主主義人民共和国は、全人民的、全国家的防衛体系に依拠する」との一文に続き、「朝鮮民主主義人民共和国は、責任的な核保有国であり、国の生存権と発展権を担保し、戦争を抑止し、地域と世界の平和と安定を守護するために核兵器の発展を高度化する」との文言を加え、核保有国であるとの主張や核戦力強化の方針が不変であることを内外に誇示した。

　もう一つは、軍事力の使命を定めた第59条で、従前「朝鮮民主主義人民共和

第5章　朝鮮半島

国武装力の使命は、偉大な金正恩同志を首班とする党中央委員会を決死擁護し、勤労人民の利益を擁護し、外来侵略から社会主義制度と革命の獲得物、祖国の自由と独立、平和を守るところにある」としていたところを、「金正恩同志を首班とする党中央委員会」の擁護の部分を削除し、代わりに「国家主権と領土完整」の擁護を筆頭に挙げた。軍の使命については、朝鮮労働党第8回大会（21年1月）における党規約の改正で、軍を「国家防衛の基本力量」と位置付けており、今回の憲法改正もその延長線上にあると言える。北朝鮮は、近年、「国家第一主義」のスローガンや「朝鮮民主主義人民共和国」の国号を強調し、軍事パレードにおける朝鮮労働党旗と国旗の掲揚が国旗のみの掲揚とするなど、「国家」を重視する傾向を見せており、軍に関する党規約や憲法の記述の変化もそのような傾向の一端と見ることができ、「党軍」から「国軍」への移行を進めている可能性も考えられる。

金正恩総書記の「娘」を引き続き公開、「後継者候補」との見方も

　22年11月に登場した金正恩総書記の娘については、その後も北朝鮮報道機関が動向を報じている。依然として娘単独での出現報道はないが、報道写真を見ると、当初は、金総書記と娘と手をつないで歩く様子など、親子関係をアピールする構図が主であったが、しだいに、金総書記と並んで軍幹部から花束を受け取るなど、金総書記と同格の扱いを受ける様子を伝えるものや、娘が金総書記より前に立つなど、娘に焦点を当てた写真が増えている。また、軍高官である朴正天元帥が、ひざまずいて娘に話しかける様子（23年9月、政権樹立75周年慶祝民防衛閲兵式）や、式典会場入りする娘をエスコートする様子（24年1月、国防省訪問）を公開し、娘が格別な存在として位置付けられていることを示唆している。

　一方、北朝鮮報道機関は、当初、娘を「愛する子弟」と伝え（「子弟」の朝鮮中央通信の邦訳は「お嬢様」）、金総書記の愛児として紹介していたが、23年9月の閲兵式以降、「尊敬する子弟」との呼称が定着した。また、24年1月からは、金正恩総書記の出現を伝えた後、同行幹部の紹介より先に「尊敬する子弟が同行した」との一文が挿入され、娘を金に続く位置付けで紹介するようになっている。さらに、3月には、金総書記と娘を指して「嚮導の偉大な方々」と称するケー

－169－

スが現れた。北朝鮮において「嚮導」は、最高指導者や労働党など限られた場合に使われる用語であり、娘を指導者の一人に含める表現と言える。ただし、北朝鮮は、依然として娘の氏名を公表していない。

このように、金総書記の娘に対する儀典の水準や報道ぶりの変化を受けて、韓国では、「（娘が）後継者となる可能性は否定できない」（23年12月、金暎浩統一相）との見解が出てきている。

人的往来の再開

北朝鮮は、23年7月、戦勝（朝鮮戦争休戦）70周年記念行事に際してロシアや中国の代表団を招請したのを皮切りに、20年1月の国境封鎖以降中止していた代表団の招請・派遣活動を再開した。8月には平壌と瀋陽、ウラジオストクとの間の航空路線を再開し、中国やロシアに滞留していた北朝鮮労働者の一部を帰還させた。他方、観光客の受け入れについては、24年に入ってロシアの団体ツアーを限定的に受け入れるにとどまっている。中朝国境における北朝鮮住民の往来や国境貿易の再開、朝鮮総聯など海外同胞の訪朝についても目立った動きは伝えられていない。24年2月と3月に行われたサッカー女子（パリ五輪最終予選）および男子（W杯アジア二次予選）の日本対北朝鮮戦では、北朝鮮がホームゲームとなる平壌での試合の実施を拒否し、その結果、女子は第三国（サウジアラビア）で実施し、男子は没収試合となった。

軍事

偵察衛星の打ち上げ

北朝鮮は、23年11月22日、国家航空宇宙技術総局が21日夜、北西部の西海衛星発射場（東倉里［トンチャンリ］地区）から新型の3段式運搬ロケット「千里馬（チョンリマ）1型」を打ち上げ、偵察衛星「万里鏡（マルリギョン）1号」を軌道に投入したと発表した。

北朝鮮は、第8回党大会（21年）で軍事偵察衛星を運用する方針を公表し、22年末には、1号機の打ち上げ準備を翌23年4月までに完了すると発表した。しか

し、第1回の打ち上げは、5月31日にずれ込んだ上、「2段目エンジンの始動不正常」で黄海に墜落した。8月24日に行われた第2回の打ち上げも、3段目の飛行中に「非常爆発システムのエラー」により失敗に終わっていた。3回目の打ち上げで衛星の軌道投入を実施したことになる。この間の経緯に関し、韓国の国家情報院は、国会情報委員会に対し、9月の露朝首脳会談の後、北朝鮮が設計図および1、2回目の打ち上げのデータをロシア側に提供し、ロシアがその分析結果を北朝鮮に提供した状況が確認されたと報告しており、ロシアの技術的支援があった可能性が浮上している。

打ち上げられた衛星は、地球周回軌道に進入したとみられているが、その性能は明らかではない。韓国軍は、1回目の打ち上げ失敗で黄海に墜落した機体と衛星を回収し、分析の結果、偵察衛星としての軍事的な効用性はまったくないとの見解を発表している。

北朝鮮は、23年末の党中央委員会全員会議において、24年中に偵察衛星を3機打ち上げる方針を発表した。

固体燃料式への転換進めるミサイル開発

北朝鮮は、23年中、18回・25発の弾道ミサイルを発射した。過去最多とされる22年の31回・59発には及ばなかったものの、高い水準で推移している。24年も4月末現在、4回の発射が観測されている（発射回数・発射数は防衛省発表による）。

①大陸間弾道ミサイル（ICBM）－固体燃料式ミサイルの出現

北朝鮮は、23年4月、新型の大陸間弾道ミサイル「火星砲18型」の初の試験発射を実施した。北朝鮮がこれまでに発射した大陸間弾道ミサイル「火星」14、15、17型は、いずれも液体燃料推進方式であったが、「火星砲18型」は、北朝鮮が実射したICBMとしては初めて固体燃料推進方式を採用したとみられている。固体燃料は、液体燃料とは異なり、現地で燃料注入を行う必要がないため、迅速な発射が可能とされる。同ミサイルは、7月に行った2回目の試験発射（最高高度6,000キロメートル以上、飛翔距離約1,000キロメートル）において、北朝鮮のICBMとしては過去最長となる約74分間の飛翔時間が観測された。12月には、

3回目の発射を「発射訓練」と称して実施した。2月8日に初めて軍事パレードで登場し、4月13日には「初の試験発射」とされていたのが、12月には「発射訓練」とされており、急速に開発配備が進展している。

②極超音速ミサイル－推進体の固体燃料化を推進

北朝鮮は、24年1月および4月に極超音速弾頭を搭載した中距離弾道ミサイルの試験発射を実施した。北朝鮮が極超音速ミサイルの試験発射を実施したのは、22年11月以来のことである。従前は、液体燃料推進式の機体を使用していたが、24年の2回の試験発射では、固体燃料推進式が採用され、ICBMや短距離弾道ミサイルに続き、中距離ミサイルでも固体燃料式への転換を進めていることが明らかとなった。

また、弾頭部分については、1月の発射では円錐形の「機動制御弾頭」であったのに対し、4月の発射ではデルタ翼に似た形状の「滑空飛行弾頭」が搭載された。この「滑空飛行弾頭」を搭載したミサイル「火星16ナ型」の発射について、北朝鮮は、安全を考慮して飛行距離を1,000キロメートルに抑えたと発表したが、発射過程を観測した韓国軍は、飛行距離は約600キロメートルに止まり、飛行距離や軌道変更などの発表内容は「誇張されたもの」としている。

③短距離弾道ミサイル－戦術核ミサイル部隊の作戦運用訓練を実施

北朝鮮は、24年4月、「核反撃想定総合戦術訓練」を実施し、国家核兵器総合管理システム「核の引き金」のもとで戦術核ミサイル部隊を運用する訓練を行った。「核反撃想定総合戦術訓練」は、23年3月に初めて実施され、この時は、核兵器の指揮統制システムの稼働訓練と弾道ミサイルの発射訓練を別々に実施したが、今回は、同システムのもとで実戦部隊を運用する形で実施したと発表しており、部隊の個別訓練から作戦運用訓練の段階に進みつつあることが窺われる。

北朝鮮側報道によれば、訓練は、ミサイル総局の指揮のもと、「国家最大核危機事態」を知らせる「火山警報」の発令を受けて「核反撃指揮体系」を稼働させ、600ミリ超大型ロケット砲運用部隊が射撃を実施するという手順で行われ、日本海上の目標の島に命中させたとされる。韓国軍の観測によれば、訓練当日、

第5章　朝鮮半島

平壌付近から弾道ミサイルとみられる飛翔体数発が発射され、約300キロメートル余り（北朝鮮側発表では352キロメートル）飛翔して北東方向の日本海に弾着した。平壌の南方約350キロメートルには米空軍が駐留する群山空港が所在しており、当時、同空港では、戦闘機など100機余りが参加する米韓合同演習「連合編隊軍総合訓練」が実施中であったことから、北朝鮮は、これに対抗する目的で韓国内の軍事拠点の破壊を任務とするミサイル部隊の実戦演習を行ったものとみられる。西側で「KN-25」と呼ばれる600ミリ超大型放射砲について、北朝鮮は、「4発の爆発威力で敵の作戦飛行場の機能を麻痺させられる」と主張したことがある（23年2月）。

④巡航ミサイル

　北朝鮮は、23年9月黄海側で数発の巡航ミサイルを発射した。北朝鮮はこれが模擬核弾頭を装着し、戦術核による攻撃を想定した発射訓練であったと主張した。24年に入ると、「超大型弾頭」の威力試験と称する発射（2月、4月）など4回にわたって巡航ミサイルの発射を行っており、巡航ミサイルを戦術核の運搬手段とすべく、開発に力を入れていることを窺わせている。

⑤「戦術核攻撃潜水艦」－戦術核発射手段の多様化

　23年9月、北朝鮮は、日本海に面した咸鏡南道新浦市の造船所において、「戦術核攻撃潜水艦」（キム・グノク英雄艦）の進水式を挙行した。同潜水艦は、通常型潜水艦である既存のロメオ級潜水艦を水中発射型弾道ミサイルや巡航ミサイルを搭載できるように改修したものとみられ、戦術核発射手段の多様化を図る狙いがあるものとみられる。進水式で演説した金総書記は、同級の中型潜水艦をすべて戦術核搭載型に改修する方針を強調した。なお、第8回党大会で目標として提示した戦略原潜の保有については、金総書記が24年1月に新浦市を訪れ、原子力潜水艦建造事業の状況を了解したことが伝えられた。

-173-

外交

米国の拡大抑止強化に反発を強める北朝鮮

　北朝鮮は、拡大抑止の強化を盛り込んだ米韓「ワシントン宣言」の採択（23年4月）と、それに続く「米韓核協議グループ（NCG）」の稼働、米韓合同軍事演習の活発化や朝鮮半島における米国の戦略資産の展開に強く反発し、対決姿勢を強めている。

　「ワシントン宣言」発表の翌日、北朝鮮は、金総書記の妹である金与正（キム・ヨジョン）党副部長名で「立場」を発表し、同宣言を「極悪な対朝鮮敵視政策の集約化された産物」と非難するとともに、バイデン大統領が米韓首脳会談後の共同会見で述べた「北朝鮮が核攻撃を行えば政権の終末を招く」との発言について、「途方もない暴風を覚悟すべき修辞学的威嚇」と強く反発した。さらに、別の金与正談話（6月1日付）を通じ、「『政権終焉』『体制転覆』を喧伝する米国とその手先とは対話の必要性を感じない」、「われわれは米国との対決の長期性をよく知っており、戦争抑止力の向上にすべてを尽くしていく」と強調した。

　一方で、北朝鮮は、米韓NCGの初会合（7月）を前に再び金与正談話を出し、仮に米朝対話が行われるとしても、米国が要求するのは「完全かつ検証可能で不可逆的な非核化（CVID）」であり、一方で予見される米国の見返りは、米韓合同軍事演習の暫定中断や規模縮小、戦略資産展開の中断や在韓米軍の撤収など、「すべて可変的・可逆的なものに過ぎない」と指摘した。また、拡大抑止の強化が北朝鮮を会談テーブルから遠ざけることを認識すべきと主張した上で、NCG会合の数日前に行ったICBM「火星砲18型」の試験発射は、北朝鮮の軍事的攻勢の手始めであると警告した。北朝鮮は、12月のNCG第2回会合の3日後、「火星砲18型」の3回目の発射を行った。

　23年8月、米国で日米韓首脳会談が開かれ、3カ国が北朝鮮の完全な非核化に向けて団結することで一致し、様々なレベルの3者会談の定例化や共同訓練を毎年行うことなどで合意すると、金総書記は、9月の最高人民会議で行った演説の中で、「『アジア版NATO』がついに凶悪な正体をさらけだした」として、これ

－174－

を「実際の最大の脅威」と位置付け、核戦力の持続的な強化が「厳正な戦略的判断」であると強調した。

米国と韓国が12月のNCG第2回会合において、24年半ばまでに核戦略の計画・運用に関するガイドラインを作成することや、24年の米韓合同軍事演習で核兵器の運用を想定した訓練を行うことなどで合意する中、金総書記は、同月末の党中央委全員会議で「強対強、正面勝負の対米・対敵闘争原則」を堅持し、「高圧的で攻勢的な超強硬政策」を実施すべきと述べ、対決姿勢を強調した。24年4月には、米韓空軍が大規模な合同演習「連合編隊軍総合訓練」を実施する中、「圧倒的な最強の軍事力を引き続き備蓄していく」（24日付 金与正談話）と強調したのに続き、対米担当外務次官名の談話を通じ、米国の制裁が北朝鮮の核実験を触発させたとした上で、新たな制裁を加えてくる場合、「力のレベルアップに必要な新たな機会を得るようになる」と表明した。24年後半にも見込まれる拡大抑止強化の具体化をにらみ、第7回核実験の可能性を暗示しつつ、米国を牽制したものとみられる。

砲弾・ミサイルの供給でロシアを支援

人的往来の再開とともに、北朝鮮はロシアとの交流を際立って活発化させている。皮切りとなったのは、23年7月、戦勝（朝鮮戦争休戦）70周年祝賀行事に際して招請したショイグ国防相を団長とするロシア軍事代表団であった。金総書記は、ショイグ国防相と2回にわたって会談し、新型兵器の展示会場を自ら案内するなどしてショイグ国防相を手厚く歓待し、ウクライナ侵攻を続けるロシアを支持する姿勢をアピールした。

9月には、金総書記が専用列車でロシア極東のボストーチヌイ宇宙基地を訪問し、プーチン大統領との首脳会談で、露朝が西側に対抗する共同戦線を張り、「戦略・戦術的協同」を一層強化することで合意した。プーチン大統領は、偵察衛星打ち上げに失敗した北朝鮮への支援に関する記者団の質問に対し、「われわれはそのために来た」と述べ、宇宙開発分野で協力する可能性を示唆した。

こうした中、露朝国境に近い北部の羅津港において、ロシアの貨物船が砲弾を格納しているとみられる大量のコンテナを積み出していることが明らかとなっ

−175−

た。韓国国防部の推定では、7、8月頃から始まったコンテナの搬出は、24年3月時点で延べ7,000個に上り、152ミリ砲弾なら300万発以上、122ミリロケット砲弾なら50万発以上がロシアに渡ったとされる。また、ロシアの輸送機が断続的に北朝鮮に飛来しており、ここでも兵器類の搬出が行われたと見られている。

　一方、ロシアの軍事侵攻が続くウクライナでは、着弾したミサイルの残骸から北朝鮮製短距離弾道ミサイル「KN-23」の特徴に合致する痕跡が発見され、ロシア軍が北朝鮮から供給された弾道ミサイルを実戦に使用していることが明らかとなった。ウクライナ当局の推定では、23年12月末以降約50発が発射された。約半数が予定の軌道を外れて空中で爆発するなど精度の低さが伝えられているが、発射データをはじめとする戦場での実戦経験が北朝鮮にフィードバックされ、ミサイルの性能向上に繋がる可能性が懸念される。

　北朝鮮がロシアに砲弾やミサイルを供給する一方、ロシアは北朝鮮に石油精製品を輸出している模様である。米国の政府発表によれば、ロシアは24年3月だけで16万5千バレルの石油精製品を北朝鮮に輸出しており、北朝鮮はすでに国連安保理決議で定められた年間50万バレルの上限を超える石油精製品を入手したとされる。

　ロシアはさらに、24年3月、対北朝鮮国連制裁違反を監視する国連安保理北朝鮮制裁委員会傘下の専門家パネルの任期延長決議案に拒否権を行使し、決議案を否決に追い込んだ（中国は棄権）。その結果、専門家パネルは4月末の任期終了とともに活動を停止した。

15年ぶりに「中朝親善年」を設定し中国との往来を活発化

　24年元日、金総書記と中国の習近平国家主席が新年に際して祝電を交換し、1949年10月6日の中朝国交樹立から75年となる24年を「中朝親善年」とすることを宣布した。「中朝親善年」の設定は、金正日政権下の09年（60周年）以来のことである。

　これを受けて、朝鮮労働党の金成男国際部長が同年3月に中国を訪問し、中国共産党序列4位の王滬寧政治局常務委員・全国政協会議主席、同5位の蔡奇政治局常務委員・党中央弁公庁主任らと会談した。4月には、同3位の趙楽際政

−176−

治局常務委員・全人代常務委員長が訪朝し、平壌で開かれた「中朝親善年」開幕行事に出席した。趙楽際氏と会談した金総書記は、中朝親善の発展は「自身の一貫した立場」であると延べ、「中朝親善年」を通じた両国関係の進展に期待を表明した。また、中朝間の公用ビザ免除、相互翻訳・出版、検疫、ラジオ・テレビ、郵便などの分野における協力文書が調印されたが、09年の「中朝親善年」閉幕式に際して訪朝した温家宝首相（当時）の時とは異なり、経済協力や支援に関する合意の発表はなかった。

　北朝鮮は、23年の戦勝70周年（7月）に際して、中国から李鴻忠全人代常務委副委員長を、政権樹立75周年（9月）に際しては劉国中副首相を招請したが、いずれも政治局員クラスに止まっていた。中国の最高指導部である政治局常務委員の訪朝は、19年6月の習国家主席以来のことである。北朝鮮としては、15年ぶりとなる「中朝親善年」を設定することによって、最高指導部である政治局常務委員クラスの往来を実現し、ロシアに続き、中国との友好関係を内外にアピールする狙いがあるとみられる。

日朝首脳会談をめぐる北朝鮮の駆け引き

　北朝鮮は、23年5月29日 外務次官名義の談話を発表し、「朝日両国が会えない理由はないというのが共和国（北朝鮮）政府の立場だ」として、日朝間の対話再開に応じる可能性を示唆した。談話の2日前、岸田首相は、全拉致被害者の即時一括帰国を求める国民大集会において、「日朝間の実りある関係を樹立することは日朝双方の利益に合致する」と述べ、「大胆に現状を変えていかなければならない」として、首脳会談の実現に向けた直轄のハイレベル協議に意欲を示し、「大局観に基づき、あらゆる障害を乗り越えて自ら決断していく」と強調していた。

　首相による日朝首脳会談開催の呼び掛けは、19年に当時の安倍晋三首相が表明して以来、継続して行われてきたが、北朝鮮が肯定的な姿勢を示すことはなかった。しかし、22年9月、日朝平壌宣言20周年に際して宋日昊対日担当大使が「朝日関係の形勢がどのような方向に進むかは日本政府の態度次第」と表明し、対日認識の微妙な変化を窺わせていた。北朝鮮は、「日朝双方の利益」に言及した岸田首相の発言の変化を捉えて、一歩踏み込んだ打ち返しをしてきた

と言ってよい。ただし、外務次官談話は、「（日本側は）すでに解決済みの拉致問題とわが国の自衛権に対する何かの問題解決を関係改善の前提条件としている」と指摘し、「日本が過去に縛られず」、「相手をありのまま認める大局的姿勢」で新たな決断を下し、それを実践行動で示すべきだと主張した。拉致問題にこだわらないこと、北朝鮮が核保有国であることを受け入れることを会談の条件として示唆したとみられる。

　北朝鮮はその後、日朝間の対話に関して沈黙を守っていたが、24年元日に発生した能登半島地震に際し、金総書記が岸田首相に宛てて、友好国の元首と同等の「閣下」の敬称を付けた見舞い電を送付し、首脳会談に臨む可能性を示唆した。そして、2月には金与正党副部長名の談話を発表し、金与正の「個人的見解」としつつも、外務次官談話で示した二つの条件に対して政治的決断を下すなら「首相が平壌を訪問する日」もあり得ると述べ、日本側の譲歩を促した。さらに、3月25日に再び金与正談話を出し、岸田首相が早期に金総書記に会いたいとの意向を伝えてきたとしつつ、重ねて日本側の決断を求めたが、同日の官房長官記者会見で、拉致問題が解決済みとの主張は受け入れられず、日朝平壌宣言に基づき拉致・核・ミサイルの諸懸案の包括的解決の方針に変わりはないとの立場が示されると、翌26日、3回目の金与正談話を出して、「日本側とのいかなる接触も交渉も拒否する」と表明した。ただし、北朝鮮は、岸田首相が4月の日米首脳会談で日朝間のハイレベル協議を進める方針に変わりはないと述べたことに対し、明確な拒否感を示さず、沈黙を保っており、日本側の出方を注視しているものとみられる。

南北朝鮮関係

尹錫悦政権が自由主義に立脚した統一構想の策定に取り組み
　韓国の尹政権は、韓国政府の公式な統一政策である「民族共同体統一方案」が2024年8月に30周年を迎えるのを機に、統一政策の新たな中長期構想を発表すべく、統一部長官の諮問機関「統一未来企画委員会」を設置する（23年2月）など、策定に取り組んでいる。

−178−

第5章　朝鮮半島

　尹政権は、新たな中長期構想に自由主義的な価値観を反映させようとしており、その核心となる概念が「自由で平和な統一朝鮮半島」である。これは、23年4月の米韓首脳会談で発表された「米韓同盟70周年記念米韓首脳共同声明」において、「米韓首脳は、朝鮮半島のすべての構成員のためにより良い未来を創っていくこととし、自由で平和な統一朝鮮半島を支持する」として初めて明記され、8月の日米首脳会談における首脳共同声明「キャンプ・デービッドの精神」にもこれに対する3首脳の支持が盛り込まれた。

　「自由で平和な統一朝鮮半島」には、自由や人権の普遍的な価値を重視する尹大統領の姿勢が強く反映されているものとみられる。尹大統領は、8月の解放記念日の演説で、北朝鮮は70年にわたって貧困と窮乏から抜け出せずにいるとして、「自由民主主義を選択し、追求した大韓民国と、共産全体主義を選択した北朝鮮の明らかな差が如実に表れた」と主張した。また、24年3月の三・一独立運動記念日の演説では、「自由と人権という普遍の価値を拡張することが、まさに統一である」と表明し、北朝鮮住民への支援や北朝鮮の人権状況の改善に取り組む意欲を強調するとともに、「統一大韓民国」が世界の平和と繁栄に貢献するとアピールした。これを受けて、統一政策を主管する統一部は、「自由で平和な統一朝鮮半島」ビジョンの基盤構築を24年の政策方向に掲げ、特に、北朝鮮の人権問題に焦点を当てて、国内外に向けた広報活動や北朝鮮に対する圧迫に力を入れる方針を発表した。

北朝鮮は統一政策を転換、「韓国は統一の相手にあらず」

　一方、北朝鮮は韓国との関係について、統一を目指す同族同士の関係から、国家対国家の敵対関係として再定義する動きを強めている。

　まず、北朝鮮は23年4月以降、南北共同連絡事務所と軍通信線による韓国側の電話連絡への応答を拒否するようになり、この状態は24年4月現在も継続している。また、7月には、韓国・現代グループ会長の訪朝申請を拒否し、「南朝鮮のいかなる人士の入国も許可できない」、「このような原則と方針は不変であり、今後も維持される」（外務省局長談話）と強調した。また、同月には、韓国を指す用語を従前の「南朝鮮」から「大韓民国」に改めるようになり、以後、「大韓民国」

−179−

の使用が定着した。さらに、9月に中国・杭州で開催されたアジア競技大会では、北朝鮮選手が韓国選手との握手や記念撮影を拒否したり、韓国国歌の奏楽中に背を向けたりして、韓国に対する拒否感を露わにした。

軍事面でも、8月末、米韓合同軍事演習に対抗して全軍の指揮所演習を実施し、「敵の武力侵攻の撃退・全面的な反攻」から韓国側「全領土の占領」に移行するシナリオに基づき、作戦計画を検討した。11月には、韓国が北朝鮮の衛星打ち上げを受けて「南北軍事合意」（18年9月）の効力を一部停止し、軍事境界線一帯での偵察・監視活動を再開することを決定すると、北朝鮮国防省が「今この時刻から合意書に拘束されず、すべての軍事的措置を即時回復する」と宣言し、軍事合意で撤去した軍の監視所を復元し、板門店（JSA）における軍人の拳銃携帯を再開した。

こうした中、金総書記は、23年末の党中央委全員会議において、統一路線の「根本的な方向転換」に言及した。この中で、金総書記は、北朝鮮側の連邦制統一方案は合理的で公明正大であったが、韓国の歴代政権は「保守」、「民主」を問わず、「自由民主主義体制下の統一」の基調には変わりがなかったとし、「『吸収統一』『体制統一』を国策と定めた大韓民国の連中とは、いつになっても統一は実現しない」と総括した。その上で、南北関係はもはや「同族関係、同質関係」ではなく、「敵対的な両国関係、戦争中にある交戦国関係」に固定されたとして、党統一戦線部をはじめとする対南機構の整理・改編と、闘争原則・方向の根本的転換に取り組むよう強調した。こうした方針のもと、北朝鮮は、6.15共同宣言実践北側委員会、祖国統一汎民族連合北側本部などの韓国との民間交流団体や祖国平和統一委員会、民族経済協力局などの政府機関、さらには党の外郭団体である祖国統一民主主義戦線中央委員会など、対南機構の廃止・解体を進めた。

また、金総書記は、24年1月の最高人民会議における施政演説において、次回の最高人民会議で憲法改正を行い、国家主権行使の地理的範囲を憲法に明記することや、現行憲法にある「北半部」、「自主、平和統一、民族大団結」等の表現を削除する考えを表明した。また、「わが民族同士」、「平和統一」など過去の統一政策と関連する表現をなくすための対策や、平壌の「祖国統一3大憲章記念

－180－

塔」の撤去や京義線鉄道の遮断などにより、「『統一』、『和解』、『同族』とい
う概念自体を完全に除去」するよう指示した。

　北朝鮮が、ここにきて統一政策を転換した背景には、実現見込みのない南北
統一の公約が党大会の定期開催に重荷となっていたこと、国連制裁の強化や米
朝対立の長期化で韓国から大規模投資を得る見通しが立たず、北朝鮮にとって
「平和統一」の題目が有用性を失ったことのほか、「力による平和」を標榜する
尹政権の発足で韓国との関係が悪化し、前述のように、尹政権が北朝鮮の人権
問題に焦点を合わせたことにより、北朝鮮は韓国の手が内部に伸びてくること
に対する警戒を高めざるを得ない状況となったことなどが考えられる。その意味
で、今回の政策転換は、現状の大胆な変更を目指すものというより、体制防衛の
観点から、南北関係を現状で固定する狙いがあるものとみられる。

「武力統一」否定も局地紛争のエスカレーションを否定せず

　このように、韓国との平和統一を放棄する一方、「武力統一」路線について、金
総書記は、前述の1月の施政演説において、北朝鮮の軍事力は一方的な「武力統
一」のための先制攻撃手段ではなく、「敵が手出ししない限り、決して一方的に
戦争を遂行しない」と表明した。ただし、「私（金正恩）は、核戦力の戦争防止
以外の第二の使命について言及したことがある」とも述べ、先制的自衛ないし予
防的戦争の考えを示唆した。また、「物理的衝突による戦闘の拡大によって戦争
が勃発する危険が著しく高まった」として、「戦争が現実に迫ってくれば絶対に
避ける努力をしない」「戦争は大韓民国の実体を壊滅させる」などと述べて、局
地的紛争がエスカレーションする可能性を否定しなかった。

　局地的紛争の可能性と関連して、金総書記は施政演説で、国連軍が朝鮮半島
東西の海上に設定した「北方限界線」（NLL）を境界線として認めない考えを強
調し、「大韓民国がわが領土、領空、領海を0.001ミリメートルでも侵犯すれば戦
争挑発と見なされる」と主張した。同発言に先立ち、朝鮮人民軍は、年初に黄海
側NLLの北側に向けて大規模な砲撃演習を行ったほか、2月には、新型の地対
艦ミサイルの発射試験を行い、視察した金総書記が、海上の主権を実際の武力
行使で徹底的に守護するよう強調しつつ、黄海の韓国領である延坪島と白翎島

の北方の「国境線水域」における軍事的な備えを強化するよう指示した。

（公安調査庁　瀬下政行）

第6章　東南アジア

概　観

　2023から24年にかけては、南シナ海におけるフィリピンと中国船舶の物理的な衝突が目立った。22年に就任したフィリピンのマルコス大統領は、前任者のドゥテルテ大統領とは異なり、南シナ海の領有権問題をめぐる16年の国際仲裁裁判所の判断を支持し、領有権問題で中国に譲歩しない姿勢を明確にした。23年2月には、米国とフィリピンが、14年に締結された「防衛協力強化協定（EDCA）」に基づき、国内9カ所の軍事拠点の米軍による使用に合意した。4月にはマルコス大統領が米国を公式訪問し、両国間で初めてとなる相互防衛指針（ガイドライン）が策定された。11月には日本とフィリピンの間で「部隊間円滑化協定（RAA）」の締結に向けた協議が開始され、24年4月には南シナ海において初となる日米豪比の合同訓練、そして第1回日米比3カ国首脳会談が行われた。

　中国はこれらの動きを批判するとともに、南シナ海の中沙諸島にあるスカボロー礁付近、南沙諸島のセカンド・トーマス礁付近でフィリピン沿岸警備隊などの船舶への放水、意図的な衝突を繰り返している。

　地域機構である東南アジア諸国連合（ASEAN）は、南シナ海をめぐっては中国を明文的に批判することは避けている。ASEAN と中国との間では、南シナ海での紛争を防止するために当事国の行動を法的に規制する「南シナ海における行動規範（COC）」の策定交渉は長期化しており、合意の見込みは立っていない。

　ミャンマーでは21年2月のクーデター以降、軍政による市民への度重なる人権侵害が続いており、ASEANは有効な解決の糸口を見い出せずにいる。ASEANはクーデター直後、特別外相会議、特別首脳会議を開催し、ミャンマーに対して、暴力の即時停止を含む「5項目の合意事項」をすみやかに履行するよう要求した。しかし合意事項は履行されておらず、ASEANは以降、ミャンマー軍政の指導者を主要会合に招いていない。

　ミャンマー軍政にどのように向き合うかをめぐっては、加盟国によって意見が異なる。隣国のタイは、ミャンマーからの避難民が自国に流入していることもあり、軍政との個別交渉を続けているが、ミャンマー側が「5項目の合意事項」を履行する様子はない。24年のASEAN議長国であるラオスも、ミャンマーに特使を派遣するなどして調整に努めている。他方、フィリピンやマレーシアは、ASEANが一体となって軍政の人権侵害の停止を求めるべきとしており、そうした個別交渉に否定的である。

　ミャンマー軍は24年3月、18歳以上の男女を対象に兵役の義務を課す徴兵制を開始した。そのため徴兵を逃れるために海外に出国する若者が相次いでおり、特にタイには多くのミャンマー人が入国している。国軍と武装勢力との戦闘も報じられており、近隣国に及ぼす影響が注視される。

−183−

南シナ海問題

南シナ海における中国とフィリピンとの間の緊張の高まり

　南シナ海では従来、中国がほぼ全域をいわゆる「九段線」で囲み、その内側の島嶼の領有権と海底資源の権利を主張してきた。中国は公海や、領有権係争中の海洋および岩礁の上に建造物を作ったり、埋め立てによって拠点を構築したりといった軍事的活動も継続してきた。

　2013年、南シナ海で中国と領有権を争う係争国のフィリピンが、中国をオランダ・ハーグの国際仲裁裁判所に提訴し、16年にはフィリピンの主張がほぼ全面的に認められる判決が下された。しかしその後も、中国は全面的にこれを無視し、海上民兵を動員して、海警局の艦船に加えて、調査船、海軍艦艇などを駆使した活動を実施している。各国が新型コロナウイルス感染症対応に忙殺された20年には、中国は南シナ海に西沙区、南沙区という新たな行政区の設置を発表し、海域支配の既成事実化を進めてきた。

　23年から24年にかけては、中国とフィリピンとの間でさらに緊張が高まった。フィリピンのマルコス大統領は23年1月に訪中したが、翌月に中国の海警局の船がフィリピン沿岸警備隊の巡視船にレーザー光線を照射し、一時的に乗組員の視界が遮られる事故が発生した。8月には、南沙諸島で補給活動を行うフィリピン沿岸警備隊の船舶が、中国からの放水を浴びた。フィリピン外務省は、マルコス大統領が1月の訪中で合意した緊急ホットラインで中国側に連絡したが、6時間、応答がなかったという。

　23年12月以降、セカンド・トーマス礁付近での物理的衝突が加速した。セカンド・トーマス礁は南沙諸島の中央付近に位置し、フィリピンのパワラン島の群島基線から約104海里（約192キロメートル）、中国の海南島の基線からは約598海里（約1,107キロメートル）の距離にある。フィリピンは同礁を自国の排他的経済水域（EEZ）の一部であると主張し、実効支配を行うため、1999年に同礁周辺海域にフィリピン海軍の軍艦シエラ・マドレ号を意図的に座礁させ、以後、フィリピン軍の駐留施設として使用している。なお、シエラ・マドレ号は第二次世界大

－184－

戦中に建造された米海軍の戦車揚陸艦であり、後にフィリピン海軍に移管された
ものである。

　シエラ・マドレ号には数名の兵士が駐留しており、その要員交代と食料や水分の
補給、船体の補修のための資材を補給する任務は、沿岸警備隊が担っている。

　2週間に一度の補給任務に向かうフィリピン沿岸警備隊の船舶は、中国海警局
と海上民兵の船団から、何度も妨害を受けている。中国側からの度重なる衝突
や放水などにより、フィリピン側の船が損傷したり、乗組員が負傷したりする事
案が続いている。

　フィリピン政府は、省庁横断的な「透明性イニシアティヴ」と呼ばれるキャン
ペーンを実施し、南シナ海で発生した事案について写真や動画を公開して情報
開示を実施しているほか、国内外のジャーナリストらの乗船も歓迎している。

表：南シナ海における主な動き（23年以降）

23年1月	● マルコス大統領が訪中、習近平国家主席と会談し、南シナ海の領有権争いの「平和的解決」に向けたホットライン開設で合意。
23年2月	● オースティン米国防長官がフィリピンを訪問し、米比相互防衛条約の適用範囲は南シナ海のフィリピン国軍、公船、航空機に及ぶことを明言。14年に締結した防衛協力強化協定（EDCA）に基づき、従来の5カ所のフィリピン国軍の基地に加え、新たに4カ所の拠点を米軍が使用することで合意。 ● 南沙諸島のセカンド・トーマス礁付近で、海軍拠点への補給活動を支援していたフィリピン沿岸警備隊の巡視船が、中国海警局の艦船から軍事用レーザー光線の照射を受け、乗組員らが一時的に視界を奪われる。マルコス大統領は在フィリピン中国大使を召喚。
23年3月	● 40隻以上の中国海洋民兵船が、フィリピンの民間人200人が住む南沙諸島の離島、ティトゥ島（パグアサ島）周辺に集結。
23年4月	● マルコス大統領訪米。米比間で初の相互防衛指針（ガイドライン）策定。 ● 米国が南沙諸島海域で「航行の自由」作戦を実施。（ミサイル駆逐艦「ミリウス」）。

－185－

23年8月	● フィリピンが南沙諸島セカンド・トーマス礁に意図的に座礁させているシエラ・マドレ号に駐留するフィリピン海兵隊員に対して補給活動を行っていた沿岸警備隊の船舶が、中国からの放水を浴びる。 ● 中国政府が、「十段線」を明記し、南シナ海やインド北東部、中露国境の大ウスリー島東側を自国領域とする新たな地図を公表。マレーシア、ベトナム、フィリピンが異議を表明。 ● 西沙諸島のトリトン島で中国が新たな滑走路を建設していることが報じられる。
23年9月	● 中国が中沙諸島のスカボロー礁に全長300メートルに及ぶ網状の障害物を設置し、フィリピン漁民の漁業や船舶交通を妨害。フィリピン沿岸警備隊のダイバーがこれを撤去。
23年10月	● 南沙諸島のセカンド・トーマス礁近くで、フィリピン国軍がチャーターした補給船と中国海警局の船舶が衝突。別の場所では、フィリピン沿岸警備隊と中国海上民兵の船も衝突。
23年11月	● マルコス大統領がアジア太平洋経済協力会議（APEC）首脳会議への出席で訪米した際に習近平国家主席と会談、南シナ海に関する懸念を伝え、緊張緩和を呼びかけ。 ● 米国が西沙諸島海域で「航行の自由」作戦を実施。（ミサイル駆逐艦「ホッパー」）
23年12月	● フィリピン沿岸警備隊、南沙諸島ティトゥ島に、レーダーなどの設備を備えた新たな監視所を設置。 ● フィリピン沿岸警備隊、南沙諸島のウィットサン礁付近に中国船135隻以上が集結していると発表。 ● スカボロー礁周辺で、フィリピン漁業水産資源局の船が中国海警局の船から少なくとも8回放水銃を発射された。長距離音響発生装置（LRAD）を使用され、乗組員は一時的に深刻な不快感を訴えた。 ● 南沙諸島セカンド・トーマス礁周辺で中国がフィリピン船に対して放水銃を発射。フィリピン船1隻のエンジンに障害が生じ、自力航行が困難となった。

24年3月	● 南沙諸島セカンド・トーマス礁の軍拠点に向かっていたフィリピン沿岸警備隊の補給船が、中国海警局と海上民兵の船団から妨害される。沿岸警備隊の船舶などが海警局の船から衝突され、中国船が発射した放水銃によりフィリピン側4人が負傷。
	● セカンド・トーマス礁の軍拠点に向かっていたフィリピン沿岸警備隊の補給船が中国海警局の船2隻から放水砲の直撃を受ける。
24年4月	● バイデン米大統領と習近平国家主席が電話協議、米国はフィリピン周辺での中国船による「危険な行動」に懸念を伝達。
	● 日米豪比4カ国が南シナ海のフィリピンのEEZ内で初の「海上協同活動」。
	● ワシントンDCで日米比首脳会議。
	● スカボロー礁周辺で、フィリピン漁船の支援活動にあたっていた漁業水産資源局の船と沿岸警備隊の巡視船に対し、中国海警局の2隻の船が両側から放水。巡視船は損傷。漁業水産資源局の船も放水、衝突を受ける。

中ASEANによる「南シナ海における行動規範（COC）」策定見通し

　ASEANと中国との間では、南シナ海での紛争を防止するために当事国の行動を法的に規制するCOCの策定交渉が13年から続けられているが、調整は長期化している。なお、中国が交渉しているのはASEANそのものではなくASEANの加盟国10カ国であり、中国とASEANの2案ではなく、中国と10カ国の計11案が検討対象とされている。

　協議内容は非公開とされているも、19年の中ASEAN首脳会議では第二読会の開始が伝えられ、当時、中国の王毅外交部長、李克強首相はともに、「21年までにCOC交渉を終結できることを期待する」と述べてきた。

　21年8月、中ASEAN外相会議（オンライン）の折に、王毅外交部長は「序文についての暫定合意に達した」と述べたが、詳細は明らかにされなかった。同年11月の中ASEAN首脳会議（オンライン）では、李克強首相に代わって特別に議長を務めた習近平国家主席が、COCの成文化交渉を迅速に行うように呼びかけ、共同声明にもCOCの早期策定が盛り込まれた。しかし、その後も目立った進展はない。

−187−

23年5月にインドネシアで開催されたASEAN首脳会議の議長声明では、「COCの早期妥結を期待する」、「COC交渉の迅速化を主導することを歓迎した」とした従来通りの表現はされたが、具体的な妥結時期の目標や期限は明記されなかった。

7月にはインドネシア外務省が、ASEAN加盟国の外相と中国外交担当トップの王毅共産党政治局員との会談でCOCを策定するための指針の採択について合意がなされたと発表し、ASEAN外相会議の声明にもその旨が盛り込まれた。しかし同年9月の東アジアサミット（EAS）の声明では、前年の議長声明にあった「早期妥結を期待する」との文言が削除されており、交渉が難航していることが窺える。

24年4月には、中国の王毅共産党政治局員兼外相がインドネシアを訪問し、ルトノ外相と会談する中でCOCの協議を急ぐと申し合わせたと報じられている。

フィリピンをめぐる二国間、少数国間（ミニラテラル）安全保障協力

フィリピンのマルコス政権は、米国だけでなく、日本やオーストラリアとの少数国間（ミニラテラル）協力を模索している。フィリピンはすでにオーストラリアと訪問軍基地協定を締結しており、日本とも部隊間円滑化協定（RAA）の交渉を行っている。また、ベトナムやインドともハイレベルの外務・国防当局間の対話を行っている。

米比防衛協力の進展

2022年に発足したフィリピンのマルコス政権は、同盟国である米国との安全保障対話、安全保障協力を急速に深化させてきた。マルコス大統領は就任直後、南シナ海問題について、16年の国際仲裁裁判所の判断を支持すると明言した。初の施政方針演説では、いかなる外国勢力に対しても領土を譲歩しないと述べつつ、「フィリピンはすべての国の友人であり、いかなる国の敵でもない」と述べた。

23年2月にはオースティン米国防長官がフィリピンを訪問し、ガルベス国防大臣と防衛相会談を行う中で、米フィリピン相互防衛条約の適用範囲は南シナ海のフィリピン国軍、公船、航空機に及ぶと改めて明言した。両国は、14年に結ばれた防衛協力強化協定（EDCA）に基づき、従来合意されていた5カ所に加えて、新たにフィリピン国軍の4カ所の拠点を米軍が使用することに合意した。これらには、台湾に最も近いルソン島北端のカガヤン州の2カ所、南沙諸島に近いパラワン州の2カ所の拠点が含まれている。

4月にはマルコス大統領が米国を公式訪問してバイデン米大統領と共同声明を発出し、南シナ海におけるフィリピンの軍や公船、航空機への攻撃は相互防衛条約の適用対象になることを確認した。さらには、初めてとなる相互防衛指針（ガイドライン）を策定し、そこでも、南シナ海で武力攻撃が発生した際には米比相互防衛条約を発動することが記された。

豪比協力

マルコス政権はオーストラリアとも安全保障協力を深めてきた。23年2月にマニラで国防相会談が開催され、両国は今後も防衛閣僚会議を毎年開催することで合意した。同年9月には、アルバニージー首相がマニラを訪問して戦略的パートナーシップ協定に署名した。

24年2月にはマルコス大統領がオーストラリアを訪問し、アルバニージー首相と会談した。両国は海洋進出を強める中国を念頭に海洋安全保障での協力を強化すると確認し、両首脳は、海洋安全保障やサイバー攻撃対策などでの連携を深める覚書に署名した。また、マルコスはオーストラリア議会で演説し、オーストラリアはフィリピンにとって、（米国を別にすると）訪問軍地位協定（VFA）を結ぶ唯一の国であり、オーストラリアの果たす役割は大きいと述べた。

日比協力

22年4月、ドゥテルテ前政権下で、日比の外務・防衛閣僚会合（2プラス2）が開催されて以降、日比の防衛協力が進展している。

23年2月に、マルコス大統領は日本を公式訪問し、引き続き、2プラス2を含む二

国間協議を通じ、安全保障・防衛協力の具体化を追求していくことで合意した。また両国は、「フィリピンにおける自衛隊の人道支援・災害救援活動に関する取り決め（TOR）」に署名し、両国の共同訓練等を強化し、円滑にするための更なる枠組みを含む方途の検討を継続していくこと、防衛装備・技術協力や日米比3カ国の協力強化に向けた検討も進めていくことで一致した。

11月には岸田首相がフィリピンを訪問し、マルコス大統領との首脳会談で、両国部隊の相互往来を促すRAAの交渉開始で合意した。岸田首相はフィリピン議会演説も行い、「政府安全保障能力強化支援（OSA）」の制度を活用した沿岸監視レーダーの無償供与も発表した。

日米比協力

22年以降、米国は、日米比3カ国での防衛協力を進展させることを提案してきた。

23年6月には、日米比は南シナ海で初めて合同訓練を開催した。同月には、安全保障担当の政府高官による会談が東京で実現し、秋葉国家安全保障局長と米国のサリバン大統領補佐官、フィリピンのアニョ国家安保担当顧問が参加した。三カ国は、「力や威圧による一方的な現状変更の試みを踏まえると自由で開かれた海洋秩序が不可欠」であり、「台湾海峡の平和と安定の重要性を改めて強調した」と述べた。

24年4月、バイデン大統領、岸田首相、マルコス大統領はワシントンDCで初の首脳会議を行い、首脳会談後に出した共同文書には南シナ海における「中国の危険で攻撃的な行動に深刻な懸念」を示し、中国の経済力を背景にした威圧に「強い反対」を表明した。また、エネルギーや重要鉱物などを中国に依存しすぎないサプライチェーンの構築、フィリピンの港湾や鉄道といったインフラ整備を日米が支援する計画についても議論した。

なお、三カ国間では台湾海峡問題についても議論は行われている。共同文書でも、「我々は、世界の安全と繁栄に不可欠な要素である台湾海峡の平和と安定の重要性を確認し、台湾に関する我々の基本的立場に変更はないことを認識し、両岸問題の平和的解決を促す」との文言が盛り込まれた。将来的には、米国やその他の国が、フィリピン国内の基地を台湾有事に備えて共同で使用すること

をも想定される。

　ただし、マルコス大統領は中国や国内世論を極度に刺激しないよう、国内向けには、米国や日本との防衛協力と、台湾有事におけるフィリピンの米国への軍事的関与とに同時に言及することを避けている。日米比協力はあくまでも南シナ海の平和と安定、経済安全保障に資するというのがフィリピンの公式な説明である。

日米豪比4カ国協力

　23年6月、英国国際戦略研究所（IISS）がシンガポールで主催するアジア安全保障会議（シャングリラ・ダイアローグ）に参加していた日本、米国、オーストラリア、フィリピンの国防相は、初の4カ国防衛相会議を開催した。

　24年4月、4カ国は、海洋での威圧的な行為を繰り返す中国に対して、航行の自由や国際法の順守を掲げて連携する姿勢を示し、抑止を図るために、南シナ海のフィリピンのEEZ内で、「海上協同活動」として、本格的な合同訓練を初めて実施し、声明で、「航行や上空飛行の自由の権利を支持する」とした。日本は海上自衛隊の護衛艦「あけぼの」、米海軍は沿海域戦闘艦「モービル」、豪軍はフリゲート艦「ワラマンガ」と哨戒機「P8A」、フィリピン軍はフリゲート艦「アントニオ・ルナ」と哨戒艦「バレンティン・ディアズ」を派遣し、潜水艦との戦闘を念頭においた訓練に臨んだ。

　24年5月には、4カ国の国防相が、米ハワイ州のインド太平洋軍司令部で2回目の会談を行い、4カ国間でより多くの海上演習や活動を実施することを議論した。

インドネシア新政権の見通し

　インドネシアは南シナ海にあるナトゥナ諸島周辺のEEZで中国と海洋資源をめぐって対立している。

　2024年2月に行われたインドネシア大統領選では、ジョコ政権下で国防相を務めたプラボウォが、アニス前ジャカルタ特別州知事、ガンジャル前中部ジャワ州知事を破って当選した。同年10月に、新政権が誕生する。

　過去2回の大統領選で敗れたプラボウォが今回優位に立った一因は、7割近い

－191－

支持率を維持する現職のジョコ大統領の政策を継承すると訴えた選挙戦略にあるとみられている。

プラボウォ政権は、ジョコ政権が進めてきた政策を継承するとみられる。プラボウォは公約で、「すべての国との良好な関係は国益に繋がる」と語ってきた。

近年、日本とインドネシアの防衛協力は進展しており、日本はインドネシアと米国との定期合同演習に22年から参加している。23年12月には岸田首相とジョコ大統領が東京で会談し、日本からの大型巡視船1隻の無償供与で合意した。24年4月にはプラボウォは国防相として訪日し、岸田首相、木原防衛大臣と会談した。

なお、プラボウォはこの訪日の前に中国、後にマレーシアを訪問している。

同月、中国の王毅共産党政治局員兼外相はインドネシアを訪問し、ルトノ外相との会談において、南シナ海での偶発的な衝突を防ぐ「行動規範 (CoC)」をつくるため、協議を急ぐと申し合わせたほか、両国の外務・防衛担当閣僚協議（2プラス2）の立ち上げも議論した。

他の多くの東南アジア諸国にも共通するこうしたインドネシアの「全方位外交」は新政権にも引き継がれるとみられる。

ASEANを中心とした地域協力枠組み

米中対立の中でのASEANの基本的な立場

2008年に制定された「ASEAN憲章」は、加盟国の内政問題への不干渉と、法の支配、グッドガバナンス、民主主義の原則などを謳っている。内政不干渉と「ASEANの一体性」を前面に掲げ、域外大国からの干渉を拒むのは、ASEANの特徴の一つである。

その原則ゆえにASEAN諸国は、この地域をめぐる米中対立に「巻き込まれたくない」との意向を明確に押し出してきた。地域としてのASEANも、そして各加盟国も、米国、中国、日本、ロシア、インドなどの域外国との対話・協力関係を築きながらも、米中の板挟みになりたくないと主張してきた。

日本と米国が推進してきた「自由で開かれたインド太平洋（FOIP）」構想に対しても、東南アジア諸国は手放しでの賛意は表していない。FOIPは、太平洋

からインド洋にまたがる地域で、法の支配や市場経済といった価値を共有する国々が協力する構想である。日米は、当初「戦略」としていたFOIPをのちに「構想」と言い換えたが、ASEAN諸国は、FOIPを受け入れれば中国を刺激することになるとして警戒してきた。

ASEANは19年の首脳会議で「インド太平洋に関するASEANアウトルック（AOIP）」という文書を採択した。その内容は、FOIPを認知しつつも、肯定も否定もせず、「ASEANは、利害が競合する環境の中で、中心的で戦略的な役割を担う」と表明するものである。

日本も米国も、外交的には、同文書への歓迎を表明している一方、こうしたASEANの優柔不断な姿勢を歯がゆく批判する論調も見られる。ただ、この数年間にわたってASEANが繰り返してきた「（米か中かの）選択を迫らないでくれ（Don't Make Us Choose）」という主張は、国際社会の実務家、研究者の間でもすでに一定の理解を得つつある。1984年のASEANの発足当初、東南アジアは冷戦の主戦場の一つであった。第二次世界大戦前はこの地域は列強諸国によって分断され、日本と連合国との戦場ともされてきた。米中対立に巻き込まれたくない、再び分断されたくないとのASEAN諸国の意志は固い。

同様の理由で、米国、日本、オーストラリア、インドによる4カ国枠組みについても、また、米国、英国、オーストラリアによる安全保障の枠組みであるAUKUSについても、ASEAN加盟国政府の間にかなりの温度差があり、ASEANは統一見解を示していない。

ただし、各国外務省が窓口となるASEAN関連会議と、国防省や軍が主体となるASEAN国防相会議（ADMM）などでは、協力の度合いも異なる。ASEAN各国軍は9月、ASEANの枠組みとして初めてとなる合同演習を、一部加盟国が領有権を争う南シナ海で実施した。議長国のインドネシアが開催を主導し、同国が周辺のEEZで中国と資源をめぐる対立を抱える南シナ海のナトゥナ諸島の近くの海域で主に実施された。開幕式にはASEAN全10カ国と、加盟が内定した東ティモールが参加した。国軍が実権を掌握しASEANの首脳会議から排除されているミャンマーからは、在ジャカルタの大使館員が出席した。

ASEAN首脳会議

23年は議長国インドネシアのもと、5月と9月にASEAN首脳会議が開催された。ミャンマー軍政の代表は招かれていない。代わって、23年よりASEAN加盟が内定した東ティモールが首脳会議に参加し、集合写真に加わるようになった。

ASEANは全会一致方式をとっているため、加盟国間で意見が割れる事柄については声明などは採択されない。9月の首脳会議は、中国が新たな領有権を主張する地図を発表した直後ということもあり、南シナ海問題をめぐる各国の温度差が目立ったため、実質的な議論は経済分野に集中した。

拡大ASEAN国防相会議（ADMMプラス）

ADMMプラスは、東南アジア諸国連合（ASEAN）加盟10カ国と域外 8カ国（日、米、中、印、露、韓、豪、NZ）の国防大臣が一堂に会する年次会議であり、参加国の国防当局間の協力枠組みでもある。同会議は、06年に設立されたASEAN国防相会議（ADMM）の拡大バージョンとして、10年に発足した。米中対立の激化、ミャンマー情勢やロシアによるウクライナ侵攻をめぐるASEAN内部の温度差もあり、共通見解が見いだせないこともしばしば起こっている。例えば15年の第3回ADMMプラスでは、米国が共同宣言に南シナ海問題に関する文言を挿入しようとしたのに対し、中国が反対し共同宣言の発出は見送られた。しかしそれでも、ADMMプラスは、ASEANを核に日米中露が集まり、対話を行う安保協力枠組みとして唯一のものである。

23年11月にジャカルタで開催された第10回ADMMプラスには、ミャンマーを除くASEAN各国の国防相のほか、宮澤防衛副大臣、オースティン米国防長官、景建峰・中国人民解放軍統合参謀部副参謀長、シン印国防相、フォミン露国防次官らが参加した。またオブザーバーとして、ASEAN加盟が決定している東ティモールの国防相が参加した。会合では、女性・平和・安全保障（WPS）に関する共同声明も採択された。

東アジア首脳会議（EAS）

EASは地域および国際社会の重要な問題について首脳間で率直な対話を行うこ

とを目的に05年に発足した会議体であり、ASEANの10カ国に加え、日本、米国、中国、韓国、オーストラリア、ニュージーランド、インド、ロシアが参加している。

23年9月には、インドネシアの首都ジャカルタでEASが開催された。議長声明には、南シナ海をめぐり「特に、最近の状況に鑑みて」と前置きした上で、関係各国に「緊張を高めるような活動の自制の必要性」を訴えた。ロシア・ウクライナ戦争については「参加国の大半がロシアを強く非難する」とも明記し、前年の表現を踏襲した。南シナ海での紛争を防止するためのCOC作りについては、前年の議長声明にあった「早期妥結を期待する」との文言を削除した。ロシアからは、前年に続きラブロフ外相が出席した。

なお、米国大統領はEASへの欠席を繰り返しており、バイデン大統領は21年（オンライン）と22年（カンボジア）には参加したものの、23年は欠席した。自身はEAS直後に近隣のインドを訪れたにもかかわらず、EASにはハリス副大統領を代役に立てた。

米国大統領のEASへの出欠動向は、東南アジアでは注目されている。トランプ前大統領は、17年から4年間の在任中、ASEANとの首脳会議に出席したのは初年度のマニラ会合の一度きりであった。しかもその際、EASを待たずに帰国した。19年には、米国は大統領の代役の特使として副大統領でも国務長官でもなく、就任2カ月足らずだったオブライエン大統領補佐官を派遣した。ASEANは10カ国中7カ国が出席者を外相に留め、抗議の意を示した。翌20年は新型コロナウイルス禍でオンライン開催だったにもかかわらず、米国の出席者は、またしても、外相より格下のオブライエンであった。

ASEAN地域フォーラム（ARF）

ARFは、1994年に開始されたアジア太平洋地域における政治・安全保障分野を対象とする全域的な対話のフォーラムであり、ASEANを中心に、北朝鮮を含む26カ国とEUが参加している。ASEAN外相会議に合わせて開催される年1回の外相会合をはじめ、外交当局と国防・軍事当局の双方の代表による対話と協力を通じ、地域の安全保障環境を向上させることが目的である。

23年のARFの声明では、会議直前に行われた北朝鮮の弾道ミサイル発射に懸

念を表明した。また、中国が軍事拠点化を進める南シナ海の問題について「一部の閣僚が埋め立てなどの重大な出来事について懸念を表明した」と明記した。ミャンマーをめぐっては、国軍の名指しは避けつつ継続的な暴力行為を非難した。ロシアによるウクライナ侵攻に関し、主権と政治的独立、領土保全の尊重を再確認した。ロシアへの批判に関する文言はなかった。会議には同国のラブロフ外相が出席し、「限られた国の利益を満たすブロックを作ろうとする試みは容認できない」と述べた。ブリンケン米国務長官とラブロフがフィリピン外相をはさんで着席したが、両氏が話し合う場面はなかった。

ARFは、北朝鮮が参加する数少ない多国間協議の枠組みであり、毎年、北朝鮮への各国の動向が注目されているが、北朝鮮は19年以降、ARF閣僚会議を欠席し続けている。23年も崔善姫外相は欠席し、前年同様、安光日駐インドネシア大使が出席した。

アジア太平洋経済協力会議（APEC）

APECは、米国、中国、日本、ロシア、カナダ、オーストラリア、メキシコなどを含む21の国と地域で構成されていている。APEC参加国の人口は全世界の38%を占め、国内総生産（GDP）は62%、貿易の48%を占めている。

23年のAPEC首脳会議は11月にサンフランシスコで開催された。首脳宣言には「再生可能エネルギーの容量を世界全体で3倍にする努力を追求する」と記述した。機能不全に陥る世界貿易機関（WTO）については「すべての機能を改善するために必要な改革にコミットしている」と強調した。

なお、前年の首脳宣言ではロシア・ウクライナ戦争につき、「今年はウクライナでの戦争が世界経済にさらなる悪影響を及ぼしている」と指摘し、大方の加盟国が戦争を強く非難したことを明記したが、23年は、首脳宣言にはロシアのウクライナ侵攻や中東情勢の明記を見送り、議長国である米国の裁量でまとめられる議長声明には「大半の参加国は、ウクライナに対する侵略を強く非難した」とした。中東情勢をめぐっては議長声明にも、「米国を含む各国首脳はそれぞれの立場を共有した」と記載するに留めた。なお、インドネシア、ブルネイ、マレーシアの3カ国はAPEC首脳会議終了後に共同声明を発表し、イスラエルとイスラム組

−196−

第6章　東南アジア

織ハマスが衝突するパレスチナ自治区ガザでの「即時かつ持続的な停戦」を求めた。24年の首脳会議の議長国はペルーとなっている。

東アジア地域包括的経済連携（RCEP）

　20年11月、ASEAN10カ国を含む15カ国は、東アジア地域包括的経済連携（RCEP）の協定にオンライン署名式で合意した。RCEPは関税削減や統一的ルールによって自由貿易を推進する枠組みであり、人口と域内総生産（GRP）がいずれも世界の3割を占める巨大経済圏となる。RCEPは、ASEAN10カ国と他の5カ国のそれぞれ過半数が国内手続きを終えてから60日後の22年1月に、10カ国について発効した。

　日本にとってRCEPは、貿易額が最大の中国、3位の韓国が含まれる初の経済連携協定となる。また、日本とRCEP参加国との貿易額は、貿易総額の半分を占める。

　RCEP成立により、日中韓と東南アジアとが経済的な相互依存関係を深め、中国が東南アジアへの経済的影響力をより強めることは必然である。中国によるエコノミック・ステイトクラフト（経済的な手段を用いた他国に対する影響力の行使や、それによる地政学的・戦略的目標の追求）に対し、各国が経済と安全保障とのバランスをどのように維持していくのかが問われることになろう。

表：RCEP参加国

| ASEAN | インドネシア、マレーシア、フィリピン、タイ、ベトナム、シンガポール、カンボジア、ラオス、ブルネイ、ミャンマー（10カ国） |
| 非ASEAN | 日本、中国、韓国、オーストラリア、ニュージーランド |

豪ASEAN協力

　22年5月に発足したオーストラリアのアルバニージー労働党政権は、対中関係の修復に努めつつ、東南アジアとの関係強化も図ってきた。オーストラリアは地理的に東南アジア諸国と近接しているのに、貿易・投資は決して多いとはいえ

−197−

ず、今後、東南アジア各国の経済成長に見合った経済協力をしていきたい意図がみえる。

　オーストラリアは22年11月に初のASEAN特使ポストを新設し、ウォン外相は23年5月までに、ミャンマーを除くすべての加盟国への外遊を完了した。

　オーストラリアは24年3月、メルボルンにて、豪ASEANの友好協力50周年を記念して、6年ぶりとなる豪ASEAN特別首脳会議を開催し、ミャンマーを除くASEAN各国の首脳が参加した。東ティモールやニュージーランドの首脳も招かれた。豪ASEANは、安全保障協力の拡大や航行の自由の支持など55項目で合意した。オーストラリアは海洋における法の支配の強化のための資金拠出や、ASEANの脱炭素化に向けた投資を促すため基金設立を発表した。共同声明では「域内で（再生エネルギーへの）移行を推進するため、安定したクリーンエネルギー供給網をともに構築する」ことも掲げた。

ミャンマー問題と ASEAN

　2021年2月にミャンマー国軍がクーデターによって全権を掌握したことに対し、ASEANは翌月に非公式の外相特別会合（軍政によって外相に任命されたワナ・マウン・ルウィンが出席）、4月に本件に関する特別首脳会合（クーデターの首謀者であるミン・アウン・フライン国軍総司令官が出席）を開催した。ASEANは同会議の呼称を、首脳会議（summit）ではなく、指導者会合（Leaders' Meeting）と、ミャンマー軍政の首脳としての代表性を公式には認めない立場をとった。内政不干渉を掲げるASEANが、加盟国の国内問題を論じるために会議を開催するのは異例のことであった。議長声明で、加盟国はミャンマーに、国軍による抗議デモへの武力行使の即時停止、ASEAN特使の受け入れなどの「5項目の合意」を要請し、ミン・アウン・フライン国軍総司令官は「状況が安定した時に、慎重に考慮する」としながらも、基本的には受け入れた。

第6章　東南アジア

表：特別首脳会談における5項目の合意事項

1.	ミャンマーにおける暴力の即時停止と、すべての関係者による最大限の自粛
2.	すべての関係者による建設的な対話による、人々の利益となる平和的解決の模索
3.	議長国ブルネイが任命するASEAN特使とASEAN事務局長による仲介
4.	ASEANによるAHAセンターを通じての人道支援の提供
5.	特使はミャンマーであらゆる利害関係者と会談すること

　しかし、これらの合意事項の実現を担保する措置についての規定はなく、5項目を履行しないミャンマーに対し、ASEANは対応に苦慮してきた。第3項目の「議長国が任命する特使の選定」においては、特使の形式や候補に関して、ASEAN加盟国内で異なる意見が提示された。最初に特使に任命されたブルネイ第二外相は、拘束中のアウンサン・スーチー元国家顧問を含む全勢力との対話がミャンマー訪問の条件であるとしたが、ミャンマー軍政は、スーチー国家顧問との対話を認めず、特使の訪問を拒み続けた。

　21年10月のASEAN首脳会議以降、ASEAN9カ国は、「5項目の合意事項」の不履行を理由に、ミャンマー軍政関係者を首脳会議にも外相会議にも招かない方針を貫いている。ミャンマー外務省は当初、閣僚級の代表者の代理参加も模索したが、非政治的な代表しか認めないと主張するASEAN側と調整がつかず、欠席が続いている。ミャンマー代表不在のままに開催される首相会議、外相会議では、毎回、ミャンマー情勢と暴力の激化について「深い懸念」が表明され、合意の履行を求める声明が発出されている。しかし、ミャンマー軍政にどのように向き合うかをめぐっては、加盟国によって意見が異なり、ASEANとして具体的な手立てを示すには至っていない。

　23年5月には、ミャンマーでは人道支援物資を届けるため移動していたASEAN代表団を乗せた車列が銃撃を受ける事案が発生した。これを受け、ASEANは「安全かつタイムリーな人道支援物資の提供と国内の対話にむけた環境を創出するため、いかなる形態の暴力と武力も使用を即時停止することを求める」とする声明を出した。9月の首脳会議では、ASEANはミャンマー情勢について今後は議長国と前後年の議長国との3カ国で対応することを決めた。24年

－199－

は、インドネシア、ラオス、マレーシアの3カ国が対応するとされている。

ミャンマー軍政の閣僚はASEANの関連会議から締め出されているが、24年1月、ミャンマーを議長国とするASEAN法相会議がオンライン開催され、犯罪人引き渡し条約の草案の交渉を9月までに終えることなど、域内外の協力推進を確認した。ミャンマーが閣僚級会議で議長まで務めるのは異例であるが、軍政が任命した法相のほか、他の加盟9カ国の代表も参加した。

ラオスやタイなどの軍は、ミャンマー軍政とハイレベルでの交流を続けている。23年12月にはベトナムとカンボジアを含めた5カ国と中国首相による首脳会議をオンライン形式で開き、フライン国軍総司令官が中国首相と共同議長を務めた。

24年のASEAN議長国のラオスは1月、アルンケオ元首相府相を特使としてミャンマーに送り、同氏はフライン国軍総司令官らと会談した。内容は明らかでないが、1月下旬にラオスで開くASEAN外相会議を前に、ミャンマー情勢や軍政の姿勢を確認したとみられる。

ロシアによるウクライナ侵攻と東南アジア

2022年2月のロシアによるウクライナ侵攻に対し、ASEANは2月と3月に声明を発出したが、ロシアを名指ししての批判は避け、平和的解決を呼びかけるに留まった。3月2日の国連総会でのロシア非難決議では、8カ国は賛同したが、ラオスとベトナムが棄権した。東ティモールを含む東南アジア11カ国のうち、対露制裁に加わっているのはシンガポールのみ、首脳がロシアを名指しして公の場でその行動を批判しているのは、シンガポールとフィリピンのみに留まっている。

ロシアは米国に次ぐ世界第二の武器輸出国であるが、東南アジアだけで見ると第一位である。ストックホルム国際平和研究所（SIPRI）によると、ロシアは東南アジアの主要な武器供給国であり、00年から19年の間に約107億ドル相当の防衛装備品を輸出している。ロシアは従来、欧米の装備品よりも安い価格で、非常に高度な技術を用いた戦闘機や潜水艦から、軍用車両、小型武器まで、あらゆる種類の装備品を提供してきた。

ベトナムはロシアの最大の顧客である。ベトナム戦争以来、両国は良好な防

衛協力関係を築いており、00年以降にベトナムがロシアから調達した装備品総額は、同国の武器輸入総額の8割を占める。南シナ海問題をめぐるベトナムと中国の間の緊張が高まるにつれ、ロシアは、ベトナムの国軍近代化計画に寄与すると明言し、大小の近代的な装備品を供与してきた。中国はそのことに不満を抱いているとみられるが、米国からの調達よりはまだましであると考えているはずである。

　マレーシアは冷戦終結後、装備品調達先の多様化を模索し、ロシアから多数の戦闘機を購入してきた。インドネシアも装備品調達先の多元化を志向してきたものの、1998年のスハルト大統領失脚後、東ティモールでの人権侵害を理由に米国からの武器禁輸を課され、03年から12年の間に、ロシアから戦闘機やヘリコプターを調達した経緯がある。

　総額は少ないものの、長年、西側民主主義国との関係を絶っていたミャンマーも、ロシアの重要な顧客である。ミャンマー国軍は1990年代には中国から戦車、大砲、装甲兵員輸送車、トラック、戦闘機、ヘリコプター、軍艦など推定16億ドル相当の武器を調達していたが、2000年代になると中国への一国依存を軽減すべく、ロシアから戦闘機MiG-29、複座高等ジェット練習機／軽攻撃機、輸送ヘリMi-17、攻撃ヘリMi-35、対空ミサイルシステムなどを購入するようになった。

　西側民主主義国と異なり、ロシアは相手国への内政干渉を行わず、ASEAN加盟国に武器の禁輸を課したこともない。そのため、国内の人権問題などを理由に欧米諸国からの制裁措置を受けたことがあるベトナム、ミャンマー、カンボジア、ラオス、インドネシアなどは、必然的に、ロシアや中国に、装備品を依存してきた。ロシアは、21年2月のミャンマーでのクーデターの翌月、ネピドーで開催された国軍記念日の式典にもフォミン国防副大臣を派遣するなど、西側の国々とはまったく別の論理で、東南アジア諸国との防衛協力を深化させようとしてきた。

　とはいえ、武器輸出以外の分野におけるロシアと東南アジアとの防衛協力・防衛外交は、限定的なものに留まっている。ロシアは10年以来、プーチン大統領のアジア重視政策の一環として、東南アジアへの防衛外交を拡大してきたが、ロシア海軍の東南アジアへの寄港や合同軍事演習は、米国や中国に比べて頻度が低く、規模も小さい。ロシアともっとも防衛協力関係の深いベトナムとでさえ、ロシア海軍がベトナム海軍との潜水艦救出演習を行ったのは19年と、ごく最近のこと

である。

　防衛装備品をロシアに依存していない東南アジア諸国にも、ロシアを批判すると、中国から「西側民主主義国側」または「米国側」についたとみなされるとの懸念があり、中国を刺激することは得策でないとして明言を避けている面もある。

日本と東南アジア諸国との安全保障協力

日ASEAN友好協力50周年

　1973年の日ASEAN合成ゴムフォーラムから始まった日ASEAN友好協力は、2023年に50周年を迎えた。

　現在、日本の東南アジア外交は、1977年に当時の福田赳夫首相が東南アジアを歴訪した際にフィリピンで表明した3原則「日本は軍事大国にならない」、「日本は各国と心と心の触れあう信頼関係を構築する」、「日本とASEANは対等なパートナーである」（いわゆる福田ドクトリン）を下敷きとしている。地域の安全保障環境が変化し、日本も22年12月に新たな「安保三文書」を発表する中、日本と東南アジア諸国が、福田ドクトリンの原則を踏襲しながらも、どの程度、安全保障協力を深化させていくのかが注目される。

　日本とASEANは23年9月の首脳会議で、日ASEAN関係を「包括的戦略的パートナーシップ」に格上げする共同声明を採択し、経済安全保障や海洋安全保障、人材育成などより幅広い分野で具体的な協力を進める方針を確認した。

　12月には東京で日ASEAN友好協力50周年特別首脳会議が開催され、岸田首相とインドネシアのジョコ大統領が共同議長を務めた。特別首脳会議の成果文書として、日ASEAN友好協力に関する共同ビジョン・ステートメントおよびその実施計画が採択された。共同ビジョン・ステートメントの副題は「信頼のパートナー」であり、「インド太平洋に関するASEANアウトルック（AOIP）」および日本の「自由で開かれたインド太平洋（FOIP）」ビジョンの双方が、地域の平和と安定および繁栄を促進する上で、関連する本質的な原則を共有していることを認識するとした。そして、①世代を超えた心と心のパートナー、②未来の経済・社会を共創するパートナー、③平和と安定のためのパートナー、の三本柱の元の協力深化を謳った。

−202−

自由で開かれたインド太平洋（FOIP）のための新たなプラン

　23年3月、岸田首相はインドで講演し、「自由で開かれたインド太平洋（FOIP）の実現に向けた新たなプラン」を発表し、FOIPの理念は、「多様性」、「包摂性」、「開放性」の尊重であり、誰も排除しない、陣営作りをしない、価値観を押し付けないと明言した。そして、FOIPに基づく日本の安全保障協力は、決して特定の国の排除を狙ったものではなく、共通の理念を持つ国々との「自由で開かれた秩序」を維持するための行動であるとして、過去20年間にわたるミンダナオ地域の和平、ウクライナ支援、質の高いインフラ投資、脱炭素化と経済成長の両立を目指す「アジア・ゼロエミッション共同体」構想などにも言及した。また、日本の海洋安全保障の取り組みは、①国家は法に基づいて主張をなすべき、②力や威圧を用いない、③紛争解決には平和的収拾を徹底するべき、との三原則に基づいていることを強調し、人材育成、海上保安機関の連携強化、各国沿岸警備隊との共同訓練などを通じ、各国の海上法執行能力の強化支援、違法漁業対策といった広範囲にわたる日本の安全保障協力に言及した。

日ASEAN防衛協力の指針：ビエンチャン・ビジョン2.0からジャスミンへ

　日本は、16年にラオスのビエンチャンにて開催された日ASEAN防衛担当大臣会合において、個別の各国に加えてASEAN全体の能力向上に資する防衛協力を推進する方針「ビエンチャン・ビジョン」を発表した。同ビジョンは、日本が、法の支配の定着や海洋・上空の情報収集・警戒監視、捜索・救難といった分野で、国際法の実施に向けた認識の共有をはじめとした能力構築支援、防衛装備品移転と技術協力、多国間共同訓練、オピニオンリーダーの招聘などを二国間、多国間で実施していくことを謳っている。

　19年、日本は「ビエンチャン・ビジョン」のアップデート版として、「ビエンチャン・ビジョン2.0」を発表し、二国間の能力構築支援事業や防衛装備品・技術協力、訓練・演習などが深化してきたことを評価した上で、従来構想をアップデートした。そこでは、「心と心の協力」、「きめ細やかで息の長い協力」、「対等で開かれた協力」という実施3原則が新たに盛り込まれている。これは「福田ドクトリン」に通じるものである。

-203-

さらに、23年11月には、インドネシアで開催された第8回日ASEAN防衛担当大臣会合に木原防衛大臣がオンライン参加し、「ビエンチャン・ビジョン2.0」の精神に則り、日本がASEANと共有する「自由で開かれたルールに基づくインド太平洋地域」の将来像を実現するための「防衛協力強化のための日ASEAN大臣イニシアティヴ：ジャスミン（JASMINE）」として提示し、その四つの柱として以下を挙げた。

①　日ASEANで力や威圧によるいかなる一方的な現状変更も許容しない安全保障環境の創出
②　日ASEAN防衛協力の継続と拡充
③　日ASEAN防衛関係者の更なる友情と機会の追求
④　ASEAN・日本・太平洋島嶼国の連携の支持

　木原防衛大臣はこれらを軸に、日ASEAN間での宇宙領域における法の支配と安全保障に関するセミナーの初開催、海と空における信頼醸成や状況把握能力の向上のより一層の支援、OSAと防衛装備品・技術移転や能力構築支援などの既存の防衛省のプロジェクトとの相乗効果を目指し、機材供与等のハードと技術協力からなるソフトの両面で同志国の安全保障上の能力向上を支援していくこと、日本が主催する「乗艦協力プログラム」などを活用し、ASEAN・日本・太平洋島嶼国の連携を支援していくこと、また「女性、平和、安全保障（WPS）」に関する新たな日ASEAN能力構築支援プログラムの立ち上げなどの取組を表明した。

　なお、四つ目の柱である「ASEAN・日本・太平洋島嶼国の連携の支持」に関しては、防衛省は23年8月、「第5回日ASEAN乗艦協力プログラム」を、「第1回日太平洋島嶼国及び東ティモール乗艦協力プログラム」と同時実施した。東南アジアからは海軍士官等7名、島嶼国と東ティモールからは海軍士官等11名が参加し、護衛艦「いずも」艦上において、海洋に関する国際法を含む各種セミナー、各種訓練の見学、搭載航空機体験搭乗、各国参加者による海洋安全保障に関する発表などを行った。

第6章　東南アジア

ハイレベルの安全保障対話

　23年度以降の日本と東南アジアとの間のハイレベル防衛対話は、表のとおりである。

表：23年度以降の日本と東南アジアとの間の審議官級以上の要人往来、防衛対話（首脳会談については、防衛協力について具体的な言及があったもののみを記載。）

23年6月3日	浜田防衛大臣の第20回IISSアジア安全保障会議（シャングリラ・ダイアローグ）出席（シンガポール）
23年6月3日	日米豪比防衛相会談（シンガポール）、
	浜田防衛大臣の、日シンガポール防衛装備品・技術移転協定の署名式立ち合い
23年6月15日	国家安全保障局長等による日米比協議、フィリピン共和国国家安全保障担当顧問の岸田首相表敬
23年6月27日	日ブルネイ防衛政策対話、岡防衛審議官の第二国防大臣を表敬訪
23年8月23 日	木村防衛大臣政務官のタイ訪問、国防次官との会談
23年8月24-25日	木村防衛大臣政務官のシンガポール訪問、国防次官との会談
23年11月3-4日	岸田首相のフィリピン共和国訪問、OSAによる沿岸監視レーダーシステム供与に係る交換公文署名式立ち合い
23年11月4-5日	岸田首相のマレーシア訪問
23年11月15日	木原防衛大臣の第8回日ASEAN防衛担当大臣会合出席（オンライン/インドネシア）
23年11月16日	宮澤防衛副大臣の第10回拡大ASEAN国防相会議（ADMMプラス）（インドネシア）参加
23年12月16日	岸田首相のマレーシアに対する警戒監視用機材供与ODAに関する書簡の署名式立ち合い
24年2月19-22日	高見防衛大臣補佐官の「シンガポール・エアショー2024」参加
24年2月27日	日ベトナム次官級協議
24年3月4日	芹澤防衛審議官のラオス訪問、国防大臣表敬、国防副大臣との会談
24年3月4日	日カンボジア次官級協議

−205−

24年4月3日	プラボウォ次期インドネシア大統領（国防大臣）の岸田総理大臣表敬、日インドネシア防衛相会談
24年4月11日	日米比首脳会談（米国ワシントン）
24年4月28-30日	鬼木防衛副大臣のフィリピン訪問、国防大臣表敬、
24年5月2日	日米豪比防衛相会談（米国ハワイ）
24年5月3日	日フィリピン防衛相会談（米国ハワイ）

防衛装備品・技術移転

14年に策定された「防衛装備移転三原則」では、日本が装備や技術を輸出できる条件が整理され、友好国の安全保障・防衛協力の強化に資するものであって、相手国の「監視」や「警戒」に係る能力の向上に寄与する装備については輸出が可能となった。16年、安倍首相とドゥテルテ大統領が、海上自衛隊練習機TC-90の貸与と、それに関係する技術情報などのフィリピンへの移転に合意したことは、日本の装備品協力の先行事例となった。その際、自衛隊によるフィリピン海軍のパイロットへの教育や整備要員に対する支援も開始された。

従来は、装備品を含めた自国財産の他国への移転は売却か貸与に限定されていたが、17年の不用装備品等の無償譲渡等を可能とする自衛隊法改正により、無償譲渡が可能となった。同法改正に伴う初めての防衛装備品移転の事例もまたフィリピンであった。両国は、すでに貸与中であった5機のTC-90を無償譲渡に変更することに合意し、同年中に2機、18年に残り3機がフィリピン海軍へ引き渡された。18年6月にはフィリピン国防省からの依頼を受けて、陸上自衛隊多用途ヘリコプターUH-1Hの不用となった部品などをフィリピン空軍へ無償譲渡することが防衛大臣間で確認され、11月に装備担当部局間で譲渡に係る取決めが署名された。これに従い、19年3月に引き渡しが行われた。また、フィリピン海軍パイロットに対する操縦訓練を日本の海上自衛隊の基地で実施する、フィリピンに日本の整備企業の要員を派遣し、維持整備を支援するといった事業も行われてきた。

20年8月、フィリピン国防省と三菱電機との間で、同社製警戒管制レーダー4基を約1億ドルで納入する契約が成立した。当該レーダーは、三菱電機がフィリ

ピン空軍の要求に基づき、自衛隊向けのレーダーを製造した経験を踏まえて、新たに開発・製造するもので、日本から海外への完成装備品の移転としては初の案件となった。

22年5月現在、無償譲渡が実施された事例、完成品の売却事例はともにフィリピンのみであるが、日本はすでに東南アジアの過半数の国との間で「防衛装備品・技術移転協定」を締結している。

表：東南アジアとの「防衛装備品・技術移転協定」および関連する覚書などの締結状況

インドネシア	21年3月	防衛装備品・技術移転協定署名・発効
シンガポール	23年6月	防衛装備品・技術移転協定署名・発効
タイ	22年5月	防衛装備品・技術移転協定署名・発効
フィリピン	16年2月 16年4月	防衛装備品・技術移転協定署名 防衛装備品・技術移転協定発効
ベトナム	21年9月	防衛装備品・技術移転協定署名・発効
マレーシア	18年4月	防衛装備品・技術移転協定署名・発効
ブルネイ	23年2月	防衛協力・交流覚書署名

政府安全保障能力強化支援（OSA）

23年4月、日本の外務省は、前年12月に閣議決定された国家安全保障戦略に基づき、開発途上国の経済社会開発を目的とする政府開発援助（ODA）とは別に、同志国の安全保障上のニーズに応え、資機材の供与やインフラの整備等を行う、軍等が裨益者となる新たな無償による資金協力の枠組みOSAを導入することを発表した。

フィリピン、マレーシア、バングラデシュ、フィジーが初年度対象国とされ、外務省は、フィリピンに沿岸監視レーダー、マレーシアには警戒監視用機材、フィジーとバングラデシュには警備艇を提供することで合意し、23年度中にすべての案件にかかる二国間の書簡の署名・交換式が終了した。

24年度予算案では、OSA予算を23年度の20億円から2.5倍となる50億円に拡充した。フィリピン、マレーシア、バングラデシュ、フィジーの4カ国を対象に選び、

沿岸監視レーダーや警備艇を供与した。24年度はベトナムのほかジブチなどを新たに候補とする。

（神戸市外国語大学准教授／平和・安全保障研究所研究委員　木場紗綾）

第7章　南アジア

概　観

　2023年5月から24年4月までの南アジアの動向を特徴づけるのは、選挙である。23年10月にはモルディブで選挙があり、2024年1月には、バングラデシュとブータン、2月にはパキスタン、そして4月以降インドとスリランカでも選挙がある。そのため、政権継続か、新政権樹立かで、選挙前から様々な政策に影響を与えている。すでにモルディブでは反インド政権が、バングラデシュとブータンでは親インド政権が樹立された。モルディブに関しては、「インド出ていけ」政策を掲げるムイズ政権が成立し、1月には中国を訪問、中国軍の代表団や調査船を受け入れ、軍事援助協定を結ぶなど、急速な動きを見せている。

　インドと中国の対立は、グローバルサウス全体での影響力合戦に及んでいる。2023年には、5月に上海協力機構、8月にBRICS首脳会議、9月にG20首脳会議が開かれたが、そのすべてで、インドと中国がグローバルサウスでの影響力をめぐって対立した。インドのグローバルサウス重視路線の背景には、このような中国との対立があるとみていい。

　そのような印中対立の中で、インドは米国との関係を着々と進めている。特に防衛分野での協力は顕著で、戦闘機のエンジンの共同生産や、米海軍艦艇のインドでの修理などが進んでいる。一方で、モディ政権とバイデン政権との間では、火種がくすぶり始めている。インドの情報機関が、シーク教徒過激派の指導者を米国で暗殺しようとした疑惑が浮上し、さらに、モディ政権の強権的とも批判される国内統治の手法などもあって、バイデン政権の支持者たちを中心に、モディ政権への批判が激しくなっている。インドでも、2021年のアフガニスタンからの撤退、ロシアによるウクライナ侵略の抑止の失敗、中東政策の失敗をみて、バイデン政権の実力に疑問符がつき、イデオロギーに基づくモディ政権への批判をみて、米国への不信感を強めている。結果、双方とも、2024年の選挙で、現政権の継続を望んでいないようにみえる。しかし、過去の選挙の傾向を見る限り、インドで連立政権が再び成立するようなことがあれば、それはインドが決められない政治に戻ることを意味するだろう。

　パキスタンでの情勢はきわめて不安定で、パキスタンの国際社会における重要性が落ちつつある。パキスタンに対する中国の影響力はより増していく傾向にある。

（ハドソン研究所研究員／平和・安全保障研究所研究委員　長尾賢）

インド

インドの選挙と外交への影響

　2024年は、インドにとって選挙の年である。インド議会下院の選挙が4月19日から6月1日にかけて、7回に分けて実施され、6月4日に開票される。2014年、2019年に勝利した現モディ政権を継続するかどうか、今後5年の政権を決める選挙である（本稿執筆時の24年4月までの情勢では、結果はまだ出ていない）。

　インドの場合、国が広いため、選挙で問われる政策は、地域ごとに大きく違う。ただ、全般については、現モディ政権がインドの成長を促し、インドという存在を世界に示した点で評価される一方で、世界的なコロナ後の物価高騰や、国内におけるヒンドゥー至上主義的政策に基づく強権的とも批判される政策について、評価が問われるものである。与党BJP（インド人民党）の人気はそれほど高くないが、モディ氏個人の人気は高く、モディ氏に対する評価が選挙結果にどの程度影響を与えるか、注目される。

　現時点では、モディ政権は強い指導力を発揮している。与党BJPが過半数を獲得し、上院でも意見の近い政党との連立によって、政策を通すことが可能な状態だからだ。そのため、選挙結果がどのような影響を与えるか、三つの可能性を指摘し得る。一つ目は、与党が大勝し、モディ政権が強い指導力を維持する可能性である。この場合、今後の課題になるのは、現在73歳のモディ氏がいつまで政権を率いるか、である。さらに5年率いれば、年齢は78歳になる。二つ目は、与党が単独では過半数を維持できず、連立政権になった場合である。過去、バジパイ政権はBJP主導の連立政権であった。連立政権の場合、連立相手への配慮が欠かせないため、政権の指導力は落ちることになる。三つ目は、野党が勝利し、連立政権を樹立した場合である。モディ首相の人気がある現在の環境では、野党が圧倒的に勝利することは考え難く、もし政権を樹立した場合でも、多数の政党による連立政権になることが予想される。この場合、過去のマンモハン・シン政権に近い状態になるものと予想される。

　この三つのシナリオは、外交政策に直接的な影響をもたらす可能性がある。

-210-

過去、米国との防衛協力を進める三つの協定について起きたことは、その典型的な一例である。この三つの協定は、日米間で言えば物品役務相互提供協定（ACSA）などにあたるものであるが、協定の協議そのものは2000年代初めに始まった。しかし、その後、交渉は15年にわたり進展しなかった。その一因は、マンモハン・シン政権の連立の中に、米国との防衛協力に強く反対する政党が含まれており、協議を進めることができなかったからだ。結局、三つとも15年の交渉の末、2014年にモディ政権ができた後、立て続けに成立したのである。そこからみると、インドで、政権が強い指導力を持つかどうかは、外交政策に大きく影響することになるだろう。

蜜月に見える米印関係の裏でくすぶる不満

　米印関係は、一見すると蜜月である。23年6月に行われたモディ首相の訪米では、非常に多くの防衛協力が合意された。特に、インド国産戦闘機のエンジンの技術を供与し、共同生産する合意に関しては、インドにとって大きな一歩であった。ロシアのウクライナ侵略の影響を受けないためにも、インドは武器の脱ロシア化と国産化を進めているが、戦闘機の最も重要な部品であるエンジンのような機微な技術は、これまで手に入らなかったからである。一方で、米国も、インド国内で米海軍艦艇の修理ができるよう計画を進めており、実際に米艦艇が寄港して修理を受け始め、インド洋における展開能力を高めつつある。このような米印協力を見る限り、両国は蜜月関係にある。

　しかし、その関係に暗雲が漂い始めている。同年6月に、インドからパンジャブ州の分離独立武装蜂起を進めてきたシーク教徒の活動家が、カナダで殺害された事件に関し、インドの情報機関が関与した疑いが生じ、カナダは、米国に支援を要請、米国がカナダを支援する声明をだすようになった。その後、11月には米国のニューヨークでも、シーク教徒の活動家に対して殺害未遂があり、インド政府が関与した疑惑が浮上し、米国がインドに警告するようになった。

　この疑惑に対して、米印双方の主張は、大きく分かれている。米国側の主張では、これは主権の侵害とみている。一方、インド国内では、政府は関与を否定する一方で、もし関与していたとしても正当であるといった反論がでている。そのよ

—211—

うな主張によると、シーク教徒のテロリストに米国滞在をみとめることは、インドに対するテロ支援にあたる。だから、米国が米国に対するテロリストであるオサマ・ビン・ラディンをパキスタン国内で殺害したのと同じことを、インドが行っただけだ、という反論である。そのため主張は平行線であるが、インドが米国で暗殺を実施しようとしているかもしれないという疑惑は、両国間の関係を、緊張を含むものにしている。

　また、モディ政権の強権的ともされる政策が、バイデン政権のイデオロギー色の強い外交のもとで、問題になり始めている。モディ政権の政策については、ヒンドゥー至上主義に基づく強権的な姿勢を批判する意見がある。バイデン政権は、民主主義サミットを開くなど、民主化を強く主張する団体を支援者としていることもあり、米国でモディ政権の政策への批判的な姿勢が徐々に表面化しつつある。

　24年日米豪印首脳会談は、インドで開催予定である。そのためモディ政権は、当初24年1月26日の共和国記念日の軍事パレードの主賓として、日米豪印4カ国の首脳を呼び、その際に日米豪印首脳会談を行う予定であった。駐印米国大使も23年秋には、バイデン大統領の出席についてほのめかしていた。しかし、これは実現せず、4月のインドの総選挙と11月の米国大統領選挙、両方が終わった後の12月に延期された。

　さらに、インドでは、バイデン政権下で米国の評価が大きく下がっている。21年のアフガニスタンからの撤退では、総崩れの様相を呈し、実力に疑問符が付いた。その同じ月に、ロシアはウクライナ侵略の準備を開始したものとみられ、その後、バイデン政権は、ロシアのウクライナ侵略を抑止できなかった。さらに、昨年のウクライナの反転攻勢に際しては、攻撃用の射程の長い武器を与えず、反転攻勢も頓挫した。米国は、ヨーロッパと中東から可能な限り撤退し、インド太平洋に戦力を再配置して、中国対策に集中する方針を定めていたが、ヨーロッパからの撤退には失敗しつつある。しかも、23年10月以降、中東からの撤退も困難になりつつある。米国が中東から撤退するには、イスラエルを守ることとイランを封じ込めること、その二つを米国に代わって誰かがやらなければならないが、米国は、それをサウジアラビアに期待した。サウジアラビアとイスラエルの国交を正常

化させようとしたのである。トランプ政権末期のアブラハム合意は、その趣旨で行われたものであった。しかし、バイデン政権が就任するや否や、サウジアラビアに制裁をかけ、その流れをいったん止めてしまった。バイデン政権は、その後、イスラエルとサウジアラビアの国境正常化を進める政策に復帰し、その際に、インドを含めた枠組み、I2U2（インド、イスラエル、UAE、米国）やインド・中東・ヨーロッパ経済回廊などの構想を次々打ち出し、インドを巻き込んで、これを実現しようとしてきた。しかし結局、ハマスの攻撃前に、サウジアラビアとイスラエルの国交正常化は実現せず、米国は中東から撤退できなくなってしまい、インドを巻き込んだ構想も、今後どうなるのか、先行き不透明である。インドとしては、バイデン政権の政策に期待しただけ、不満が募っている。こうした一連の流れを見て、インドでは、米国の力は落ち、世界は多極化に向かうといった見方が広がっている。インドでは、バイデン政権のもとで、米国の力を低く評価しているものとみられる。

　このような状況から、インドでは、力は弱いのにインドの批判ばかりするバイデン政権ではなく、そのようなイデオロギー的な色彩のない共和党政権を望む声がでており、一方、米国のほうでも、モディ政権の存続を望まない姿勢が、特に左派を中心にある。米印蜜月の中で、両方の政権同士の関係はあまりよくない状態にある。

明確なイスラエル支持とその背景

　23年10月7日、ガザ地区を実効支配するハマスの戦闘員がイスラエルになだれ込み、居住区や音楽イベントなどを襲撃、1,200名以上を殺害、数百名の人質をガザ地区に連れ去った際、米国よりも早くイスラエル支持表明をしたのは、普段、立場を明確にしないインドであった。モディ首相は、イスラエルに対してあらゆる助力を惜しまない姿勢を示したのである。

　このようなモディ政権の親イスラエルの姿勢は、14年の就任当初から明らかになっていた。もともとインドとイスラエルの関係は、イスラエル側が一方的に関係改善を望むものであった。例えば1971年の第三次印パ戦争において、イスラエルはインドと国交がない状態にもかかわらず、一方的にインドに武器を送りつけ

－213－

ている。しかし、インドがイスラエルと国交を樹立したのは、ずっと後の1992年であった。その背景には、インドには一定数のイスラム教徒がおり選挙では当時の与党である国民会議派の票田であったことがある。また、過去の植民地支配を受けてきた観点からも、パレスチナに味方する雰囲気があったことも感情的な面から存在する。さらに、1971年以降インドは、非同盟を主張しつつもソ連の同盟国（ソ連との関係は印ソ平和友好協力条約の第9条で第三国に対する防衛について取り決めており、正式な同盟関係だった）となり、西側諸国に味方することを意味するイスラエルと関係改善することが、ソ連との関係に影響することが懸念事項であったことも影響したものとみられる。同様のことはインドと台湾の関係にも言え、ソ連が崩壊するまで両国の関係は改善せず、1995年になってから台湾との事実上の外交関係が樹立された。

　しかし、14年にモディ政権が成立すると、イスラエルとの関係は大きく変わり始める。モディ政権で最初に外務大臣に指名されたスラワージ氏は、もともと議会でイスラエルとの関係を担当する委員会の委員長であった。そして17年には、インドの首相として初めて、モディ氏がイスラエルを訪問した。国連でもイスラエルを非難する決議にインドが棄権するようになったのもこのころからである。

　このようなインドのイスラエルへの接近の背景には、インドが、パキスタンが支援するイスラム過激派のテロに直面し、同じイスラム過激派のテロの被害者であるイスラエルに親近感を覚えるようになっていたことがある。

　また、ソ連から解放され、ロシア製武器への依存を減らそうとするインドは、その中でイスラエル製の武器購入を増やし、インドとイスラエルの防衛関係が強化されたこともある。イスラエルは、中東戦争で鹵獲した旧ソ連製の武器を保有し、ロシア製武器の改造パーツなどを製作することができたため、インドにとっては有力な武器の供給先となった。また、ロシア製の戦闘機でフランス製のミサイルを発射したり、その逆を行ったりする際のソフトウェア上のロックを解除するソフトウェアなど、他の国が供給できない武器もインドに売却している点でも、インドにとって貴重である。最近開設したラクシャドウィープ諸島のインド海軍基地においても、淡水化事業はイスラエルが担当している。

　さらに、イスラム教徒の支持がほとんどないため、モディ政権は、イスラム教徒

−214−

の有権者に配慮する必要性がなかったことも、インドとイスラエルの関係を後押しした。

　結果、モディ政権はイスラエルへの支持を強め、インド・イスラエル・UAE・米国4カ国の協力枠組みであるI2U2や、G20時に合意されたインド・中東・ヨーロッパ経済回廊構想などが、イスラエルを含む形で合意された。こうした経緯の上で、23年10月7日のテロにおける、インドによるイスラエル支持表明に繋がったものとみられる。

　インドは、パキスタンを包囲する観点からイランとの関係も重視しているし、パキスタンの後ろ盾になっているサウジアラビアやUAEといったスンナ派アラブ各国との関係も重視していて、23年10月以降も、両国と共同演習などを行っている。そのため、24年4月にイスラエルとイランのミサイルの応酬に際しては、エスカレートへの懸念は示したが、明確なイスラエル支持は示さなかった。ただ、モディ政権の方向性として、ガザ地区の民間人に多数の死者が出ていることに懸念は示しつつも、イスラエル支持は明確なものがあるとみられる。

二つの特徴を持つグローバルサウス重視路線の推進

　モディ政権が22年12月にG20の議長国に就任して以降掲げたのが、グローバルサウスのリーダーとしてのインドだ。モディ首相は23年1月にグローバルサウス各国を集めた首脳会談を開催、「グローバルサウスの声を国際社会に届ける」と宣言した。この宣言は、グローバルサウスとされる国々と冷戦時代の非同盟諸国のメンバーが重なるために、一見すると、非同盟諸国会議の再活性化のようにみえた。非同盟諸国会議は、西側諸国に植民地にされていた国々が多いことから、反西側的な色彩の強い。だから、西側各国では、インドの「グローバルサウス」路線について、強い反発も生まれた。しかし、実際には、14年にモディ政権が成立して以後、モディ首相は非同盟諸国会議に参加しておらず、非同盟諸国会議の再活性化に関心はないようである。では、なぜ今グローバルサウス重視なのか、その後のインドの行動からは、モディ政権が目指したグローバルサウス重視路線の背景にあるインドの狙いが、徐々に明らかになりつつある。それは、インドがグローバルサウスにおける中国の影響力を意識し、対抗するというものとい

−215−

える。根拠となる23年5月以降の経緯は、以下の通りである。

　まず、グローバルサウスが含まれる国際会議には上海協力機構がある。23年、インドは上海協力機構の議長国であり、首脳会談が予定される5月に向け、その前に多くの閣僚級会談を行っていた。しかし、それらの会議では、インドが中国と対立していることが顕著に示された。上海協力機構の国家安全保障局長級（インドの場合は国家安全保障顧問）の会議では、中国とパキスタンだけが訪印せず、オンライン参加となった。その後の国防相級会議では、中国は対面で参加したものの、結局5月の首脳会談は、首脳会談そのものがオンライン形式となり、中国の習近平国家主席が訪印することはなかったのである。

　次の節目は、7月に広島で行われた日本が議長国となるG7首脳会談であった。G7では、中国に対する厳しい姿勢が示された。この時、日本は多くのグローバルサウス各国をゲストとして招待し、その中にはインドもいた。モディ首相は、そこでウクライナのゼレンスキー大統領との会談を実現するなど、西側寄りの姿勢を見せた。

　8月に行われた南アフリカを議長国とするBRICS首脳会談もまた、グローバルサウス重視路線が試される場であった。そこでは、BRICSにグローバルサウスから新規加盟国を増やし、そのメンバーをめぐって激しい駆け引きが行われた。西側への対抗を目指す中国とロシア、それを嫌うインドとブラジルの間で交渉が難航したのである。結局、新規加盟国は反米色があまり強くない国々の組み合わせになった。

　このBRICS首脳会議は、サイドイベントとして、モディ首相と習主席の二国間首脳会談が行われたものでもあった。これは、G20に向け、習主席の出席を準備するもののように思われたが、会談直後に中国が公表した地図をめぐって、インドが主張する領土が中国領となっていたため、その雰囲気は吹き飛んだ。

　結局、こうした外交的動きの結果起きた9月のG20の首脳会談では、習主席とプーチン大統領は欠席した。習主席がG20首脳会談を欠席したのは、初めてであった。つまり、インドが議長国になったG20は、これまでの中国中心のものではなくなり、G7各国とグローバルサウスの各国中心の首脳会談となったのである。結果、G20時には、インド・中東・ヨーロッパをつなぐ経済回廊構想などが合意された。

−216−

第7章　南アジア

　このような経緯からみて、モディ政権のグローバルサウス重視路線は、二つの
ことを念頭に置いているものとみられる。まず、モディ政権は、グローバルサウス
における中国の影響力の拡大を強く懸念しており、できる限り中国を排除しよう
としていることである。次に、モディ政権のグローバルサウス重視路線には、冷
戦時代の非同盟会議の時のような反西側的性格がないことだ。むしろ、インドが
グローバルサウスと西側諸国の橋渡し役を務めることを画策しているようにすら
みえる。モディ首相の「グローバルサウスの声を国際社会に届ける」という言葉
は、グローバルサウスの声を世界政治に強い影響力を持つ西側諸国に届けると
いった意味を示し、実際に、インドが議長国となったG20首脳会談をG7とグロー
バルサウス諸国の会議にしたのである。24年1月に米ハドソン研究所で講演した
ジャイシャンカール印外相は、「インドは西側ではないが、反西側ではない」と述
べているが、これはモディ政権下で進むグローバルサウス重視路線にも反映され
たものといえよう。

緊張続く印中国境とインド洋の情勢

　20年に衝突し、インド側だけでも100名近い死傷者が出た印中国境では、中
国側が最新鋭の武器、例えばJ-20ステルス戦闘機、DF-17極超音速ミサイル、
DF-21およびDF-26弾道ミサイル、S-400地対空ミサイルを配備し、活動拠点と
なる629もの村まで建設している。インド側もそれに応じて大規模な部隊を展開
するなど、緊張状態が続いている。そのため、緊張状態が解けない限り、モディ
政権は二国間で対面の首脳会談をしないようにしてきた。しかし、23年8月に南
アフリカで行われたBRICS首脳会談時、モディ首相と習主席の首脳会談が行わ
れ、緊張緩和への第一歩を踏み出したかに見えた。しかし、その直後、中国側が
発表した地図にインドの主張する領土が中国領として含まれており、緊張状態が
緩和することはなかった。

　印中国境地域は、標高が5,000メートルあり、冬はマイナス30度にもなる。その
ため、中国軍も冬は活動が低調であるが、春になり国境地域の気温が上がると、
そこから10月まで活動が活発化する。そこで、春を前にインド軍は、印パ国境か
ら1万人程度の兵力を印中国境に再配置するなどして、さらなる増強を行った。モ

−217−

ディ首相も、24年3月に中国が領有権を主張するアルナチャル・プラデシュ州において、国境防衛強化のために建設を行っているトンネルの開通式に出席し、緊張状態にある国境防衛の重視の姿勢を見せている。

この地域の不安定要因の一つは、ダライ・ラマの後継者問題である。ダライ・ラマの後継者は、チベット側だけでなく、中国側も用意するものとみられ、混乱が予想される。24年7月に89歳を迎えるダライ・ラマは、25年に90歳を迎えるにあたり、後継者を指名する計画である。そのため、印中国境では当面、目が離せない状況が続いている。

インド洋地域でも、緊張が高まっている。23年10月に行われたモルディブの選挙では、「インド出ていけ」政策を掲げるモハメド・ムイズ氏が当選し、11月に大統領に就任した。24年1月には、最初の外国訪問としてムイズ大統領は中国を訪問し、2月には中国の調査船がモルディブに寄港、3月には中国軍の代表団を受け入れて、軍事援助に関する協定を締結した。モルディブ軍支援のために駐留するインド軍の哨戒ヘリコプター部隊などを24年5月までに撤退させる方針だ。

中国は、24年初頭の段階でインド洋に4隻の調査船を派遣し、積極的な情報収集にあたっている。その多くは、潜水艦の活動のための詳細な海図の作成、インドの多弾頭の弾道ミサイル実験のデータ収集に従事しているものとみられる。中国が設置しているジブチの海軍基地も桟橋を延長し、中国空母の寄港に備えていることから、今後、中国が空母をインド洋に展開する準備をしているものとみられている。

モルディブだけでなく、スリランカにおいても中国の進出が続いている。スリランカは、22年に事実上の債務不履行になった。スリランカの債務は、147億ドルを民間に、118億ドルがアジア開発銀行や世界銀行などの国際機関、108億ドルを二国間で借りている。二国間108億ドルの内訳については、中国から47億ドル、日本から25億ドル、インドから14億ドル、フランスから4億ドル、その他18億ドルである。日印仏3カ国は連携して、スリランカ債務再編を調整しており、24年4月、そのための新たな枠組みを発足させて対応している。ところが中国は、二国間で話を進め、自らの影響力拡大を図っている。23年10月には、スリランカのウィクラマシンハ大統領が訪中し、11月には、中国が債務のかたに管理権を

第7章　南アジア

99年間取り上げたスリランカのハンバントタ港で石油施設建設で合意するなど、着々と経済関係が強化された。24年にはスリランカのグナワルダナ首相も訪中し、中国からのさらなる投資で合意している。中国の調査船のスリランカ寄港に関しても、当初、ウィクラマシンハ首相は、1年間の寄港の「モラトリアム」を宣言し、寄港を認めない方針を示していたが、実際には、その方針が堅持されているのか、疑問視されている。「寄港」の定義次第では、給油など補給が可能だからである。モルディブを訪問した中国軍の代表団もスリランカとネパールを訪問しており、中国とスリランカの軍事協力が進むことが懸念される中、24年、スリランカでは大統領選挙が予定されている。

　24年1月、バングラデシュとブータンでも選挙があり、現政権が勝利した。現在のシェイク・ハシーナ政権は、もともとインドとの繋がりが深いが、中国からも支援を受けるなど、したたかな外交を行っている。バングラデシュでは、中国がソナディア港建設を提案していたが、日本が25キロメートルしか離れていないところにマタバリ港建設を提案し、日本の提案を採用した。そして中国は20年、ソナディア港プロジェクトを中止した経緯がある。マタバリ港プロジェクトは現在、順調に推移している。

　24年1月のブータンの選挙ではインドよりの政党が5年ぶりに勝利し、インドとしては、印中国境における対応をしやすくなったものとみられる。

軍事情勢

（1）全般

　インドの軍事情勢では、大きく三つの動きが観測された。一つ目は、インドがインド洋地域で大規模な海空軍力の展開能力を示し始めたことである。23年10月以降の中東情勢を受けて、イエメンのフーシ派が中国とロシアを除く船舶に対して行っている攻撃に際し、インドは独自の対応を決め、10隻以上の艦艇をアラビア海に展開し、多数の被害船舶を救出した。また、その活動に派遣した海軍特殊部隊への装備の供給のため、空軍の大型輸送機の空中投下による補給を実施し、展開能力を積極的にアピールしている。さらに、23年12月に行われたインド主催の多国間演習ミランにおいては、インド海軍が保有する2隻の空母両方を

－219－

参加させ、インド洋におけるプレゼンスの誇示に努めている。一連の動きは、か
ねてよりインド海軍が目指していたインド洋における安全保障の提供者としての
動きが、現実に可能になってきたことを示している。インド海軍は、現在艦艇を
140隻程度保有しているものとみられるが、35年には170-175隻程度になるもの
とみられ、名実ともにインド洋の安全保障の提供者として、その能力を示すもの
とみられる。

　二つ目は、インド軍の武器体系のロシア依存脱却の動きが本格的なものになり
始め、そのような国産化推進の中で、武器輸出でも成果が出始めたことである。
22年ロシアのウクライナ侵略が開始されて以来、ロシアからインドに納入される
武器が遅れる傾向が出ていた。例えば、S-400地対空ミサイルについては、ロシ
アからインドへの納入が遅れている。18年の契約では5個中隊分のS-400地対
空ミサイルを23年末までに納入する契約であり、これまで21年12月、22年4月、
23年3月に1個中隊分ずつ計3個中隊分、納入された。しかし、そこで納入が止ま
り、残りは26年夏になる模様である。これは、ロシア自身が戦場で武器を必要と
していることに加え、西側各国の対露制裁の結果、ロシアが武器の製造に必要
な半導体を入手できなくなったものとみられる。

　その結果、インドはできるだけ国産化を進めるとともに、他の国からの武器購
入に切り替える傾向がでていた。その一例はインド海軍の空母艦載機である。イ
ンドは現在2隻の空母ヴィクラマディティアとヴィクラントを保有している。ヴィク
ラマディティアの空母艦載機はロシア製のミグ29戦闘機で、ヴィクラントの艦載
機についてもミグ29戦闘機が有力視され、検討が行われていた。しかし、ロシア
のウクライナ侵略以後、インドはミグ29戦闘機を止め、米国製のF/A-18戦闘機
と、フランス製のラファール戦闘機、さらに国産のテジャズ戦闘機の艦載機版も
検討し、結果、フランスのラファール戦闘機を採用することに決めたのである。こ
うしたロシア製の代替策としてフランス製を採用する傾向は、過去、インドの伝
統的な方法で冷戦時代も繰り返し登場してきた傾向である。

　国産化も本格化しており、インドが空軍の主力機としているロシア製のSu-30戦
闘機に関しても、すでにフランス製やイスラエル製の装置を多数積んでいるが、イ
ンド国産レーダーなどを搭載した本格的な国産化アップグレードを開始した。

−220−

第7章　南アジア

　このような脱ロシア化の努力は、武器輸出にも影響を与えている。ロシアと共同開発したブラモス超音速巡航ミサイルをフィリピンに輸出することで合意したインドは、24年4月にはすべて納入を終えた。インドは、ブラモス超音速巡航ミサイルの完全国産化に動き始め、フィリピンはこれを追加で購入することも検討している。インドはシンガポールやUAEの国際武器展示の場で、国産のテジャズ戦闘機、プラチャンダ戦闘ヘリコプター、ドゥルブ多目的ヘリコプター、アカッシュ地対空ミサイル、ピナカ長射程ロケット砲、沖合哨戒艦なども展示し、アルメニア、ナイジェリア、アルゼンチンなどとの輸出交渉が進みつつある。テジャズ戦闘機に関しては、そのエンジンが米国製であるが、6月の訪米時に、米印によるエンジンの共同生産に合意した。今後、輸出が進むことが期待される。23年度の武器輸出は、16年度と比較し10倍に増えており、22年度と比較しても約20％伸びている。

　三つ目は、インド軍が宇宙への関心を高めていることである。インドは24年2月に民間企業だけで開発した軍事用偵察衛星の打ち上げに成功した。また3月には、初めて多弾頭のアグニ5弾道ミサイルの実験にも成功した。このような環境の中、2月に発表された国防費には25,000クロー億ルピー（1クロー＝1,000万インドルピー（約3億米ドル））の宇宙関連の武器開発予算が組まれており、さらに、チャウハン統合国防長は、4月、繰り返し各地で演説し、宇宙空間における戦いに備えるよう訴えている。具体的には、偵察衛星、通信衛星などだけでなく、衛星迎撃システムなどについてもその重要性を指摘するものである。インドは高い宇宙技術を有することから、今後、宇宙分野で世界をリードする可能性がある。

（2）総兵力

　インドは、145万人の正規軍、これと同規模の予備役や準軍隊を有する。

（3）国防費

　2024年2月にインド政府から発表された24-25年度の国防費は約621,541クロー（1クロー＝1,000万インドルピー（約744億米ドル）で、前年より4.7％の伸び、国家予算の13％程度を占める。新装備購入に国防費全体の約28％を占め、約45％が人件費や維持管理費、約23％が退役軍人の年金。

（4）核戦力

−221−

インドの核弾頭保有数は164とみられ、パキスタンより少ない。24年3月に行ったアグニ5弾道ミサイルは、初の多弾頭ミサイルで射程5,000kmである。インドからは700キロメートルでパキスタン全土、3,500キロメートルで北京、5,000キロメートルで中国全土が射程に収まる。この他に複数の極超音速ミサイルの開発に成功。ミサイル防衛として国産のPAD, AADを配備。他に運搬手段として戦闘機、戦略ミサイル原潜を有するが、戦略軍コマンドの指揮下には弾道ミサイル部隊のみ。戦闘機は空軍、原子力潜水艦は海軍の指揮下である。

（5）宇宙

23年5月-24年4月までに5回の衛星打ち上げを行い、すべて成功し、月の南極への着陸、初のX線衛星も打ち上げるなど成果を上げた。さらに民間企業が開発した初の軍事用衛星をスペースX社のロケットで打ち上げに成功している。インドは10年以降、年平均3-5基の衛星打ち上げを行い、19年にミサイルによる衛星迎撃実験にも成功。

（6）通常軍備

陸軍：124万人。六つの陸軍管区司令部（北部、西部、南西部、中部、南部、東部）と訓練司令部を保有。印パ国境から印中国境へ、部隊の再配備と指揮系統の再編が進行中。

海軍：7万人。沿岸警備隊1万人。空母2、大型水上戦闘艦28、潜水艦18（原潜2）を含む約140隻。艦艇数は35年に170-175隻になるものと予想される。戦闘用の西部・東部方面艦隊と訓練・教育目的の南部方面艦隊がある。地上部隊も探知可能なため、P-8対潜哨戒機1機を印中国境に展開。

空軍：14万人。本来は戦闘機42-45飛行隊必要とされているが、31飛行隊。2030年までに35飛行隊を目指す。内、ミグ21の2飛行隊は25年までに退役予定。国産化方針に伴い、Su-30戦闘機を国産部品で改造、国産のテジャズ戦闘機とその改良版の大規模配備を計画。早期警戒管制機も6機から12機に増やす模様。

パキスタン

　パキスタンは、経済状況が悪い中、政治の混乱もあり、深刻な状況にある。パキスタンは長年にわたる債務の増加、2022年の国土の3分の1が水没した大洪水、世界的な物価の上昇、パキスタン通貨価値の下落を受け、23年には債務不履行寸前の状態に陥った。債務に関しては、23年7月に国際通貨基金からの融資を受け、サウジアラビアやUAEなども支援して、危機を一時的に乗り切っているが、国際通貨基金の指導のもと、制度の改革を求められている。債務は大きく、予断を許さない状況だ。

　そのパキスタンでは、政治も不安定化している。22年4月に政権を追われたイムラーン・カーン元首相がしぶとく影響力を残しており、現政権とは対立している。24年2月8日のパキスタンの下院総選挙前、1月にカーン元首相が汚職や機密漏洩など100以上の罪で捜査、逮捕され、その後、カーン元首相の政党（パキスタン正義運動（PTI））も選挙法で定められた党首選出などを行わなかったため、選挙管理委員会から政党としても選挙への参加を認められず、候補者は無所属で立候補した。しかし、2月の選挙結果をみると、カーン元首相の政党に所属していた無所属議員多数が当選し、事実上の第一党となってしまった（下院全体は336議席の内101議席が無所属議員）。結局、連立協議の末、選挙前から与党の二つの政党（75議席獲得したパキスタン・ムスリム連盟ナワーズ派（PML（N））と、54議席獲得したパキスタン人民党（PPP））が連立を組んで過半数を取り、昨年から続くシャバーズ・シャリフ政権を維持した。このような情勢なので、シャリフ政権への国民の支持は安定しない状況である。

　パキスタンはもともと軍隊の影響力が強い国である。1947年の独立以来、歴史の約半分を軍政が占め、民主政権になっても、軍の強い影響を受けた状態にあるといわれている。もともとカーン元首相が就任した際も、カーン元首相に軍の支持があったといわれており、同時に、政権を追われた23年4月以降、カーン元首相は軍を繰り返し批判し、対立が明確になってきた。そのため、カーン元首相の支持者が選挙で一定の議席をとり、勝利したことは事実であるが、軍との対立

を解消しない限り、政権樹立は起きない情勢とみられる。

軍事情勢

　パキスタンでは政治が安定しない中、周辺国とも紛争を抱える状況になっている。従来、パキスタンは、インドに対抗することを戦略の柱に据え、インドに対するテロ支援を活発に行ってきたが、経済、政治の混乱の中で、インドに対する作戦はより難しくなり、別の問題を多く抱えている。

　一つ目が、国内のテロ活動である。パキスタンでは、カーン元首相の時代にアフガニスタンに追い出した「パキスタン・タリバン運動（TPP）」のメンバーに、武器を捨てればパキスタンに戻ってよいという政策を採用したが、実際には武器を放棄せずに戻り、対話は決裂した。そしてシャリフ政権時代にはいり、22年11月の停戦の放棄とともに戦闘が再開され、テロが急速に増えた。さらに民主主義そのものに反対し、主にシーア派をターゲットとするISテロも起き、7月には45名が死亡するテロが起きるなど、治安情勢が悪化している。

　これらの活動は、アフガニスタンにタリバン政権が成立して以降、悪化している。もともとパキスタン政府はタリバンを支援してきた経緯があり、関係は良好だったが、アフガニスタンに端を発するパキスタン国内のテロが増加するにつれ、23年11月から、パキスタンは、アフガニスタンからの不法移民の強制送還を開始した。24年3月にはパキスタン軍機がアフガニスタン領内を空爆し、双方が非難し合うなど、関係が悪化しつつある。

　パキスタンとイランの国境付近でも、戦闘になりつつある。パキスタンとイランとの国境付近のバロチスタン州では、クルド人に次ぐ世界第二の規模の国をもたない民族、バローチ人がおり、もともと独立武装蜂起が断続的に続いてきた。ただ、近年、中国が一帯一路の旗艦事業として、「中国・パキスタン経済回廊」構想を進め、商業用とされるグワダル港、軍港としてジワニ港などの建設を進めている。それに伴い、中国とバローチ人との間で紛争となり、「バルチスタン解放戦線（BLF）」などによる、主に中国人とパキスタンの治安部隊を狙ったテロが増えた。24年4月には、日本人の乗った車も攻撃を受け、中国人を狙ったテロに、日本人が巻き込まれた可能性がある。これに伴い、パキスタンは軍と治安部隊を統合

した「セキュリティ師団」を創設して治安対策に充てているほか、中国も軍や民間軍事会社による治安作戦を実施しているものとみられている。しかし、24年1月には、イランがバロチスタンを拠点とする別組織をミサイル攻撃し、これに対してパキスタンもイラン領内をミサイル攻撃するなどして報復した。両国は、その後、4月に、イランのライシ大統領がパキスタンを訪問し、八つの協力文書に署名するなど、緊張の鎮静化に努めている。

「中国・パキスタン経済回廊」については、カシミールのパキスタン支配地域でも、地元住民との間で紛争になっているものともいわれているが、情報がほとんど出ていない。

（2）総兵力

総兵力は65万人、準軍隊29万人。

（3）国防費

23年6月公表（7月施行）の国防費は1兆8,040億パキスタンルピー（65億米ドル）で、前年より13％の伸び。国家予算の12.5％、GDP比で1.7％を占めているが、財政難の状況でも軍の予算は確保されている。陸軍が国防費全体の46％、海軍10％、空軍20％、残りは装備品の生産部門など。インドと違い、退役軍人の年金が含まれていない。

（4）核戦力

インドを上回る170の核弾頭を保有。このまま進めば25年に200発になるものとみられている。中国製、北朝鮮製のミサイルを元にした射程70-2,000キロメートルの各種弾道、巡航ミサイル、および戦闘機により運搬。戦略核だけでなく、インドがパキスタンを限定攻撃した際に対応するための、戦術核も保有。指揮は国家戦略総司令部で行う。ミサイル防衛システムとして中国製のLY-80地対空ミサイルを保有。

（5）通常軍備

陸軍：56万人。九つの軍団、一つの地域コマンド、二つの特殊作戦群など。
　　　　ロシア製のMi-35戦闘ヘリコプターのエンジンの買戻しを求められている。

海軍：3万人（海兵隊3,200人、沿岸警備隊2,000人を含む）。潜水艦8隻（3隻

は小型）、大型水上戦闘艦9隻を含む海軍を保有。内、フリゲート艦8隻
は中国製。さらに、中国から潜水艦8隻、トルコと共同開発したフリゲー
ト艦6隻も導入する計画。20年以降、海軍の規模拡大を狙い、現在の
20隻から50隻以上に増やす計画を進めている。

空軍：7万人。戦闘機は16飛行隊。中国製のJ-10戦闘機、中パ共同開発の
JF-17戦闘機が主力。J-10、JF-17ともエンジンはロシア製である。

（長尾賢）

アフガニスタン

　2023年12月29日、国連安保理ではアフガニスタンの国際社会復帰への道筋を
つけた決議を日本とアラブ首長国連邦（ＵＡＥ）が主導して採択した。決議では
タリバン政権に女性の権利の尊重や国際テロ組織との関係断絶を促し、幅広い
勢力が参加する政府づくりを求めた。これはタリバン政権がアフガニスタンを代
表とする政府と認めるための条件を示したものだ。21年8月にタリバン政権が復
活してから政府として承認した国はない。

　国際的孤立もあってアフガニスタンでは人道危機が深刻で、全人口の半数以
上が人道支援が必要な状態に置かれている。中国は23年12月にタリバン政権の
大使を受け入れたが、中国の狙いはアフガニスタンがウイグル人反政府勢力の温
床となることを防ぐために、タリバンに治安対策の協力を求めたい意向があるこ
とや、アフガニスタンの銅など様々な鉱物や石油資源に関心があり、またアフガニ
スタンを「一帯一路」構想に取り込みたい意向もある。24年になってロシアもタ
リバン政権の承認に前向きとなり、アフガニスタンを欧米への対抗軸に組み込み
たい意向だ。

　日本も女子教育の再開などタリバンの女性の人権への取り組みなどに配慮し
て、アフガニスタンの人道状況の改善のためにも、タリバン政権承認を含めてア
フガニスタンに関する戦略を同盟国などと協議しながら考えていかなければなら
ないだろう。

第7章　南アジア

アフガニスタンに残された米国製兵器がパレスチナの武装集団に

　23年7月、パキスタンのサマア通信は米国がアフガニスタンに供与した武器が
パレスチナの武装集団に移転されていると伝えた。同様のニュースは「ニューズ
ウィーク」もイスラエルの軍関係者の発言として報じている。米軍がアフガニスタ
ンに残した武器は、同国の周辺で活動するパキスタン・タリバン運動（TTP）、イ
スラム国（IS）、「東トルキスタン・イスラム運動（ETIM）」などの武装集団の活
動を刺激することになる。

　米国の国防総省から議会に提出された報告書（22年3月付）によれば、米軍が
21年8月までにアフガニスタンに駐留していた16年間、アフガン政府軍に移転し
た武器のうち70億ドル（9,900億円）相当をアフガニスタンに残した。そのほとん
どが米国と敵対していたタリバンの手に渡ったことになり、さらにこうした武器
は周辺の武装勢力にも流出する可能性がある。米国がアフガニスタン国軍に提
供した96,000台の軍用車両のうち40,000台がアフガニスタンに残り、その中に
は12,000台の軍用ハンヴィーも含まれるという。

西部大地震の発生

　23年10月、西部ヘラート周辺では4回の地震が立て続けに発生した。世界保
健機関（WHO）は1,482人が犠牲になり、2,100人が負傷し、114,000人が人道援
助を必要としていると報告した。

　21年にタリバンが政権を掌握すると、欧米の支援団体が撤退し、またタリバン
は女性の国連職員の出勤を禁じるなど、迅速な救助活動の開始には少なからぬ
障害があった。タリバン政権が国際的に孤立するために救援活動に諸外国との
連携もあまり期待できなかった。この地域の家屋は泥や岩などを材料に建てら
れた家も多く、こうした住宅事情も地震の被害を大きくした。

　タリバン政権が国際社会に支援を訴えると、外交関係がないにもかかわらず
多くの国々が支援を申し入れ、赤新月社や赤十字も救助活動に乗り出した。そ
れでも救援活動は迅速に行われず、義援金も必要とされた額を大幅に下回っ
た。最初の地震の発生がハマスによるイスラエル攻撃が開始された日と重なり、
国際社会の関心がアフガニスタンの大地震に十分に向けられなかったことも

−227−

あった。24年2月に国連は、アフガニスタン西部地震の復興には4億ドル（615億円程度）が必要という見通しを明らかにした。

アフガニスタンの人道危機

24年3月に発表されたユニセフの報告書によれば、アフガニスタンでは1,230万人の子どもを含む2,370万人の人々が24年に人道支援を必要とするという（アフガニスタンの全人口は4,000万人と見積もられる）。ユニセフによれば、子どもたちの支援に必要な14億ドルのうち現在はその35％しか確保できていないという。報告書ではアフガニスタンの人道危機の要因は、長年の紛争、気候変動、経済的低迷、失業率の上昇などであることが指摘されている。

24年になると、麻疹が流行して、4月下旬までに1万4,570人が発症し、そのうち1万1,000人余りが5歳未満の子どもで、6,000人が女性であった。国連世界食糧計画（WFP）は4月27日、現地で毎月600万人に食料と現金を配給していることを明らかにしたが、24年には1,580万人の人々が食料不足に直面すると見られている。

現在、アフガニスタンに銀行から送金しようとしても、銀行は米国の財務省から罰金を科される恐れがあるとして応じないが、これがアフガニスタンの経済的困難の重要な要因の一つとなっている。ユーラシア大陸の中心ともいうべきところに位置するアフガニスタンは地政学的にも重要で、そこの不安定や暴力は周辺地域に波及していく可能性がある。日本が23年7月11日までに職員やその家族など114人を難民認定したことが明らかになった。難民受け入れに積極的とはいえない日本では異例の多さだった。

消えぬテロの脅威—アフガニスタン国内テロ

23年10月13日、バグラーン県の県都プレクムリ市内のシーア派モスクで、少なくとも17人が死亡する自爆テロが発生した。これには「ISホラサーン州（ISKP）」が犯行声明を出した。また、モスクワ郊外のクロッカスホールでの大規模テロの前日である3月21日にアフガニスタン南部カンダハルの銀行前で自爆テロがあり、少なくとも3人が死亡、12人が負傷した。

ISKPはISの拠点があるイラクやシリアから資金や軍事知識、また訓練を与えられ、モルディブにも工作員を派遣していると見られている。ISKPが19年4月に300人以上を殺害したスリランカ・テロのように、再び南アジアを舞台にテロを行う危惧があり、またアフガニスタンやパキスタンでは彼らが異端と考えるシーア派教徒に対するテロが継続していく可能性がある。

アフガニスタンを中心に増幅する世界的テロの脅威

24年4月、モスクワ郊外でISによるテロが発生し、100人以上が犠牲になったが、ISによるテロは同様にイランやパキスタンなど、アフガニスタンに隣接する国々で重大な懸念となっている。24年1月3日にイラン南東部のケルマーンで2回の爆発があり、100人余りが犠牲になった。この事件は、20年1月に米国のドローン攻撃で亡くなったソレイマニ司令官の追悼式典中に起きたものだが、ISが犯行声明を出した。

イランでは17年6月に首都テヘランで同時多発テロが発生し、13人が死亡、また18年9月に南西部アフワーズの軍事パレードで24人が死亡するテロがあった。どちらもISによるものと見られたが、24年1月のテロについてライシ大統領は「イスラエルは重い代償を払う」と発言し、イスラエルによる犯行と考えた。イランでは10年に核物理学者が立て続けに3人殺害され、さらに20年11月に核物理学者のモフセン・ファフリーザーデ氏が首都テヘラン近くのアーブサルドの町で銃撃されて死亡したことがある。一連の核物理学者の殺害にはイスラエルの情報機関の関与が疑われた。ライシ大統領の発言はあったものの、24年1月のケルマーンでのテロはISによるものと広く信じられている。

パキスタン軍、アフガニスタンを空爆

24年3月18日、パキスタンはアフガニスタン南東部パクティカ州と東部ホスト州で空爆を行い、女性や子ども合わせて8人が死亡したとタリバンが発表した。タリバンの報道官は、アフガニスタンに対する主権の侵害だとパキスタンの空爆を非難したが、これに対してパキスタン外務省も「アフガニスタンで対テロ作戦を実行した」という声明を出し、空爆がパキスタン北西部の治安部隊の施設で3月16日に

—229—

発生した、7人が死亡するテロ事件の首謀者を標的にしたものだと述べた。

　24年4月24日、イランとパキスタンは共同声明を出し、アフガニスタンのテロの脅威に協力して対応していくことを明らかにした。

　23年9月29日、パキスタン南西部バロチスタン州マストゥングにある市場で自爆テロが発生し、少なくとも51人が犠牲になった。テロで狙われたのはイスラムの開祖・預言者ムハンマドの生誕を祝う行進だった。預言者の生誕祭（マウリド、ヒジュラ暦第3月12日）は、イスラム誕生当初からあったわけではない。ファーティマ朝（909-1171年、主要支配地域はエジプト、北アフリカ）時代後期から始まった。やはりエジプトやシリア、イエメンなどを支配したアイユーブ朝（1169-1250年）時代にスーフィ（イスラム神秘主義）教団の儀礼となり、イスラム地域全域に普及していった。

　マストゥングでのテロはISの犯行と見られている。ISがイラク北部やシリア東部を支配していた時、預言者ムハンマドの生誕を祝うことはイスラムの正しい道からの逸脱（ビドア：有害な革新）として否定して禁じていた。こうした考えはサウジアラビアの国教であるワッハーブ派の影響を受けるもので、パキスタンではISの支部である「パキスタンIS」や、そのライバルであるISKPが活動し、「パキスタンIS」はバロチスタン州で活発で、カイバル・パクトゥンクワ州でのテロは同州で強力なISKPによって行われているという説が有力だ。

再開されない女子教育

　タリバン政権下で24年3月下旬に新年度が始まっても女子教育は再開されなかった。タリバンは21年8月に政権に復活すると、女子の小学校までの教育は認めたが、中学生以上の教育を認めていない。

　タリバンは女子教育に消極的な姿勢だが、イスラムの主流の考えでは女子教育を禁じていない。イスラムのハディース（預言者ムハンマドの言行を記録したもの）には「男子であれ、女子であれ、すべてのムスリムには知識を探求する義務がある」という教えがあるが、24年3月の新学期の始まりの式典でタリバンのハナフィ副首相代行は「最も優先すべきはイスラムの教えや信仰であり、そのうえで科学を学ぶこともできる」と述べ、イスラムの学習の大切を強調したものの、女子

－230－

第7章　南アジア

教育の再開については言及がなかった。

　女子教育を認めないなどのタリバンが解釈するイスラム的諸策がアフガニスタンの国際社会への復活を妨げている。しかし、冒頭でも述べた通りアフガニスタンの人道状況の悪化を受けてその国際社会への復帰に向け、国連加盟国にアフガニスタンへの関与や接触を増やすことを求めた国連安保理決議が23年12月に成立した。また、グテーレス事務総長にはアフガニスタンとの調整を図る国連特使の任命を求め、タリバン政権が女性の権利のほか、治安やテロ、麻薬など直面するさまざまな課題に包括的に取り組む必要があると促している。

（現代イスラーム研究センター理事長／平和・安全保障研究所研究委員　宮田律）

第8章　中央アジア

概　観

　中央アジア地域の安全保障で最大の懸念になっているのは、アフガニスタンに拠点を置く「ISホラサーン州 (ISKP)」の動静だが、その懸念の通り、2024年3月22日にモスクワ郊外でテロ事件が起こり、140人余りが犠牲になった。この大規模なテロ事件にもISKPが犯行声明を出し、実行犯として起訴された4人全員が中央アジア・タジキスタン出身者だった。

　タジキスタン、キルギス、ウズベキスタンに囲まれる中央アジアのフェルナガ盆地では、1990年代に入り、社会・経済状態の悪化から、イスラムに平等や公正の原理を求めるイスラム復興の運動が顕著になった。タジキスタンでは、政治腐敗が顕著で、経済も低迷し、イスラムの公正や平等に訴える過激な武装集団の訴えが容易に受け入れられる背景がある。

　タジキスタンの隣国アフガニスタンでは厳格なイスラム主義に訴えるタリバン政権が再び成立し、米国の制裁などによって社会が不安定になる中で、ISなどの武装集団がアフガニスタンを活動の場としている。中央アジアやアフガニスタンでは武器や麻薬などの密輸ネットワークもあり、これらもまた武装集団の台頭を促す要因となっている。

　継続するシリア内戦や、またイスラエルによるガザ攻撃も、ISの主張や活動に追い風を与えるものだ。プーチン大統領のロシアによるウクライナ攻撃では、クリミア・タタール人がロシア軍と戦闘を行っているが、ロシアがムスリムのタタール人の土地だったクリミア半島を併合してしまったことも、中央アジアのムスリムたちがロシアに反発する要因になっているに違いない。

　アフガニスタンに対する国際社会の関心が希薄になれば、アフガニスタンから中央アジアに至る過激派のネットワークは一層活発になる。イスラエルによるガザ攻撃の継続も中央アジアの過激派を刺激していることは間違いない。

　カザフスタンのトカエフ大統領には、ロシアとベラルーシの核共有を非難するなど、ロシアの路線と一線を画す姿勢が顕著だ。ソ連時代の核実験による放射能被害に苦しむカザフスタンは2018年に核兵器禁止条約を批准するなど核兵器に厳格な姿勢をとり続けている。また、23年、カザフスタンはキルギスやウズベキスタンと軍事演習を行い、ロシアや中国を加えないで中央アジア諸国独自の安全保障の枠組みを考え、テロ問題などに対応しようとしている。

　日本にはカザフスタンとウズベキスタンにまたがるアラル海地域の環境問題の改善に支援を与えるなど、中央アジア諸国の社会的安定に貢献する姿勢があるが、こうした日本の支援は過激派台頭の抑制に貢献するものであり、中央アジア諸国との一層の協力が求められている。

-232-

ロシアとベラルーシの核共有に反発するカザフスタン

2023年5月24日、モスクワで開かれた「ユーラシア経済同盟」の会合の席上、カザフスタンのトカエフ大統領は、ロシアとベラルーシの核兵器の共有に反対の意を唱え、プーチン大統領の面前でロシアの核兵器がベラルーシに配備されることを「核拡散」と批判した。カザフスタンは、ロシアが求めた「集団安全保障条約機構（CSTO）」の枠組みによるウクライナへの派兵要求にも応じず、またロシアがウクライナにつくったルガンスク人民共和国もドネツク人民共和国も認めないとトカエフ大統領は22年6月にサンクトペテルブルグで開かれたロシア政府主催の国際経済フォーラムの席上、プーチン大統領の前で語った。

トカエフ大統領の核兵器に対する懸念は、カザフスタンがソ連時代に核兵器の実験場として使われ、深刻な放射能被害を受けたという歴史的背景もある。カザフスタンのセミパラチンスクでは、1949年から1989年にかけて456回の核実験が行われた。ヒロシマ・セミパラチンスク・プロジェクトによれば、120万人が核の灰の影響を受けているとされる。カザフスタンは、18年3月に核兵器禁止条約に署名し、翌19年8月に批准通知書を国連事務局に提出した。

23年11月から12月にニューヨークで開催された核兵器禁止条約第2回締約国会議では、条約第6条「被害者への援助と環境の修復」などの議論を主導し、25年の第3回締約国会議では議長国を務めることになっている。

カザフスタンは、核兵器問題については独立国として大国に言うべきことは言うというスタンスをとっている。カザフスタンは、1994年の英米とロシアのブダペスト覚書によって国内にあった核兵器をすべてロシア管理のもとに置いた。

ちなみに、カザフスタンと日本は核兵器の惨禍を媒介に交流を続けている。広島市の非営利団体ヒロシマ・セミパラチンスク・プロジェクトは、医療チームをカザフスタンのセメイ（ロシア語名称セミパラチンスク）へ派遣する事業を行っている。いずれにせよ、トカエフ大統領の姿勢に表れる核兵器への反発は放射能被害を受けてきたというカザフスタンの歴史に根づくものであることは疑いがない。

カザフスタンを重視するプーチン大統領

プーチン大統領は23年11月9日、ロシアのウクライナ侵攻後にロシア離れが指

摘されるようになったカザフスタンを訪問した。

プーチン大統領はトカエフ大統領との会談で「我々は単なる同盟国ではなく、最も親密な同盟国だ」と述べると、トカエフ大統領もプーチン大統領にあなたの訪問には歴史的意義があると応じた。

トカエフ大統領はその前日に「イズベスチヤ」に掲載されたインタビュー記事の中でカザフスタンの原油輸出の8割がロシア経由で行われていること、またカザフスタンを通過するロシア産原油の中国への輸出も33年までに一億トン以上になると両国経済の相互依存性を強調した。

プーチン大統領もトカエフ大統領の言動をまったく無視することはできず、ウクライナでの戦争にも一連の歯止めをかける可能性がある。欧米諸国の指導者たちとは異なって、シリア和平など数々の戦争の調停を行い、プーチン大統領と面談を行ってきたトカエフ大統領の動静を欧米諸国も評価、注視していることだろう。

独自の安全保障を考える中央アジア諸国

23年は、中央アジアではロシアや中国が参加しない軍事演習が行われるなど、域内諸国が独自に安全保障環境を考える姿勢を明らかにした年でもあった。23年8月には、カザフスタンとウズベキスタンの合同軍事演習「カンザール（短剣）」が行われ、また8月下旬にはカザフスタン・イシククル州バリクチの町にあるエーデルワイス訓練場で、カザフスタンとキルギスの合同軍事演習が行われた。中央アジア諸国には独自の協力を進めることによって、自国の安全を高めようとする姿勢が顕著になっている。合同軍事演習の目的の一つにはいわゆる「イスラム過激派」のテロ対策もあるし、またロシアのウクライナ侵攻を受けて他国の軍事介入に備える目的もあるだろう。

24年2月、キルギスとタジキスタンは国境の90％を画定し、両国の懸案となってきた国境問題の平和的解決を目指した。22年9月の両国の武力衝突では、その後貿易量がゼロに近づくなど、両国経済に深刻な打撃を与えた。外交関係の好転が両国経済にも肯定的影響を及ぼすことは明らかで、両国は国境問題の解決に次いで、水管理の問題なども協議していくと見られている。

中央アジアはユーラシア大陸の中央とも言えるところに位置するため、ロシア

や中国に対抗する意味で欧米諸国も関与を深めている。様々な兵器が実戦投入されるロシアのウクライナ侵攻によって中央アジア諸国にとっても兵器の近代化が重要な関心事となった。ドローン、軍用輸送機、レーザー兵器などに強い関心が寄せられている。

中央アジア諸国は、多角的で均衡のとれた外交政策を追求し、また中央アジア諸国内での協力を強化することで、地域の秩序形成に中央アジア諸国が主導権を握り、大国の思惑に踊らされることがないよう努めているようにも見える。

ガザ戦争に反発する中央アジアの人々

23年10月7日に始まったイスラエル軍とハマスの戦闘は、中央アジア諸国ではイスラム人口が多数を占めるだけに、政府や国民がムスリムのパレスチナ人が多数殺害される事態に重大な関心を寄せている。イスラエルやイスラエルに支援を与える米欧諸国に対する反発は、「イスラム国(IS)」などイスラムに訴える過激派や武装集団の主張に追い風を与えることになる。また、イスラエル支配のもとで暮らすパレスチナ人の現状は、中央アジアの人々にはソ連やロシアによる強権的支配を思い起こさせるものでもある。

実際、ISやアルカイダ、タハリール・アル＝シャーム（シリアで活動する反政府武装組織）は、ソーシャル・メディアを通じてイスラエルのガザ攻撃を批判し続け、聖戦への参加を呼びかけている。

中央アジア諸国内でイスラム武装集団に参加する者たちが増えることは、国内のウイグル分離独立派の動静を懸念する中国との関係にもマイナスに働くことは確かだ。11年に始まるシリア内戦は、中央アジア諸国の人々が中東の武装集団に参加する動機を与えてきた。ＩＳには中央アジア出身者や中国のウイグル人も含まれ、過激派のネットワークがこの地域の不安定要因になることを中央アジア諸国政府は恐れている。また、中国との関係は、米国やＥＵとのバランスを図る上でも軽視できない。

ガザでの戦争が始まって以来、パレスチナ支持のデモはキルギス、カザフスタン、ウズベキスタンで行われた。これらデモは平和的なものだったが、中央アジア諸国政府も、国民感情に配慮してパレスチナ人に共感する姿勢を見せるようにな

－235－

り、パレスチナに財政支援を与えたり、国連の投票行動でもパレスチナを支持する姿勢を見せたりしている。

中央アジアでは、サウジアラビアへの巡礼などを通じて中東との接触機会も増え、イスラムの復興現象が顕著になっている。ザ・ヒル（The Hill）によるとウズベキスタンではカリモフ政権時代（1991-2016年）、サウジアラビアにおけるハッジ（メッカ巡礼）の参加者は年間5,000人ぐらいであったのが、現在では15,000人から17,000人と増加し、ウムラ（特別な時期以外の巡礼）もカリモフ政権時代には2,000人であったのが、現在では14万人に増えている。

キルギス大統領の初来日

23年11月20日、キルギスのジャパロフ大統領が初来日し、岸田文雄首相と会談を行った。日本は、キルギスのロシアや中国への経済依存を減らす方策を探る方針で、岸田首相が24年半ばに中央アジアを訪問し、中央アジア5カ国との首脳会議を開く計画だ。

日本は人材育成、インフラ整備、人的交流、脱炭素などの分野で中央アジアとの関係をより親密にしたい意向をもっている。ロシアへの出稼ぎ労働に大きく頼るキルギスは、ロシアの政情や経済状態に大きく影響されるために、日本との経済関係の拡大は望まれるところだ。岸田首相とジャパロフ大統領との会談では、自由や民主主義、法の支配、人権という価値観が共有されることが強調された。

日本は外国人在留資格の「特定技能」によって日本でのキルギスの人々の就労機会を増やす計画だが、中央アジアが日本に新たな労働力を供給する地域になる可能性がある。JICAは「一村一品」でキルギスなど中央アジアの特産品の生産、販売を通じて、経済振興を行い、貧困の改善を目指す考えだ。

ロシア―コンサート会場テロの背景にある中央アジアの過激化

ロシア・モスクワ近郊のコンサートホール「クロッカス・シティ・ホール」で24年3月22日、銃撃事件が発生し、少なくとも60人以上が犠牲になったが、この事件についてISのアマーク通信が犯行声明を出した。

ISのようなイスラムに訴える過激派がロシアを標的にする動機とすれば、ロシ

アのイスラム地域への軍事介入がある。ロシアは2度にわたってチェチェン侵攻を行ったが、その死者は少なくとも10万人以上、あるいは30万人とも見積もられている（「アルジャジーラ」など）。1999年から始まった第二次チェチェン戦争を指揮したのはプーチン首相（当時）だったが、空爆を多用してチェチェンの首都グローズヌイにはほとんど何も残らなかったと言われるほどすさまじい破壊を行った。

　また、ロシアは15年9月末からシリアに軍事介入を行い、アサド体制を支え、ISの拠点への空爆を継続している。ドイチェ・ヴェレ（Deutsche Welle）によるとロシアの空爆によって18年9月末までに18,000人のシリア人が殺害された。ロシアのシリアでの軍事行動が民間人の犠牲を伴うものであることは言うまでもなく、またロシアの支援がなければ市民の人権を侵害するアサド体制は存続できなかっただろう。

　現在ロシアには900万人余りの中央アジア出身の労働者たちが働いている。彼らの送金は、中央アジア諸国の中でも特にキルギスとタジキスタンの経済にとって不可欠だ。欧米諸国のロシアへの制裁は、中央アジア諸国に重大な影響を及ぼしている。ユーラシアネット（eurasia net）によると、20年、出稼ぎ労働者の本国への送金はキルギスのGDPの31.3％、タジキスタンのそれの26.7％を占めていた。ウクライナ戦争による欧米諸国のロシアへの経済制裁によって、中央アジア出身者の中には本国に帰還する者たちもいたが、ロシアの刑務所にいたタジク人受刑者が100人ほどウクライナ戦争の前線に送られたと23年8月にタジクの内相が明らかにするなど、中央アジア出身者たちはロシアの戦争への協力も余儀なくされている。

　歴史的には、ロシア帝国主義はオスマン帝国やイランのカージャール朝のカフカスなどに侵略を行ったが、軍事力の行使による市民の殺害などイスラム世界へのネガティブな関与がロシアを含めて欧米へのテロの背景になっている。プーチン大統領は中央アジア出身者などテロや過激な集団への関与を行った者たちへの締め付けを強化するだろうが、ムスリムの犠牲者たちを伴うロシアのイスラム世界へ軍事介入、あるいはロシア国内でのムスリムへの差別が改善されない限りISなどイスラムに訴える過激な集団のロシアへのテロは一掃されることはないだろう。

縮小続くアラル海からの砂塵の放出量が倍増

　24年4月27日付の「Earth.com」の記事は、カザフスタンとウズベキスタンにまたがるアラル海からの砂塵の量が1984年には1,400万トンであったのに対して、15年には2,700万トンに増加したと報告している。大気中に放出された微細な塵粒子は、呼吸器系の問題や、心臓と血管から構成される心血管系の問題など、地元住民に深刻な健康被害をもたらすことになるが、これがトルクメニスタンやタジキスタンの首都など遠く離れた地域にも否定的な影響をもたらしていると記事は伝えている。

　アラル海はかつて日本の東北地方と同じぐらいの湖面積があったが10分の1にまで縮小した。この劇的な縮小は、旧ソ連時代にアラル海にそそぐアムダリア川とシルダリア川の水資源を綿花栽培と稲作栽培に無計画に大量に使った結果だ。京都大学の石田紀郎名誉教授によれば、アラル海が縮小した要因として、ソ連が雨が降らない砂漠に農地を造成したために、大量の水が必要だったことが挙げられる。それも東西冷戦を背景にするものだと石田氏は説明する。ケネディ大統領の米国を筆頭とする西側諸国によってソ連がバターや小麦、綿花を買えないようになったため、フルシチョフのソ連は綿花の畑を増やし、中央アジア地域はソ連の綿花栽培の実に95％を担うようになった。フルシチョフの農業政策が成功したのと引き換えにアラル海は干上がってしまった。

　このアラル海の環境破壊についてはJICAがこの地域で、乾燥気候に強い農作物の開発や医療サービスの改善などのプロジェクトを推進している。JICAは海外での出稼ぎ労働などに頼る不安定な経済ではなく、アラル海地域独自のビジネスの拡大やその安定化などを目指し、ここでも日本の地域振興運動である「一村一品」のスローガンを視野に、アラル海地域のコミュニティの自立できる経済の構築を支援している。

（宮田律）

第9章　南西太平洋

概　観

　豪中両国が関係改善に向けて動き出している。大麦、石炭、ワインなどオーストラリアからの輸入品目に対する貿易規制も徐々に取り払われるなか、アルバニージー首相は2023年11月、北京を訪問し習近平国家主席との首脳会談を行った。また翌年3月には王毅氏が外相として約7年ぶりに訪豪し、秋には李強首相の訪豪も予定されている。

　オーストラリアは他方で、同盟国・友好国との安全保障面での関係強化も積極的に進めている。米国との軍事的統合は進んでおり、米軍のオーストラリアへの巡回駐留や展開の拡大だけでなく、武器の共同生産など、統合の裾野が広がっている。英米豪3カ国の防衛協力パートナーシップAUKUSによる原潜調達計画では、米国の動きへの不満はあるが、オーストラリアは関連法案の整備、人材育成などを進めている。また日本、韓国、フィリピン、英国などの戦略パートナーとの安全保障協力も拡大している。

　オーストラリアは独自の軍事力強化も進めていく方針を示している。政府は『国家防衛戦略』を発表し、中長期的な視点に立った戦略を明らかにした。そこでは、オーストラリアの拒否的抑止としての原子力潜水艦や水上戦闘艦などの海軍力が重視されている。アルバニージー政権はまた、今後10年間で111億豪ドルを追加投入し、豪海軍艦隊の規模を現在の2倍以上に強化する計画を発表している。

　オーストラリアと同様にニュージーランドも『国家安全保障戦略』を発表し、国防力の強化を訴えた。ニュージーランドはここ数十年で経験したことのないような地政学的な挑戦に直面しているとし、安定的な安全保障環境に基づいて整備された戦力は、現在の安全保障上の課題に対応できないと警告を発している。

　南太平洋地域における中国の影響力拡大は引き続き国際社会の関心を集めている。ナウル政府は24年1月、台湾との断交を発表、その背景には台湾総統選挙に不満をもった中国の積極的攻勢があったとされている。これにより南太平洋で台湾と外交関係を維持しているのは、ツバル、パラオ、マーシャル諸島の3カ国のみとなった。ツバルでは24年1月に総選挙が行われ、親台湾派のナタノ首相が落選したが、新政権のもと台湾との関係を維持する模様である。ソロモン諸島でも同年4月に総選挙が行われた。親中路線を推進する与党は議席を大幅に減らしたが、少数政党や無所属議員らの協力を得て、かろうじて政権を維持した。ソガバレ首相の後任のマネレ新首相も親中路線を継続する姿勢を見せている。

−239−

オーストラリア

『国家防衛戦略』の発表—中長期的な視点からの国防戦略

　豪政府は2024年4月、『国家防衛戦略（NDS）』ならびに『国防統合投資計画』を発表し、中長期的な観点に立った豪国防戦略を明らかにした。基本的には23年4月に発表された『国防戦略見直し』で提示された戦略認識を踏襲するものである。

　その戦略認識とは、中国の近年の威圧的行動を念頭に、オーストラリアの安全と繁栄がよって立つ「グローバルなルールに基づく秩序」が深刻な脅威にさらされており、安全保障環境はますます悪化の一途を辿っているというものであった。また「敵国はオーストラリアの地を踏むことなく、我が国に多大な損害を与えることができる」（マールズ副首相兼国防相）のであり、オーストラリアの防衛はオーストラリア大陸の海岸線を単に守るのではなく、インド太平洋地域全体の安全保障環境にかかっていた。そしてそのために重要となるのが、高い戦力投射能力を持った海軍力であった。地域安全保障に貢献し、海上交通路が寸断されることによる威圧に対抗するために、オーストラリアの投射能力の整備と向上が不可欠であるとされた。

　豪政府はこうした戦略認識のもと、優先的に進めるプロジェクトとして、原潜の開発、長距離ミサイル能力と誘導兵器・爆発物事業の強化、豪北部拠点の強化などを挙げ、今後10年で503億豪ドル（約5兆円）を追加投資するとした。マールズ国防相によれば、国内総生産（GDP）比は2％から2.4％の高水準に達する見込みだ。他方、予算を捻出するため、2隻の大型支援艦計画の延期、キャンベラの国防施設の大規模改修計画の縮小、統合打撃戦闘機（JSTF）の追加購入の延期などが予定されている。

　野心的な計画が掲げられたが、最大の障害として人員不足がある。マールズ国防相によれば、国防省は制服組の採用要件の80％しか達成できておらず、4,000人以上の人員が不足しているという。同国防相は採用活動を合理化するだけでなく、英国、米国、カナダ、ニュージーランドをはじめとする他国から兵士を採用

する方法も検討する必要があるとしている。

NDSでは、日本をインド太平洋の平和と繁栄のための「不可欠なパートナー」と位置付けた。防衛産業・技術協力を深めつつ、日本の自衛隊と「ハイエンドな相互運用性」を強化することを目指すとした。豪戦力構想（米軍のオーストラリア展開）への日本の関与は、日米豪防衛協力の最優先事項であるとしている。

また中国については、自らの戦略的目標を追求するために、領土紛争への強引な対応や、国際法に従って国際水域・空域を航行する船舶・航空機に対する危険な妨害行為など、「強圧的な戦術」を採用しているとしている。さらに、インド太平洋における中国のイニシアティブの中には、その目的と範囲に関する透明性を欠いているものもあるとして、中国の行動に強い懸念を表明した。

アルバニージー首相、米中両首脳と相次いで会談

アルバニージー豪首相は23年10月、米国を公式訪問し、バイデン米大統領との首脳会談を行った。首脳会談は広島サミット直後にオーストラリアで予定されていたが、米政府の債務上限引き下げをめぐる与野党の対立の影響で中止となった。両政府間でアルバニージー首相を国賓として米国に招待する方向で調整が進められていた。

アルバニージー首相訪米には二つの大きな目的があった。第一に、米国内で滞るAUKUS枠組みに基づくオーストラリアの原子力潜水艦（原潜）調達計画を軌道に乗せることだ。アルバニージー首相はジョンソン米下院議長ら議会関係者と精力的に会談を行い、連邦議会での審議の停滞に懸念を示し、AUKUS関連法案の年内可決を訴えていた。英米豪3カ国首脳が23年3月、新型原潜の建造計画を明らかにして以来、特に米国側の動きが失速していたためであった。

計画遅延の背景にあるのが、オーストラリアへの売却に対する議会内の慎重論である。米国では潜水艦建造能力の不足により原潜生産が計画通り進んでおらず、売却によって米軍の配備計画に支障がでるとの警戒感がある。オーストラリアもこうした状況に鑑み、約45億豪ドル以上の対米投資を約束しているが、それでも不十分との意見も強い。

もう一つの背景は、米国の厳しい輸出管理制度の存在である。米国が国際武

器取引規制の対英豪適用除外を認めなければ、AUKUSの重要な目的である英米豪の防衛産業基盤の統合はまったく進まない。米議会では次年度予算をめぐる与野党対立や、下院議長選出をめぐる共和党内の混乱により、そもそも法案審議が停滞している。

アルバニージー首相訪米の第二の目的は同年11月に予定される訪中に先立って訪米することで、対米同盟重視の姿勢をアピールし、さらにバイデン政権と対中政策で足並みを揃えるというものだ。バイデン大統領は記者会見でオーストラリアは中国を信頼してもいいのかとの質問に対して、「信頼せよ、されど確認せよ」だと答えたが、豪メディアはバイデンのオーストラリアへの警告だったと伝えている。

アルバニージー首相は23年11月、習近平国家主席ら政府首脳との会談を行った。豪首相による訪中はおよそ7年ぶりである。22年のアルバニージー政権誕生以降、対中関係に改善の兆しが出始め、豪中政府閣僚による会談の機会も増えるなかで豪首相の訪中が実現した。豪側が特に問題視してきた、21年以来続いてきた経済的強制措置については、23年1月から石炭輸入が再開し、8月末には大麦への関税撤廃が発表された。さらに10月にはオーストラリア産ワインへの高関税を見直すことで豪政府と合意しており、収束の兆しが見え始めていた。また、豪中間に刺さったもう一つのトゲである中国系オーストラリア人ジャーナリストチャン・レイ氏の拘束についても、23年10月に釈放され帰国の途についた。中国側がアルバニージー首相訪中を前に、そのための環境整備を行ったといえよう。

しかしながら、豪中関係の改善は一筋縄で行かないのが現状である。アルバニージー政権の対中姿勢の基本は「協力できるところは協力し、反対しなければならないところは反対し、国益にしたがって向き合う」というものであるが、関係改善にオーストラリア側が使える梃子は少ない。スパイ容疑で中国当局に拘束されているもう一人の中国系オーストラリア人ヤン・ヘンジュン氏については、23年11月に執行猶予付きの死刑判決が言い渡されており、オーストラリア国民の怒りを買った。また、同月には公海を航行中の豪海軍フリゲート艦「トゥーンバ」に対して中国の駆逐艦が海底探査用音波を照射し、オーストラリア乗組員が負傷する事故も発生している。

第9章　南西太平洋

そのような中で王毅中国外相が24年3月、オーストラリアを訪問した。中国の外相訪問は7年ぶりで、噂される24年秋の李強首相訪問のための地ならしとの意味合いもある。豪政府は、王毅外相の訪豪直前のタイミングで中国製の風力発電タービンに対する反ダンピング措置取り下げを発表していたが、ほぼ同じタイミングで中国政府はワインに対する関税の撤廃を発表していた。ウォン外相は「（中国が制裁を課す）オーストラリア産ワインの関税とは何の関連もない」と主張したが、中国側が繰り返す「公平で差別のないビジネス環境の提供」に応えた形だ。

中国は関係改善を梃子に豪米同盟の分断を狙う。訪豪時の王毅外相の発言からは、豪政府に対する中国の不満が滲み出ている。「中豪関係の発展はいかなる第三者を対象とせず、第三者によって妨げられたり影響を受けたりすべきではない」とは、ここ最近の豪米同盟関係の強化、豪日安全保障協力の進化を念頭に置いた発言である。中国政府は対豪関係改善に向けて舵を切ったように見えるが、アルバニージー政権の今後の出方を慎重に見極めている段階であろう。

原潜配備に向けた環境整備進む

豪政府はAUKUSに基づく原潜の配備に向けた下地づくりを着々と進めている。23年7月には豪潜水艦庁が発足、同庁は原潜調達、建造、維持管理、廃棄までを所掌する組織で、これまで原潜タスクフォースが担ってきた作業を引き継ぐ。またAUKUSの最終段階である原潜の国内建造（30年代後半〜）に向け、南オーストラリア州オズボーンの潜水艦建造ヤード建設のための土地取得も進んでいる。ただし、オーストラリア東岸の潜水艦基地の候補地選定は進んでいない。候補とされるポートケンブラでは地元民による反対運動も起こっており、最終候補地決定にはしばらく時間がかかりそうだ。

豪原潜計画が抱える最大の問題が、計画実現のために不可欠なスキルと労働力の確保である。米原潜によるオーストラリアへの寄港増や米海軍原子力学校や英米潜水艦基地への豪海軍兵派遣などを通じて訓練を進めているが、豪政府は新たにAUKUS「技能訓練パッケージ」を導入し、国内の民間人材育成に本格的に取り組む。具体的には、物理学、化学、数学、材料科学、海軍建築学、

−243−

コンピューター・サイエンス、機械工学、電気工学、化学工学、原子力工学などの分野における大学教育の拡充（全豪の大学で募集定員を約24,000人まで拡大）、熟練労働力養成のための「技能タスクフォース」の設置、西オーストラリア州の造船部門における国防産業プログラムの拡張、南オーストラリア州に潜水艦・海軍造船労働者のための教育、訓練、技能習得を提供する技能訓練アカデミー設置プロジェクトの始動などからなる。

　また貿易管理体制の強化も急ぐ。防衛技術の機密保護を強化する「2024年国防貿易管理改正法」案が23年10月豪連邦議会に提出され、翌24年3月末に議会を通過した。防衛技術の国外移転を規制する現行法を改正し、AUKUS3カ国の防衛技術および情報の保護を確実にする。オーストラリア国内で活動する外国人に対し、政府の許可なく防衛技術および先端商業技術を提供することを厳しく規制する一方で、米英両国への技術移転については、オーストラリアの輸出管理許可要件から除外する。外国人によるスパイ活動や産業知的財産の保護がかつてないほど懸念されているなか、外国人にオーストラリアの先端技術へのアクセスを許可する前に、リスクと利益の適切な評価を行い、貿易管理のより強固なシステムを作ることが狙いだ。

　他方、米議会では23年12月、AUKUS関連条項を含む国防権限法（NDAA）が成立し、オーストラリアに対するヴァージニア級原潜売却への道がようやく開かれることとなった。同法可決により、ヴァージニア級原潜3隻のオーストラリアへの譲渡、オーストラリア人によるオーストラリア国内での米原潜の整備、オーストラリア人労働者の米国の造船所での訓練、米国の潜水艦製造能力向上のためオーストラリアから資金提供を受けるメカニズムの確立などが可能となった。

　法案成立を受け、米商務省ならびに国務省は英豪両国を輸出管理規制から除外することを発表、英豪への軍事品目と防衛技術の移転がより容易になることが期待される。商務省が扱うデュアルユース品目は防衛関連品目全体の一部であり、国際武器取引規制（ITAR）の対象となる米国軍需物資リスト掲載の防衛管理製品および関連サービスに関する規制解除は国務省が管轄している。米商務省産業安全保障局（BIS）は24年4月、英豪両国に対する輸出許可（ライセンス）要件を大幅に緩和する暫定最終規則（IFR）を発表した。この変更により英豪

両国への輸出ライセンス申請が1,800件以上も削減されるという。また米国務省は同年5月、ITARを改定し、英豪両国向けに新たな輸出許可例外を設ける規制案を発表した。これらの免除措置により、両国への輸出、再輸出、（国内での）移転が行われるほとんどの軍用品および技術品目に対するライセンス要件が撤廃されるという。

豪米、武器生産協力を推進

　豪米両国間であらゆる領域での軍事的統合が進んでいる。戦略的競争が激化する中で、双方の強みを結集し資源を融通し合うことで、同盟の戦略的・技術的優位性を最大化するとの考えに基づいたものだ。武器や弾薬の生産協力もその一つであり、ロケット砲システムや弾薬の共同生産に乗り出すことが、23年7月にブリズベンで開催された豪米外務・防衛担当閣僚協議（2プラス2）で明らかになった。長距離打撃能力の獲得と強化を急務とするオーストラリアにとっては、「豪国内での誘導兵器の製造基盤構築に向けた重要な一歩」（コンロイ豪防衛産業相）となる。

　豪米は誘導型多連装ロケットシステム「GMLRS」や155ミリ砲弾を25年までに共同生産する計画だ。GMLRSは射程距離約70キロメートルで、「ハイマース（高機動砲兵ロケットシステム）」トラックに搭載された6連ミサイルポッドから発射されるものだ。GPSを利用して正確な攻撃が可能で、50マイル先の標的を攻撃することができる。なおGMLRSについては米政府がすでに22年、オーストラリアへの売却を承認していた。オーストラリアが自前で調達できるようになれば、米国内在庫に余裕が生まれる。

　豪国防省は24年1月、GMLRSの国内生産について、米ロッキードマーチン社と合意に至ったことを明らかにした。契約額は3,740万豪ドルとされる。シドニー西部のオーチャード・ヒルズにある国防施設で生産される計画である。また、米国は豪北部にあるシャーガー空軍基地とカーティン空軍基地でインフラの更新と拡充を支援する計画だ。これら2基地は施設や設備が整っておらず、演習には適していない「ベア・ベース」と呼ばれており、それらをアップグレードする計画だ。

豪英安保協力強化―新協定（DSCA）締結

英豪両国は24年3月、オーストラリア南部アデレードで英豪2プラス2を開催し、地位協定を含む新たな防衛・安全保障協力協定（DSCA）を締結した。両国は「世界の安全保障、繁栄及び安定にとって海洋領域が極めて重要であることを強調」し、各国が国連海洋法条約（UNCLOS）を遵守し、航行の自由を尊重するよう求めた。南シナ海の情勢については、「いかなる強制的又は不安定化する活動にも強く反対」すると同時に、南シナ海でのフィリピン船舶及び乗組員に対する中国船舶による威嚇行動に触れ、「深刻な懸念」を表明した。

地位協定は合同軍事訓練などの円滑化を目的に、外国からの訪問部隊が自国で活動するための枠組みで、国内法が外国軍兵士にどのように適用されるかをあらかじめ定めるものだ。英国はAUKUS合意に基づき26年から英海軍原潜のオーストラリアへの寄港を増やし、さらに27年には英原潜の巡回展開を予定しており、オーストラリアでの活動の円滑化は不可欠であった。また会議後の記者会見によれば、同協定には両国の主権と安全保障に関わる有事が発生した場合、両国が協議するとの条項も含まれているとのことである。

AUKUS原潜については、豪海軍ハンター級フリゲート艦を建造する英防衛大手BAEシステムズが、オーストラリア潜水艦建造会社ASCと合弁会社を設立することが明らかとなった。しかし米国と同様、英国でも潜水艦産業の製造ラインが苦境に立たされており、AUKUS原潜初号艦の建造開始時期の遅れが早くも指摘されている。こうした問題を受け豪政府は、英ロールスロイスに今後10年間で約50億豪ドルの投資をすることを表明した。原潜の動力となる原子炉は英国で製造されるため、豪政府は約50億豪ドルは適切な投資である主張する。

豪日関係―豪日円滑化協定を初適用

航空自衛隊は23年8月、オーストラリアへの機動展開訓練を行った。航空自衛隊F-35戦闘機の海外展開は初めてであると同時に、米国以外のF-35A同士の初の共同訓練となった。航空自衛隊隊員およそ160人がF-35A戦闘機、C-130輸送機、KC-767空中給油機などでオーストラリア北部のティンダルならびにダーウィン空軍基地を訪問、長距離航法訓練と空中給油訓練を行った。

第9章　南西太平洋

　その後8月下旬から9月中旬には豪空軍の兵士ら約140人が参加して、小松基地（石川県）周辺で豪日共同訓練「武士道ガーディアン2023」を実施した。豪空軍からはF-35A戦闘機、KC-30A空中給油・輸送機、C-130J輸送機などが参加した。

　航空自衛隊によるオーストラリアでの飛行訓練は、豪日の円滑化協定（RAA）を初めて適用したケースとなった。豪日RAAは自衛隊と豪軍の共同訓練などの効率化を目的に、相互往来を円滑にするため、ビザ手続きの免除や武器・弾薬携行を認めるものである。同協定は22年1月に締結され、23年8月13日に発効している。

　なお24年5月に開催された日米豪3カ国防衛相会談の共同声明によれば、3カ国で初となるF-35共同訓練が2025および26年に計画されている。

豪日防衛科学技術関係の強化に向けて

　「戦略環境が急速に変化する中で、防衛技術に関する優位を保つことは不可欠である」。これは豪日両国政府が24年1月、水中無人機の共同研究に署名した際、タニヤ・モンロー主席防衛科学官が述べた言葉である。オーストラリアは現在、同盟国や友好国との間で防衛技術分野での連携強化を目指す。そのオーストラリアにおいて最も典型的なものがAUKUSである。

　濱田防衛相とリチャード・マールズ豪国防相は23年6月、訪問先のシンガポールで防衛装備などの技術分野での協力を円滑に進める覚書に署名した。両国の防衛装備品に関する共同研究を進めるにあたっての手続きを簡素化し、迅速な研究・開発・実用化に繋げるのが狙いだ。オーストラリアは日本にとって、防衛技術協力分野における米国に続く2カ国目のパートナーとなった。

　この二国間覚書にもとづく初のプロジェクトとして、防衛省と豪国防省は24年1月、「水中自律型無人機に関する共同研究」に関する事業取り決めの署名を行った。水中音響通信の評価指標を確立することが主な目的で、防衛装備庁と豪防衛科学技術グループが共同研究を行い、将来的には豪日が水中自律型無人機を相互運用する際に役立てるようにするとしている。

　こうした流れのもと、24年4月にワシントンで開催されたAUKUS国防相会談後に発表された共同声明では、AUKUSの先端防衛技術分野における日本の協

－247－

力が検討されていることが明らかにされた。AUKUSは「第一の柱」としてオーストラリアの原潜導入を英米豪3カ国協力の対象としているが、人工知能（AI）や極超音速ミサイル自律型兵器といった最先端防衛技術を「第二の柱」として掲げている。声明では「日本の強みと英米豪3カ国との防衛上の協力関係に基づき、第二の柱で日本と協力を検討」するとし、日本との協力の可能性に特に言及し、協議を進めていくとした。

ただし、アルバニージー首相はこの件に関し、日本との協力が取り沙汰されるのは当然としながらも、AUKUS3カ国の枠組みを拡大することは考えていないとも述べ、日本の「参加」は想定外との認識を示していた。

また23年10月には、日本の防衛装備品大手の三菱電機の豪現地法人が、豪国防省と防衛装備品の共同開発事業に関する契約を締結したことを発表した。日本の企業が防衛省を通じて外国の防衛装備品開発に関わるケースはこれまでもあったが、今回は豪政府との直接契約を結ぶ初のケースとなった。レーザー技術を得意分野とする三菱電機と豪政府が警戒監視のための装備品を共同開発するが、最終的には豪軍戦闘機や車両への搭載を想定している。木原防衛相は本件に関し、「日豪間で初めての共同開発案件として、両国の防衛装備・技術協力にとって象徴的な事例であり、更なる協力の深化に資するものである」と歓迎の姿勢を示した。

豪韓関係─防衛産業協力が進展

オーストラリアとの防衛産業協力を急速に拡大してきたのが韓国である。21年12月の豪韓首脳会談では、両国関係を「包括的戦略パートナーシップ」に格上げすると同時に、「防衛産業及び防衛装備品協力に関する覚書」に署名した。文在寅政権（当時）の兵器輸出推進政策を背景に、韓国の防衛産業最大手のハンファ社は21年、豪陸軍とのあいだでK-9自走榴弾砲供給契約を実現している。輸出規模は1兆ウォン（約1,100億円）に達し、オーストラリアがアジアの国と結ぶ過去最大の防衛装備品契約と伝えられた。ハンファ社はオーストラリアのビクトリア州ジーロングに自社工場を建設し、豪韓防衛産業協力の拡大に期待がかかった。ただし23年3月の豪国防戦略見直しの結果、アルバニージー政権がミサ

イルなどの長距離打撃能力を重視する方針を採用、陸軍装備品に対する調達予算は大幅に削られることとなり、契約への悪影響が懸念されていた。

しかし23年12月には、ハンファ社と豪国防省が同社の装甲車「レッドバック」の供給契約を締結したことが発表された。報道によれば契約額は24億ドル（約3,500億円）規模。ドイツ防衛大手ラインメタルとの競争に競り勝った結果であった。ハンファ社は今回の契約に基づきレッドバック129台を28年までに順次供給する予定である。

24年5月にメルボルンで2年ぶりに開催された豪韓2プラス2では、韓国側がAUKUSの「第二の柱」への参加に強い意欲を示したと伝えられる。韓国は優れた半導体技術を背景に、人工知能や量子などの分野での貢献が期待される。申元植韓国国防相は記者会見で、「AUKUS加盟国が韓国を第二の柱のパートナー国として考えていることを歓迎し、韓国の防衛科学技術力は、AUKUS第二の柱の発展と地域の平和と安定に貢献するであろう」と発言し、マールズ豪国防相も「韓国は明らかに素晴らしい技術を持つ国であり、技術面ではすでに緊密に連携している。AUKUSの第2柱が発展していけば、将来的にチャンスはある」と語り、期待を寄せた。

こうした防衛産業協力の進展と同時に、豪韓両国軍が加わる共同訓練の機会も増えている。豪空軍主催の多国間空軍合同演習「ピッチ・ブラック2022」（22年8月）への韓国空軍機の参加を皮切りに、23年7月の豪米主催多国間共同訓練「タリスマンセーバー23」へは過去最大規模の韓国海軍と海兵隊が参加した。さらに豪主導の多国間海上訓練「インドパシフィック・エンデバー」、さらには豪軍による太平洋での水中爆発物処理プログラム「レンダーセーフ」への韓国軍参加も予定されている。23年10月に開催された豪韓国防相会談では、防衛産業および防衛科学技術協力の価値を強調し、協議を継続することに合意すると同時に、相互運用性の向上を目指し二国間および多国間の共同演習および活動を継続することに合意している。

豪比安全保障協力関係拡大へ

オーストラリアはフィリピンとの安全保障協力を強化、拡大している。軍事力

を背景に現状変更を試みる中国を念頭に、二国間もしくは多国間で友好国との安全保障協力を深め、インド太平洋の戦略環境を整えるという考えに基づく動きだ。マールズ国防相はフィリピンとの防衛協力関係の強化について、「オーストラリアの国益は、この地域でグローバルなルールに基づく秩序を守ることだ。というのも、世界と深い経済的繋がりを持ち、世界との経済的繋がりがこれからもますます強まっていく国家として、我々は海上ルールに非常に依存しているからです。フィリピンも同じです。私たちはフィリピンとかつてないほど高いレベルで協力しており、これは私たちが非常に重視している関係です。」と語っている。2023年2月に開催された豪比国防相会談では、国防閣僚会議を定例化することを決定した。

フィリピンはAUKUSを「わが国の発展と地域の安全保障にとって不可欠な存在」として積極的に評価、またオーストラリアと相互訪問部隊地位協定（12年）を結ぶ唯一のASEANメンバーであり、対豪安全保障協力強化への障害は少ない。しかも22年6月に誕生したフィリピンのフェルディナンド・マルコス政権は、中国に強い警戒感を抱いており、オーストラリアとの関係強化にきわめて熱心である。23年にはフィリピン船が南シナ海で中国海警局の船舶から妨害行為を受ける事案が多発。さらに同年10月以降はフィリピンの海軍、沿岸警備隊が中国の海警局船舶、民兵船などと衝突する事件が相次いで発生しており、防衛面での対豪関係強化を通じて中国を牽制する狙いがある。

アルバニージー首相は23年9月フィリピンを訪問し、マルコス大統領と首脳会談を行った。オーストラリアの首相がフィリピンを訪問するのは20年ぶりのことである。マルコス大統領が首脳会談の冒頭で、「オーストラリアの未来はアジアとともにあるというオーストラリアの政策シフトがようやく現実のものとなった」と語ったのは、アルバニージー政権のアジア重視姿勢へ期待を表したものだが、他方でオーストラリアが長らく東南アジア諸国との関係を軽視してきたことへの不満表明でもある。

両国首脳は「戦略的パートナーシップ」に関する共同声明に署名し、政治・戦略、防衛・安全保障、経済・開発、環境と気候変動、人と人の交流における両国の協力関係を強化することを約束した。豪比両国は海洋国家として、海洋の保安

と安全、航行および上空の飛行の自由、ならびにその他の合法的な海洋利用の重要性を再確認し、周辺地域の平和と安定を守るため、南シナ海における二国間の共同パトロールの実施を明らかにした。またAUKUSについては、地域の集団的安全保障と安定に積極的に貢献するものであるとの認識を示した。

さらにマルコス大統領は24年2月オーストラリアを訪問し、アルバニージー首相との首脳会談を行った。両国は海洋安全保障協力の強化、サイバー攻撃対策の連携強化、両国の独占禁止法機関の協力強化など、合わせて三つの覚書を交わした。またマルコス大統領はフィリピン首脳として初の豪連邦議会演説を行い、南シナ海での中国の行動を強く牽制、「訪問部隊協定を結ぶ（米国以外の）国家として、オーストラリアの役割は大きい」と協力拡大への期待を表明していた。

こうした政策面での協調だけでなく両国軍の現場を通じた協力の機会も増えている。23年8月には、豪比両国軍がルソン島西部のフィリピン軍演習場で初の上陸演習を行った。豪軍から約1,200人、比軍から約560人が参加した演習は、敵に支配された離島の奪還作戦を想定したもので、ダーウィンにローテーション駐留する米海兵隊の支援を得て行なわれた。オーストラリアからはMV-22Bオスプレイ数機を搭載したキャンベラ級強襲揚陸艦などが派遣され、演習にはマルコス大統領とマールズ国防相が視察に訪れていた。

また23年11月には、豪比両軍は南シナ海で初の海上協力活動（合同海洋パトロール）を実施した。23年9月の豪比首脳会談で確認された安全保障分野での連携強化の一環で、フィリピンからは海軍哨戒艦や空軍偵察機、オーストラリアからはフリゲート艦「トゥーンバ」と対潜哨戒機P-8Aポセイドンなどが参加した。豪比共同声明では、「平和で安全かつ安定したインド太平洋を支援するため、国際法に合致した航行と上空飛行の自由を行使するという我々の共通のコミットメントを強調するもの」としていた。なお豪比合同パトロールの直前には、米比が合同パトロールを7年ぶりに実施しており、比政府は日本やカナダなど他の友好国にも参加を促していく考えを示していた。

「新たなクアッドの誕生」？…日米豪比４カ国が連携強化

領有権をめぐり中国と対立するフィリピンを日米豪3カ国が連携して支援する

−251−

態勢が敷かれつつある。豪主要紙は「新たなクアッドの誕生」と評し、中国に対抗する新たな枠組みが誕生したと伝えている。2023年6月には、シンガポールで開催されていたシャングリラ・ダイアローグにあわせて、初の日米豪比4カ国防衛大臣会合が開催された。地域共通の課題や4カ国の協力の拡大について議論したほか、「自由で開かれたインド太平洋」の実現に向けて、ともに取り組むことを確認した。24年5月には2回目となる4カ国防衛大臣会合がホノルルで開催されている。会談後には共同文書が発表され、「航行の自由の行使に対する度重なる妨害」に対して深刻な懸念を共有し、中国の行為が「危険で、不安定化をもたらす行為」であるとし、断固反対する姿勢を示した。

　ホノルルでの会合に先立ち、4カ国は24年4月、南シナ海で初の共同訓練を行った。豪海空軍が参加し、フリゲート艦「ワラマンガ」と対潜哨戒機P-8Aポセイドンが派遣され、日本からは海上自衛隊が参加し、護衛艦「あけぼの」が派遣された。

　共同訓練に先立ってマールズ豪国防相は「日米比というパートナーとの海上協力活動は、平和で安定した豊かな地域を維持するために協力するという我々の揺るぎない決意を示すものである」と発言、「我々は、平和で安定したインド太平洋地域の基盤である、法の支配に基づく国際秩序を守るため、すべての国々とともに立ち上がる。我々4カ国は、16年の南シナ海仲裁裁判所裁定が、紛争当事者に対する最終的かつ法的拘束力のある決定であるとの立場を再確認する」との声明を発表した。

豪海軍力再編を発表―豪史上最大の海軍力を目指して

　アルバニージー政権は24年2月、今後10年間で111億豪ドル（約1兆1,000億円）を追加投入（総額542億豪ドル）し、豪海軍艦隊の規模を現在の2倍以上に強化する計画を発表した。これは23年4月に発表された『国防戦略見直し』が海軍力再編を提言したことに対する政府の返答であり、そのポイントは国内造船能力の維持と向上、そして長距離打撃能力の確保である。豪国防省によれば、オーストラリアは11隻の汎用フリゲート艦や長距離ミサイル能力を備えた6隻の大型艦を含め、将来的には合計26隻からなる豪史上最大規模の海軍力を備える計画だ。

なお政府は、ハンター級フリゲート艦を英ＢＡＥシステムズから調達する計画（18年策定）に関して、計画の大幅遅延、さらにはコスト上昇により先行きが危ぶまれている状況に鑑み、南オーストラリアのオズボーンで9隻の艦船を建造する350億豪ドルの契約を削減する方針を固め、建造予定数を6隻とした。

また11隻の汎用フリゲート艦導入計画については、共同開発の相手として日本、スペイン、韓国、ドイツが候補に挙げた。これを受けて日本政府は2024年5月、新型艦艇の入札に参加する意思を固めたと報じられている。現地報道によれば、候補となるのは海上自衛隊の最新鋭のもがみ型護衛艦で、これをベースにオーストラリアと共同開発する計画だという。

ニュージーランド

初の国家安全保障戦略

ニュージーランド（NZ）政府は2023年8月、『国家安全保障戦略（NSS）2023-2028』を発表した。その土台となる戦略認識は、オーストラリアの新たな国防戦略のそれと通じるものがある。NZはここ数十年で経験したことのないような地政学的な挑戦に直面しており、安定的な安全保障環境に基づいて整備された戦力は、現在の安全保障上の課題に対応できないとし、国防力強化を訴えた。

『国家安全保障戦略』では安全保障上の課題として12項目を挙げた。インド太平洋地域における「地政学的競争とルールに基づく国際秩序への脅威」を筆頭に、偽情報、内政干渉・スパイ活動、テロリズム・過激思想、越境犯罪などが項目としてのぼっている。そのインド太平洋地域には台湾海峡、南シナ海、東シナ海に潜在的な火種があり、ゆえに同地域が戦略的競争の中心となっていることを強調した。加えて朝鮮半島情勢については、軍事的衝突に至らぬとも緊張状態が貿易やサプライチェーンに深刻な影響を及ぼす危険があるとした。

対中関係については、利害を共有する分野での平和的協力は望ましいとする一方で、中国は「地政学的変化の原動力」となっており、既存の国際的なルールや規範に挑戦する意思を持っているとした。同時に中国の南太平洋地域への進出に強い懸念を表明し、自己主張を強める中国の行動がこの地域の戦略的均衡

を根本的に変える可能性があると指摘した。22年の中国＝ソロモン諸島安全保障協定は「経済協力と安全保障協力を結びつけ、警察、防衛、デジタル、海洋の各分野にわたって太平洋島嶼国への影響力を拡大しようとする中国の野心のあらわれ」であると断じた。

NZのような小規模国家にとって、安全保障は単独ではかなわず、友好国とのパートナーシップが不可欠となる。NZにとって最も隣接したパートナーであり、唯一の同盟国であるオーストラリアは、「NZの国家安全保障にとって不可欠(indispensable)な存在」であるとした。また米国は「きわめて重要な(crucial)」防衛パートナーであり、そのプレゼンスは「NZの安全保障にとって非常に重要(critical)」であるとした。英豪米加NZ5カ国からなるインテリジェンス・ネットワーク「ファイブ・アイズ」は、「NZが新たな複雑な安全保障問題を理解し、対応するためにかけがえのない(invaluable)支持を与えてくれる存在」とされた。

ニュージーランドのAUKUS参加可能性

NZは80年代末以来の非核政策に基づき原潜を導入しない方針であり、AUKUSの「第一の柱」とは距離をとっている。しかし「第二の柱」である極超音速兵器やサイバーなどの先端技術の協力には参加に前向きであると伝えられてきた。

オーストラリアとNZは24年2月、初の外務・防衛担当閣僚協議(ANZMIN)をメルボルンで開催した。両国はAUKUSがインド太平洋の平和、安全および繁栄の維持に積極的に貢献していることに合意した。また協議後の記者会見で明らかになったように、両国はNZのAUKUS「第二の柱」への部分的参加の可能性について、豪政府代表団を近日中にNZに派遣し、「第二の柱」の進展状況についてブリーフを行うことで合意したという。コリンズNZ国防相は、「我が国の宇宙技術分野にもたらされる機会は実に計り知れないものがある」と参加に前向きな発言を行っていた。

またピーターズNZ副首相兼外相とブリンケン米国務長官は24年4月、米NZ外相会談を行い、共同宣言を発表した。NZのAUKUS参加可能性については、

−254−

第9章　南西太平洋

「両国はQUAD、AUKUS、ITPPのような取り決めが、インド太平洋の平和、安全、繁栄に貢献するという見解を共有しており、NZがすべての関係者が適切と考えるときに、実質的に関与する強力な理由がある」と含みを持たせていた。

しかし、ピーターズNZ副首相兼外相は翌5月のウェリントンでの講演で、NZが第2の柱に参加するためには、AUKUS3カ国がNZの参加を望んでいるという前提とAUKUS枠組みに加わることがNZの国益に適うものであるとの政府の判断が必要であるとした。同外相は「第2の柱への参加が国益に適うかどうかの判断について、経済的・安全保障的な利益とコストを慎重に比較検討する必要がある。政府がそのような決断を下すには、まだまだ時間がかかる。」とNZのAUKUS参加論が盛り上がりを見せている状況に冷や水を浴びせた。

南太平洋

ナウル、台湾と断交

ナウル政府は2024年1月台湾と断交し、中国と国交を結ぶと発表した。台湾総統選挙の直後の発表だっただけに、中国が台湾の孤立化を狙ってナウルに猛攻勢をかけたとの見方が強い。これにより南太平洋で台湾と外交関係を維持しているのは、ツバル、パラオ、マーシャル諸島の3カ国のみとなった。

ナウルはこれまでも対中国・台湾関係で大きく揺らいできた。ナウルは1980年に台湾と外交関係を結んだが、02年に中国と国交を樹立した。しかし、その3年後の05年には台湾と国交を復活させ、中国と断交していた。23年10月にはナウル議会にて現職大統領の不信任決議が可決され、アデアン氏が新大統領に選出されていた。

中国との国交回復を決断した背景には、ナウルの財政逼迫という事情があるとされる。断交を発表した政府声明でもその理由を「国民の最善の利益のため」としており、中国からの巨額の援助に対する期待から決断に踏み切ったと考えられる。アデアン大統領は24年3月、国交を回復して初めての中国訪問を行い、習近平国家主席との首脳会談を行った。中国政府は同大統領を国賓として招待しており、台湾との断交に踏み切ったアデアン政権を「時代の流れに沿った

－255－

行動である」と高く評価した。習近平国家主席は貿易や投資、ナウルのインフラ建設などの分野で支援を表明、その厚遇ぶりが目立っていた。

ツバルで総選挙

ツバルで24年1月に行われた総選挙で、親台湾派とされる現職のナタノ首相が落選した。これにより対台湾関係の見直しを求める議論が国内で盛り上がることが心配されていた。また、ナタノ首相はオーストラリアとの間で締結された気候変動、人の往来、安全保障協力などに関する協定（ファレピリ連合条約）の推進役であったため、同協定批准を控えたなかでの落選はオーストラリア外交にとっても痛手であった。

総選挙から約1カ月後の首相指名選挙の結果、元検事総長のフェレティ・テオ氏が首相に選出された。台湾との関係については立場を明確にしていなかったが、24年5月に行われる台湾の新総統就任式への招請をテオ新首相が受諾したことが伝えられており、台湾との関係が維持されるとの見方が強い。

オーストラリアはツバルを繋ぎ止めるべく援助外交を展開している。ウォン豪外相は24年5月、ツバルに対して総額1億3,000万豪ドルの開発援助を供与することを発表した。海底ケーブル敷設のほか、気候変動対策、太平洋諸国の安全保障調整センター設立などのプロジェクトに対して資金提供を行う予定である。

ソロモン諸島で総選挙

ソロモン諸島では24年4月、総選挙が行われた。争点の一つは対中傾斜を強めるソガバレ政権が国民からの信任を得ることができるかであった。ソロモン諸島は22年4月、中国との間で安全保障協定を締結しており、警察など法執行官の派遣、訓練、訓練基地の設置などを通じて影響力拡大を狙っているのではないかと、豪米は強い懸念を表明していた。またソガバレ首相は23年7月、訪中し習近平国家主席と首脳会談を行った。両首脳は「包括的戦略パートナーシップ」に向けた関係強化の一環として治安維持分野で協力する協定を締結していた。

地元メディアによれば、ソガバレ首相が党首を務めるOUR党は15席を獲得し

−256−

第一党の座は守ったものの、単独過半数（26議席）には至らなかった。連立政権の樹立に向けた交渉が本格化しようとするなか、ソガバレ首相は首相指名選挙には立候補せず、外相のマネレ氏を第一党の首相候補として擁立すると発表した。中国との関係見直しを求めてきた野党勢力は20議席を獲得していたが、OUR党は少数政党や無所属議員の協力をとりつけて与党勢力が過半数を上回る28議席を確保、5月初旬に行われた首相指名選挙でマネレ外相が新首相に選出された。マネレ首相はソガバレ前首相の外交政策を踏襲する姿勢を示しており、対中政策に大きな変化はないと見られる。

（獨協大学名誉教授／平和・安全保障研究所研究委員　竹田いさみ）

（獨協大学教授／平和・安全保障研究所研究委員　永野隆行）

略語表

A2／AD	Anti-Access/Areas Denial	接近阻止・領域拒否
AAD	Advanced Air Defence	先進型防空
AAV	Amphibious Armored Vehicle	水陸両用装甲車
ACE	Agile Combat Employment	迅速な戦闘運用
ACSA	Acquisition and Cross-Servicing Agreement	物品役務相互提供協定
ADMM	ASEAN Defence Ministers' Meeting	ASEAN 国防相会議
AHA	ASEAN Coordinating Centre for Humanitarian Assistance	ASEAN 防災人道支援調整センター
AI	Artificial Intelligence	人工知能
ANZMIN	Australia – New Zealand Ministerial Consultations	オーストラリア・ニュージーランド閣僚協議
AOIP	ASEAN Outlook on the Indo-Pacific	インド太平洋に関する ASEAN アウトルック
APEC	Asia-Pacific Economic Cooperation	アジア太平洋経済協力会議
ARF	ASEAN Regional Forum	ASEAN 地域フォーラム
ASB	Joint AirSea Battle	統合エアーシーバトル
ASEAN	Association of Southeast Asian Nations	東南アジア諸国連合
AU	African Union	アフリカ連合
AUKUS	Australia-UK-US	米英豪安全保障枠組み
AUSMIN	Australia-United States Ministerial Consultation	米豪外務・防衛閣僚協議
BDN	Blue Dot Network	ブルー・ドット・ネットワーク
BIAC	Bilateral Information Analysis Cell	日米共同情報分析組織
BJP	Bharatiya Janata Party	インド人民党
BIS	Bureau of Industry and Secutity	米商務省産業安全保障局
BLF	Balochi Liberation Front	パキスタン解放戦線
BRICS	Brazil, Russia, India, China, South Africa	新興 5 カ国
CAATSA	Countering America's Adversaries Through Sanctions Act	対敵制裁措置法
CEO	Chief Executive Officer	最高執行官
CHIPS	Creating Heloplul Incentives to Produce Semiconductors	半導体産業支援
CIA	Central Intelligence Agency	米国中央情報局
CIS	Center for Integrated Systems	統合システム研究センター
CLCS	Commission on the Limits of the Continental Shelf	大陸棚限界委員会
CMAA	Customs Mutual Assistance Agreement	税関相互支援協定
COC	Code of Conduct in the South China Sea	南シナ海における行動規範
CSG21	United Kingdom Carrier Strike Group 21	英国による空母打撃軍のインド洋派遣

略 語 表

CSG25	United Kingdom Carrier Strike Group 25	英国による空母打撃軍のインド洋派遣
CSI	Container Security Initiative	海上コンテナ安全対策
CSP	Comprehensive Strategic Partnership	包括的戦略パートナーシップ
CSTO	Collective Security Treaty Organization	集団安全保障条約機構
CVID	Complete, Verifiable and Irreversible Dismantlement	完全かつ検証可能で不可逆的な非核化
DICAS	Defense Industrial Cooperation, Acquisition and Sustainment	日米防衛産業協力・取得・維持整備定期協議
DMO	Distributed Maritime Operations	分散型海上作戦
DSCA	Defence Security Cooperation Agreement	防衛・安全保障協力協定
DTT	Defence Trilateral Talks	日米韓防衛実務者協議
EABO	Expeditionary Advanced Base Operations	機動展開前進基地作戦
EAS	East Asia Summit	東アジア首脳会議
EDCA	Enhanced Defense Cooperation Agreement	防衛協力強化協定
EEZ	Exclusive Economic Zone	排他的経済水域
EMDC	Emerging Markets and Developing Countries	新興市場国家及び発展途上国
EPA	Economic Partnership Agreement	経済連携協定
ETIM	East Turkestan Islamic Movement	東トルキスタン・イスラム運動
EU	European Union	欧州連合
EV	Electric(al) Vehicle	電気自動車
FOIP	Free and Open Indo-Pacific	自由で開かれたインド太平洋
FONOP	Freedom of Navigation Operation	「航行の自由」作戦
FSB	Federal Security Service	連邦保安庁
G20	ー	主要20カ国
G7	ー	主要7カ国
GCAP	Global Combat Air Programme	グローバル戦闘航空プログラム
GCC	Gulf Cooperation Council	湾岸協力理事会
GDP	Gross Domestic Product	国内総生産
GE	General Electric	ゼネラル・エレクトリック
GIGO	GCAP International Government Organisation	グローバル戦闘航空プログラム（GCAP）政府間機関
GMLRS	Guided Multiple Launch Rocket System	誘導型多連装ロケットシステム
GPS	Global Positioning System	衛星利用測位システム
GRP	Gross Regional Product	域内総生産
GSOMIA	General Security of Military Information Agreement	軍事情報包括保護協定
HA/DR	Humanitarian Assistance and Disaster Relief	人道支援・災害救援
HIMARS	High Mobility Artillery Rocket System	米軍高機動ロケット砲システム

— 261 —

I2U2	India, Israel, the United Arab Emirates, the United States	米・印・イスラエル・UAE
IAMD	Integrated Air and Missile Defence	統合防空ミサイル防衛
ICBM	Intercontinental Ballistic Missile	大陸間弾道ミサイル
IDP	Indo-Pacific Deployment	インド太平洋方面派遣
IFR	Interim Final Rule	暫定最終規則
IISS	International Institute for Strategic Studies	英国国際戦略研究所
IMF	International Monetary Fund	国際通貨基金
INF	Intermediate-range Nuclear Forces	中距離核戦力
IPCP	Individual Partnership and Cooperation Programme between Japan and NATO	日・NATO 国別パートナーシップ協力計画
IPEF	Indo-Pacific Economic Framework	インド太平洋経済枠組み
IPMDA	Indo-Pacific Maritime Domain Awareness	海洋状況把握のためのインド太平洋パートナーシップ
IPP	International Purchasing Power	国際的購買力
IS	Islamic State	イスラム国
ISKP	Islamic State Khorasan Province	IS ホラサーン州
ISPS	International Ship and Port Facility Security Code	国際コード
ISR	Intelligence, urveillance and Reconnaissance	情報収集・警戒監視・偵察
ISRT	Intelligence, Surveillance, Reconnaissance and Targeting	情報収集・警戒監視・偵察・ターゲティング
IT	Information Technology	情報技術
ITAR	International Trafficking in Arms Regulations	国際武器取引規制
ITLOS	International Tribunal for the Law of the Sea	国際海洋法裁判所
ITPP	Individually Tailored Partnership Programme	国別適合パートナーシップ計画
IUU	Illegal, Unreported, Unregulated	違法・無報告・無規制
JASMINE	Japan-ASEAN Ministerial Initiative for Enhanced Defense Cooperation	防衛協力強化のための日ASEAN 大臣イニシアティブ
JASS M	Joint Air to Surface Stand-Off Missile	統合地対地ミサイル
JICA	Japan International Cooperation Agency	国際協力機構
JOAC	Joint Operational Access Concept	統合作戦アクセス構想
JPIDD	Japan Pacific Islands Defense Dialogue	日・太平洋島嶼国国防大臣会合
JSA	Military Armistice Commission Joint Security Area Pan Mun Jom	板門店の共同警備区域
JSM	Joint Strike Missile	統合打撃ミサイル
JSTF	Joint Strike Fighter	統合打撃戦闘機
KGB	Komitet Gosudarstvennoy Bezopasnosti	ソ連国家保安委員会
KMPR	Korea Massive Punishment and Retaliation	大量膺懲報復
LFS	Land Forces Summit	ランド・フォーシーズ・サミット
LNG	Liquefied Natural Gas	液化天然ガス

略　語　表

LOW	Launch on Warning	警報即発射
LPG	Liquefied Petroleum Gas	液化石油ガス
LPR	Prime Lending Rate	最優遇貸出金利
LRAD	Long Range Acoustic Device	長距離音響発生装置
MDO	Multi-Doman Operation	マルチドメイン作戦
MLR	Marine Littoral Regiment	海兵沿岸連隊
NATO	North Atlantic Treaty Organization	北大西洋条約機構
NCG	Nuclear Consultative Group	核協議グループ
NDAA	National Defense Authorization Act	国防権限法
NDS	National Defense Strategy	国家防衛戦略
NGO	Non-Governmental Organization	非政府組織
NLL	Northern Limit Line	北方限界線
NPT	Treaty on the Non-Proliferation of Nuclear Weapons	核兵器不拡散条約
NSS	National Security Strategy	国家安全保障戦略
NZ	New Zealand	ニュージーランド
ODA	Official Development Assistance	政府開発援助
OSA	Official Security Assistance	政府安全保障能力強化支援
OSK	Joint Strategic Command	統合戦略コマンド
PAD	Prithvi Air Defence	防空
PCG	Philippines Coast Guard	フィリピン沿岸警備隊
PDI	Pacific Deterrence Initiative	太平洋抑止イニシアティブ
PGII	Partnership for Global Infrastructure and Investment	グローバル・インフラ投資パートナーシップ
PIF	Pacific Islands Forum	太平洋諸島フォーラム
PKO	Peace Keeping Operations	国連平和維持活動
PML (N)	Pakistan Muslim League (Nawaz)	パキスタン・ムスリム連盟ナワーズ派
PPP	Pakistan People's Party	パキスタン人民党
PSI	Proliferation Security Initiative	安全保障構想
PTI	Pakistan Tehreek-e-Insaf	パキスタン正義運動
QDR	Quadrennial Defense Review	4年ごとの国防計画見直し
QUAD	Quadrilateral Security Dialogue	日米豪印戦略対話
RAA	Reciprocal Access Agreement	部隊間強直円滑化協定
RCEP	Regional Comprehensive Economic Partnership	地域包括的な経済連携
RDT&E	Research, Development, Test and Evaluation	研究、開発、試験及び評価
ROTC	Reserve Officers' Training Corps	学軍候補生
SCM	Security Consultative Meeting	安保協議会議
SDR	Strategic Defence Review	戦略防衛レビュー

— 263 —

SIPRI	Stockholm International Peace Research Institute	国際平和研究所
SLBM	Submarine Launched Ballistic Missile	潜水艦発射弾道ミサイル
SNS	Social Networking Service	ソーシャル・ネットワーキング・サービス
SOLAS	International Convention for the Safety of Life at Sea	海上航行安全
SSM	Surface-to-Ship Missile	陸自地対艦誘導弾
SUA	Suppression of Unlawful Acts against the Safety of Maritime Navigation	海洋航行の安全に対する不法行為防止
SVO	Special Military Operation	特別軍事作戦
SWIFT	Society for Worldwide Interbank Financial Telecommunication	国際銀行間通信協会
TISA	U.S.-Japan-ROK Trilateral Information Sharing Arrangement	日米韓防衛当局間情報共有取決め
TOR	Terms of Reference	取り決め事項
TSMC	Taiwan Semiconductor Manufacturing Co.	台湾半導体
TTP	Tehrik-i-Taliban Pakistan	パキスタン・タリバン運動
UAE	United Arab Emirates	アラブ首長国連邦
UAV	Unmanned Aerial Vehicle	無人航空機
UFLPA	Uyghur Forced Labor Prevention Act	ウイグル強制労働防止法
UNCLOS	United Nations Convention on the Law of the Sea	国連海洋法条約
UNMISS	United Nations Mission in the Republic of South Sudan	国際連合南スーダン派遣団
US EXIM	Export-Import Bank of the United States	米国輸出入銀行
VFA	Visiting Forces Agreement	訪問軍地位協定
VLS	Vertical Launching System	ミサイル垂直発射装置
WFP	World Food Programme	世界食糧計画
WHO	World Health Organization	世界保健機関
WPS	Woman Peace Security	女性・平和・安全保障
WTO	World Trade Organization	世界貿易機関

【執筆者一覧】

第1部　展望と焦点

展望
　德地秀士（平和・安全保障研究所理事長）
焦点1
　西田一平太（笹川平和財団上席研究員）
焦点2
　河野真理子（早稲田大学教授／平和・安全保障研究所研究委員）
焦点3
　宮岡勲（慶應義塾大学教授／平和・安全保障研究所研究委員）
焦点4
　小林周（日本エネルギー経済研究所中東研究センター主任研究員）

第2部　アジアの安全保障環境

第1章　日本
　秋元悠（平和・安全保障研究所研究員）、大野知之（平和・安全保障研究所研究員）

第2章　アメリカ
　村上政俊（皇學館大学准教授）

第3章　中国
　浅野亮（同志社大学教授／平和・安全保障研究所研究委員）、佐々木智弘（防衛大学校教授）、土屋貴裕（京都先端科学大学准教授）、小原凡司（笹川平和財団上席フェロー）、三船恵美（駒澤大学教授／平和・安全保障研究所研究委員）、福田円（法政大学教授／平和・安全保障研究所研究委員）

第4章　ロシア
　袴田茂樹（青山学院大学・新潟県立大学名誉教授／平和・安全保障研究所評議員）、名越健郎（拓殖大学特任教授）、河東哲夫（Japan-World Trends代表）、常盤伸（東京新聞編集委員兼論説委員）、村田智洋（軍事ライター）

第5章　朝鮮半島

伊豆見元（東京国際大学特命教授／平和・安全保障研究所研究委員）、瀬下政行（公安調査庁）、平田悟（防衛省）

第6章　東南アジア

木場紗綾（神戸市外国語大学准教授／平和・安全保障研究所研究委員）

第7章　南アジア

長尾賢（ハドソン研究所研究員／平和・安全保障研究所研究委員）、宮田律（現代イスラム研究センター理事長／平和・安全保障研究所研究委員）

第8章　中央アジア

宮田律

第9章　南西太平洋

竹田いさみ（獨協大学名誉教授／平和・安全保障研究所研究委員）、永野隆行（獨協大学教授／平和・安全保障研究所研究委員）

（掲載順、敬称略）

編集後記

この号は、インド太平洋地域の安全保障環境に関して、2023年4月から2024年3月までの1年間の動向の分析を中心としており、あわせて各章で扱えないけれども重要なテーマを＜焦点＞として扱ったものです。

ますます不透明になりつつある国際情勢の動向を緻密に分析して下さった各執筆者の皆様にお礼を申し上げるとともに、本書が多くの読者の皆様のお役に立てることを切に願っております。

また、引き続き当研究所の事業全般について皆様のご支援をよろしくお願いいたします。

2024年9月

一般財団法人　平和・安全保障研究所

理事長　徳地秀士

徳地秀士監修

インド太平洋における
対立と協力の様相

年報［アジアの安全保障 2024-2025］

発　行　　令和6年11月22日

編　集　　一般財団法人　平和・安全保障研究所

　　　　　〒103－0025 東京都中央区日本橋
　　　　　茅場町2-14-5石川ビル5階
　　　　　TEL 03-6661-7324 (代表)
　　　　　https://www.rips.or.jp/

担　当　　秋元　悠

装　丁　　キタスタジオ

発行所　　朝雲新聞社

　　　　　〒160-0002 東京都新宿区四谷坂町12-20
　　　　　KKビル3F
　　　　　TEL 03-3225-3841　FAX 03-3225-3831
　　　　　振替 00190-4-17600
　　　　　https://www.asagumo-news.com

印　刷　　シナノ

乱丁、落丁本はお取り替え致します。
定価はカバーに表示してあります。
ISBN978－4－7509－4046－5 C3031
Ⓒ 無断転載を禁ず